王士如　赵维加　曹静陶｜编著

# 法律基础教程

Law Basis Course

上海人民出版社

# 前 言

为适应高等院校法律基础教学和公民普及法律基础知识的需要，培养建设社会主义法治国家的多层次的专业人才，在总结法律基础课程的经验，吸收法学教材成果的基础之上编撰了本教材。

《法律基础教程》主要介绍社会主义法律原理、宪法、行政法、民法、婚姻法和继承法、劳动法、刑法、诉讼法等方面内容，在编写风格上力求理论联系实际，反映我国立法和相关法学研究的最新成果，体现了培养和提高大学生和公民法律意识、法制观念和道德素质的宗旨和目的，突出了时代感、现实性和思想性。特别是在体例与形式上有所开拓创新，各章开头部分提出了开宗明义的导语，点明了该章的中心内容和学习目的要求；每一节增设了资料选读、案例选读和典型案例评析，提高学生独立思考和分析解决问题的能力，也使全书更加生动活泼，更具可读性。

本书编写目的在于能使大学生更好地对法学的基础理论、我国宪法等基本法律制度有一个基本了解，并掌握一些重要的法律概念、知识和原理，认知包括宪法法律制度、刑事法律制度、民事法律制度、行政法律制度、诉讼法律制度等我国现行的基本法律制度，明确法治的涵义，提高守法的自我修养，增强法律意识和法制观念，养成运用法律武器护法和维权的自觉性。从普法视角而言，此书同样适用于一般普通百姓。

本书的第一章、第二章、第三章由王士如执笔；第四章、第七章、第八章由赵维加执笔；第五章、第六章由曹静陶执笔。全书力求反映我国法律制度的整体面貌，吸收我国法学研究的成果，也包含了作者个人的部分研究成果和观点。由于编著者的水平所限，本书仍存在一些不足之处，恳请广大读者特别是法学界同仁提出宝贵意见。

编　者

2010年5月

# 目录

# 第一章
# 社会主义法律原理

**在本章中，你将——**

- ◆ 理解法的内涵、特征及其本质
- ◆ 掌握我国社会主义法的本质、特点及其作用
- ◆ 知晓法制、法治以及依法治国的内涵
- ◆ 了解社会主义法的制定和实施

## 第一节 法的概念和本质

### 一、法的特征

法的特征是法的本质的外化，是法区别于其他事物和现象的象征和标志。法是调整人们行为的社会规范，但社会规范却不限于法律，还有道德规范、宗教规范以及党派、团体等非国家组织的章程、条例和习惯，等等。作为特殊的社会规范的法，与其他社会规范相比有着明显的区别，其主要特征表现为：

**（一）法是调控社会关系或人们行为的社会规范**

法作为一种社会规范，以社会关系为调整对象。法律规范与其他社会

规范的区别是:法具有规范性,它明确规定人们的行为模式,即允许做什么,禁止做什么,必须做什么。同时,它还规定了违背法定行为模式所要承担的法律后果;法还具有概括性,它适用于一般的人而不是具体的、特定的人,它可以在相同的情况下反复多次适用。

**(二)法是具有国家意志的社会规范**

法在本质上是统治阶级意志的体现,但统治阶级意志并非都能表现为法律。统治阶级意志只有上升为国家意志才能表现为法律。这种国家意志性表现为三个方面:第一,法是由国家制定和认可的。非经国家制定或认可的规范,不具有国家意志性,也就不能获得法律表现形式;第二,法由国家强制力保证实施。法是国家意志的体现,并以国家强制力保证其实施;第三,法对全体社会成员具有普遍约束力。法的国家意志性要求全体社会成员都无一例外地普遍遵守,任何国家机关、社会团体和个人均没有超越法律的特权。

**(三)法是规定人们权利和义务的社会规范**

凡是社会规范,一般都涉及权利和义务。法是以权利和义务为机制来影响人们的行为动机,达到指引人们的行为,调节社会关系的目的,因而法以设定权利义务为主要内容。权利和义务的实现,就能使有利于统治阶级的现实社会关系得到规范和巩固,使社会生活形成秩序。



## 二、法的本质

法的本质是指这一事物内在的矛盾关系,它揭示各种各样法的外部联系背后的动因,即法存在的基础和变化的决定性力量。那么,到底什么是法的决定性力量和最后动因呢?马克思和恩格斯在《共产党宣言》中指出:“你们的观念本身是资产阶级的生产关系和所有制关系的产物,正像你们的法不过是被奉为法律的你们这个阶级的意志一样,而这种意志的内容是由你们这个阶级的物质生活条件决定的。”马恩的这一论断虽然是针对资产阶级法律而言的，但对于我们理解一切类型法律的本质都具有普遍的指导意义，它体现为以下几个方面的内容。

**（一）法是统治阶级意志的体现**

在阶级社会发展的各个阶段，由于各个阶级在经济关系和政治关系中所处的地位不同，他们各自的阶级利益就不同，因而他们的意志也不同。从其切身利益出发，每个阶级都希望将本阶级的意志提升为法律，使全社会共同遵行，然而事实上这是不可能的。列宁指出："法律是统治阶级意志的表现"，是"取得胜利、掌握国家政权的阶级的意志的表现"。因为，在激烈的阶级对抗中，唯有取得胜利的阶级才能掌握国家政权，成为统治阶级，进而通过国家政权将自己的意志制定成为法律。被统治阶级由于不掌握国家政权，它的意志不可能变成国家意志。因此，法只能是统治阶级意志的体现。

**（二）法所体现的是统治阶级的共同意志**

法体现的统治阶级意志，不是统治阶级中个别集团、个别成员的意志，也不是统治阶级每个成员意志的简单相加，而是统治阶级的整体意志即共同意志。马克思和恩格斯曾经指出，统治阶级力图"通过法律形式来实现自己的意志，同时使其不受他们之中任何一个单个人的任性所左右，这一点不取决于他们的意志，如同他们的体重不取决于他们的唯心主义的意志或任性一样。他们必须同时是一个一般的统治。"马克思和恩格斯还强调："法律应该是由社会共同的，由一定物质生产方式所产生的利益和需要的表现，而不是单个的个人肆意横行。"这就是说，法只能是体现统治阶级成员意志中相互一致的那部分，即共同意志，而排斥任何个别集团、个别人的与共同意志相违背的意志。否则，法律便无法起到维护统治阶级整体的政治统治和经济利益的作用。

**（三）法是提升为国家意志的统治阶级意志**

国家意志，就是统治阶级通过国家政权表现出来的意志，即通过国家机关，把本阶级的意志用法律形式表现出来，使之成为以国家强制力为后盾，具有普遍约束力的行为规则。马克思、恩格斯说，统治阶级"除了必须以国家的形式组织自己的力量外，还必须给予他们自己的由这些特定关系所决定的意志以国家意志即法律的一般表现形式”。列宁也指出：“意志如果是国家的，就应该表现为政权机关所制定的法律。否则‘意志’这两个字只是毫无意义的空气震动而已。”这就说明：(1)统治阶级只有把自己的共同意志变成国家意志，才能成为法律，获得人人必须承认和遵守的一般形式；(2)统治阶级的意志除法律外，还有诸如风俗习惯、伦理道德、宗教信条，等等。这些虽然也是统治阶级的意志甚至共同意志，但由于它们没有经过政权机关的正式立法程序使之取得一般形式，因而就不是国家意志，不是法律。

**（四）法的内容是由统治阶级的物质生活条件所决定**

物质生活条件主要是指物质生活资料的生产方式、地理环境和人口等因素。生产方式是决定社会发展方向的根本因素，也是决定法的本质、内容的根本因素。地理环境、人口等因素对法的影响主要通过它们对社会生产方式的影响来实现。统治阶级意志的内容如何，归根到底由统治阶级的物质生活条件来决定。因为任何意志都不是随心所欲的，它总要受到意志本身赖以产生和存在的客观条件的制约。离开这些客观条件，法律便不会产生，产生了也没有存在的价值。统治阶级虽然有权制定法律，但任何统治阶级都不得不服从一定的经济关系和条件。正如马克思指出的：“君主们在任何时候都不得不服从经济条件，并且从来不能向经济条件发号施令。无论是政治的立法或市民的立法，都只是表明和记载经济关系的要求而已。”当然，统治阶级的意志除了要受经济关系的制约外，还要受政治的、文化的以及社会的各方面条件的制约。但后者也无不受制于经济关系。所以，终极地看，统治阶级意志的内容仍以经济关系为转移。



## 资料选读

**1. 如何理解法的概念**

探究法律概念的性质以及最一般意义上的“法”一词的含义，是法哲学以及法学理论的中心任务。无数的学者尝试着给法下定义，表达他们对法的认识和理解，由此形成了众说纷纭的法的概念。根据周旺生教授的归纳整理，有代表性的观点就有30种之多。其中最有影响的，主要有下列8种类型。

（1）**正义说**。把法和正义联系起来，认为法是实现正义的工具或者法就是正义，这是西方法律思想自古希腊以来的一个传统。这种传统一方面体现在西方的语言中，即“法”这个词同时具有正义、公平的含义；另一方面，这也体现在西方法律思想家的著述中。亚里士多德曾指出：“要使事物合于正义（公平），须有毫无偏私的权衡；法恰恰是这样一个中道的平衡。”而古罗马的法学家凯尔苏斯则直接将法定义为“善和公正的艺术”，格老秀斯认为法是道德行为的规则，他责成人们做出公正的行为。

（2）**理性说**。西方法律思想的另外一个传统，是把法律和理性联系起来，认为法律是理性的体现。但是在一定程度上可以说，理性只不过是正义理想的另外一种表述而已。尽管都是理性，但是在历史发展的不同阶段，人们所赋予的意义是不同的。在古希腊、古罗马时期，理性的主要内容是“和自然相一致地生活”，即自然理性。在中世纪，理性主要体现为人们对神的启示和领悟，是神意的一部分，其基本内容是基督教的教义和学说。在资产阶级革命时期，理性从神意衍变为人性，是人所天然具有的一种道德能力和认知能力，正是从这些能力，导源出了法的各项原则和规则。

（3）**意志说**。意志说和理性说同处于西方认知世界中主客体二元对立的文化传统。理性说的基础是作为人的主体对外部世界的道德律和因果律的感知能力；意志说的基础是作为人的主体按照自身的利益需要对外部世界进行支配和改造的心理愿望和物质力量。具体地说，意志说认为，法是特定主体对外部世界进行安排的愿望并实现这种愿望的具体行动，体现为规范、命令的颁布和执行。但是在不同的学者那里，法所体现的意志主体是不同的。在中世纪神学家那里，这种意志出自神；在卢梭那里，这种意志来自于共同体，是为“公益”；在黑格尔那里，法是自由意志的定在；在马克思那里，法是统治阶级的阶级意志。

**（4）命令说。** 正义说、理性说和意志说有其共同的特点，就是都侧重于从法的内容和国家权力之外的来源来定义法。特别是从正义说和理性说看来，法和国家权力并没有必然的联系。而命令说、规则说或规范说的特点在于：一方面强调法外在的形式特征；另一方面，强调法与国家权力的联系，法来源于国家，通过国家权力的保障予以实施。命令说在西方最早可以追溯到霍布斯，他在《利维坦》中指出，法律是国家对人民的命令，由口头说明，或用书面文字，或用其他明显的方法表示出来的规则或意志，用以辨别是非，指出只能服从而不能违反。后来的边沁和奥斯丁进一步发展了这一思想，其中奥斯丁尤其强调法律是命令的这一属性。他在其名著《法理学的范围》中指出："所有'法'或'规则'都是命令。我们也可以这样认为：人们所说的准确意义上的法或者规则，都是一类命令。"

**（5）规范说和规则说。** 规范说和规则说的代表人物分别是凯尔森和哈特。他们都是分析法学派的代表人物。其中凯尔森认为，法律是由规范构成的，是按照一定的效力关系组成的规范体系。但在凯尔森那里，法律规范在外延上被做了最宽广的解释，他把规范、秩序、国家等事物完全等同起来，认为法就是规范，这种规范的内容和目标是人类行为的一种强制性的秩序，而国家，只不过是一种法律现象而已。哈特认为，法律是由第一性规则和第二性规则相结合构成的。其中第一性规则要求人们做一定的行为或者禁止人们做一定的行为；第二性规则是附属性的，它引入新的规则，以废除、修改旧的规则、决定它们的范围和运作的方式。概括地说，第一性规则设定义务，第二性规则授予权力。



**（6）判决预测说。** 美国现实主义法学家强调法律和司法判决之间的联系，认为法就是关于法院判决的预测。大法官霍布斯曾说："我所谓的法律，不过是关于法律事实上将做什么的预测而已，而不是别的什么。"弗兰克说："具体情况而论，法律或者实际的法律，即对这一情况下的一个判决；或者是大概的法律，即对一个未来的判决的预测。"

**（7）社会规范说和社会秩序说。** 在社会学法学派中，一些学者弱化法律和国家权力之间的联系，认为各种社会规范，包括习惯、风俗、社团规则等都是法律，或者认为现实的社会生活秩序就是法律。这就是所谓的法律多元主义的视角。例如韦伯认为，法是得到强制力的可能性所保证的，目的在于使人们服从或者对违法加以报复的，由为此目的产生的特殊工作人员而执行的秩序。国家制定法满足这个条件，因此是法；教会内的规则、大学里的纪律等规则也具有这个特点，因此也是法。系统阐述法律多元主义思想的丹麦法学家斯蒂格·乔根森认为，法不限于国家立法，而习惯法、法院实践、法学著作、国际会议规定、标准商业实践等也是法的渊源。

（8）**社会控制说**。美国著名的社会学法学家庞德认为，法律是依照一批在司法和行政过程中使用的权威性法令来实现的高度专门形式的社会控制，包括法律秩序，据以做出司法或者行政决定的权威性资料、根据或指示，以及司法和行政过程。“这一定义几乎包括了所有的法律调整要素，而且还强调法律调整的目的和效果。①

**2. 如何理解法的本质**

在讲法的本质和现象的关系上，同一本质可能体现为不同的现象，但仅就本质本身来说，我们不能说任何事物的本质只能是单一的。法的不同层次的本质，主要体现为三个层次：

第一，法是一定阶级意志的体现。这可以说是法的第一层次的本质。如上所述，这里讲的阶级意志，就阶级对立社会的法而论，指一定统治阶级；就社会主义社会的法而论，指全国人民的意志。

第二，法所代表的阶级意志直接体现了法的本质，但这并不意味法的基础是任何意志。无论是法本身或它所代表的意志最终都是由一定社会经济条件决定的。而这种经济条件是不以人们的意志为转移的。因此，这种经济条件就构成了法的第二层次的本质，从而也表明法是建立在一定经济基础之上的上层建筑之一。

① 刘作翔：《法理学》，社会科学文献出版社 2005 年版，第 38—42 页。

第三，法的第一层次的本质，即一定的阶级意志，最终要由社会经济条件所决定，但这种意志也受到经济以外的各种因素的不同程度影响。法和这些因素在归根结底由经济因素起决定作用的条件下相互作用。这里讲的经济以外的因素是很广泛的，主要包括政治、思想、道德、文化、历史传统、民族、宗教、习惯、人口、地理环境，等等。其中文化也包括一切有益的法律文化。在资本主义社会中，由于人民群众的斗争迫使资产阶级作出某种让步，在资产阶级法律中包含了人民群众斗争的成果。这种现象就表明政治因素对法的阶级意志的重大影响。这种经济以外的因素是广泛的，就构成了法的第三层次的本质。

恩格斯晚年在阐述唯物史观的基本原理时曾着重指出，"政治、法律、哲学、宗教、文学、艺术等的发展是以经济发展为基础的。但是，它们又都互相影响并对经济基础发生影响。并不是只有经济状况才是原因，才是积极的，而其余一切都不过是消极的结果。这是在归根到底不断为自己开辟道路的经济必然性的基础上的互相作用"。特别应注意的是他在当时还强调了这一事实："被忽略的还有一点，这一点在马克思和我的著作中通常也强调得不够，在这方面我们两人都有同样的过错。这就是说，我们最初把重点放在从作为基础的经济事实中探索出政治观念、法权观念和其他思想观念以及由这些观念所制约的行为，而当时是应当这样做的。但是我们这样做的时候为了内容而忽略了形式方面，即这些观念是由什么样的方式和方法产生的。"我们在分析法的不同层次的本质时应特别重视恩格斯在其晚年所作的这些回顾。显然我们不应该忽略经典作家在他们当时条件下所难以避免的"忽略"。如果将经济条件理解为法的唯一决定因素，实际生活中的无数现象就无法理解了。一个简单的事实：几个国家或在一个国家的不同地区、不同时期，虽然经济制度是一样的，但它们的法律却可能存在着千差万别的情况。如果不认真分析经济以外的因素对法的不同程度的影响，又怎样能解释这些法律呢？

就目前的情况来看，关于法的本质问题主要有四种观点。一种观点为，法的本质可以划分为三个层次，其中法的第一级本质是法的阶级性，法体现了统治阶级的意志；第二级本质是一定历史条件所决定的人们的行为自由与纪律，一定的意识形态或者观念要求；第三级本质，也是最深层次的本质，是社会生活，特别是经济发展的客观需要。①这种观点同时肯定了法的阶级性和社会性，又通过特殊的观念和文化作用将阶级性和社会性统一起来。另外一种观点也认为法的本质可以划分为三个层次，但是其中第一级本质是法的国家意志性，第二级本质是法的社会性，除此之外，其他社会因素对法律也有一定的影响，因此构成法的第三级本质。②第三种观点也认为法有三级本质，区别在于认为第一级本质是法的国家意志性，第二级本质是法的阶级意志性，第三级本质是法的物质制约性。第四种观点将法的本质概括为三对矛盾范畴，即：意志性和规律性，阶级性和共同性，利益性和正义性。③

**3. 怎样理解法的阶级性？**

对于法的阶级性，不宜做简单化的、极端化的理解，而应做具体深入的分析。首先，阶级性不能简单的理解为法只是体现统治阶级的意志。这是因为，我们讲的法的阶级性，实际上是描述这样一种现象：社会在阶级层面上形成利益对立，不同的阶级竞争性地将本阶级的利益体现和贯彻到法律实践中。由于各个阶级的力量大小不同，因此，法律一般不会均等地体现各个阶级的利益要求，通常掌握政权的统治阶级的意志在法律实践中占主导地位。但是，仅仅是主导而已，而不是全部。因为如果统治阶级完全不顾及被统治阶级的利益要求，势必造成被统治阶级的激烈反抗，从而增加了统治的成本。当这种成本大到一定程度的时候，过度的压迫和剥削就形成了统治阶级的一种非理性行为。

其次，法的阶级性具有程度不同之别，在阶级分化越强烈的社会中，法的阶级性也越强；反之，法的阶级性也越弱。总体而言，随着社会的发展，社会的阶级分化程度越来越低，法的阶级性也越弱。在奴隶社会中，阶级分化是最严重的，法的阶级性也是最强的。到了封建社会，阶级分化有了一定程度的缓解，社

① 孙国华、朱景文主编：《法理学》，中国人民大学出版社 1999 年版，第 39—41 页。
② 沈宗灵主编：《法理学》，北京大学出版社 2000 年版，第 55—60 页。
③ 张文显主编：《法理学》，高等教育出版社、北京大学出版社 1999 年版，第 50—54 页。

会上虽然公然维护各种等级特权，但是，农民的生命、财产和自由毕竟有了一定的保障。在资本主义社会，法律面前人人平等已经被作为一项法治原则被普遍实行，法律至少在形式上已经平等地体现每个公民的利益和要求，尽管实质上依然是维持着一种由于经济地位的不同而导致的不平等。而且，在资本主义的后期，许多西方国家已经通过福利国家、差别对待等政策的实施，实质不平等的情形已经有所缓和。而在社会主义社会，剥削阶级作为一个阶级已经被消灭，阶级分化现象正在逐步消失，因此，法的阶级性也正在弱化，法律在最大的范围，最大的程度上平等地体现每个公民的利益和要求。

再次，阶级性仅仅是法的意志性的一个方面，人们的利益和意志除了在阶级层面上存在分化和对立以外，还在阶层、群体甚至个人之间也存在分化和对立，法律同时也体现这些不同层面的、对立的利益和意志的相互斗争和妥协。比如说，在英国资产阶级革命时期，资产阶级有长老派、独立派、掘地派等的划分；在美国早期，统治阶级中就有北方的工业资产阶级和南方的种植园主的不同；在现代西方国家，则广泛存在各种协会、组织，它们各自代表一定范围的群体的利益和意志，比如工会、绿色和平组织、反战组织，等等。在我们国家，虽然剥削阶级已经不存在，但是依然存在着工人、农民、干部、私人企业主等不同阶层的划分，这些阶层之间的利益和意志在特殊情况下也可能发生冲突。因此，法的意志性不仅仅体现在阶级分化方面，还体现在社会上广泛存在的利益对立和分化方面，这些对立的利益和意志在不同层面上竞争和妥协的结果，就形成了法。①



## 案例及其评析

### 法的概念

**案例：**上海某报刊登一篇题为《上海土地法规好得很！》的文章。文章的内

① 刘作翔：《法理学》，第52—53页。

容报道了上海为规范土地使用方面的问题，召开了有关土地方面专家参加的会议，讨论了上海土地的使用问题，并制定了有关土地使用条例。文章认为，从此以后，上海在土地使用方面就有法可依了，并称“土地法规好得很”！

**评析：**文章的本意是进行法制宣传，但没有明白什么是“法”。法是具有国家意志的社会规范，即法必须是由国家制定和认可的；由国家强制力保证实施；并对全体公民具有普遍约束力。上述由专家会议制定的所谓“土地法规”不是由国家制定和认可的，所以不具有国家强制力保证实施的特征，对公民也没有法的普遍约束力，因此它不是法。

## 第二节　法的作用

法的作用，是指法对人们行为或一定的社会关系（人们之间的互交行为）发生的影响。在不同的社会和国家，其法的作用范围、形式有所不同。考察法的作用，有助于进一步认识法的特征和本质。

法的作用可以从不同角度进行分类，如法的一般作用和具体作用；整体作用和局部作用；直接作用和间接作用；实际作用和潜在作用；积极作用和消极作用，等等。法学上最常见的分类是把法的作用分为规范作用和社会作用。

### 一、法的规范作用

法的规范作用是指法作为行为规则直接作用于人的行为所产生的影响。也可称为“法的功能”。其主要内容包括：

**（一）指引作用**

指引作用是指法通过授权性行为模式（权利）和义务性行为模式（禁止

性行为和命令性行为)的规定,指引人们作出一定行为或不作出一定行为。指引作用的对象是每个人自己的行为。它不同于个别指引,是一种规范指引,具有连续性、稳定性和高效率的优势,是建立社会秩序必不可少的条件和手段。

### (二)评价作用

评价作用是指法作为一种行为标准和尺度,对他人行为进行评价所起到的作用。评价作用的对象是他人的行为。法的评价不同于道德评价、政治评价等一般社会评价,它是用法的规范性、统一性、普遍性、强制性等标准来评价人们的行为,这是由法的评价标准和评价重点所决定的。

### (三)预测作用

预测作用是指人们根据法可以预先估计相互间将怎样行为以及行为的后果等,从而对自己的行为作出合理的安排。预测作用的对象是人们的相互行为。法的规范性、确定性的特点告知人们如何行为,使人们可以进行相互行为的预测。加之法的内容的明确性,并在一定时期内保持连续性,就给人们进行行为预测提供了可能的前提。

### (四)警示作用

警示作用是指法以其所包含的强制性、责任性的信息给人以启示(如威慑)和教育,从而提高人们的法治观念和责任意识,达到预防违法和犯罪的目的。警示作用的对象是人们今后的行为。法律一经颁布就会发生警示作用,它无需通过法的实际运行。这种作用主要通过禁止性规范和法律后果(特别是罚则部分)而形成的,它实际上已经包含了规范教育和规范强制的意义。



## 二、法的社会作用

法的社会作用是指法为达到一定的社会目的或政治目的而对一定的社

会关系产生的影响。在法学上,也被称之为“法的职能”。其内容包括:

**(一)法的政治作用**

法的政治作用,即法在调整各种政治关系(不同阶级、利益集团之间的统治与被统治、管理与被管理等之间的关系),维护政治统治秩序方面的作用。

**(二)法的社会公共作用**

法的社会公共作用,即法在维护人类基本生活条件,确认技术规范等方面对社会公共事务管理的作用。其中包括组织和管理经济建设与社会化大生产,推进教育、科学和文化事业的发展,维护社会的正常生产与交换秩序,保护人类生存的环境和条件等等。从表面上看,执行社会公共职能的法并不必然具有政治属性和阶级性质,而是对所有的社会成员都有利。但从本质上看,尤其是从政治统治的角度看,法只有在有效地执行了其社会职能之后,才能有效地发挥其政治统治的作用。在此意义上,即使是那些承担公共职能的法,最终也还是为一定的社会政治目的服务的。

## 三、法的作用的局限性

应当指出,法的作用并不是无限的,而是有限的。在现代社会,社会关系的领域极为广泛,法不可能也没有必要调整社会关系的各个方面。对很多社会关系,法不宜加以调整,只能通过道德、政策、纪律等社会规范来调整。此外,法的作用的发挥还受到我国经济体制、政治体制、执法机关的工作、公民特别是领导干部的法律意识、传统文化等多方面因素的制约。在我国,只有大力发展社会主义生产,加快经济体制、政治体制的改革,进一步改革和完善司法制度,不断提高公民特别是领导干部的思想文化素质以及法律观念,创造法的实施所必备的条件,才能使我国法的作用得到充分的发挥。

总结法的特征、本质和作用的论述,我们可将法的定义概括如下:法是由国家制定或认可的，体现由一定物质生活条件决定的、上升为国家意志的统治阶级的行为规范体系，它通过权利和义务的设定来调整社会关系，确认、保护和发展有利于统治阶级的社会秩序。

## 资料选读

### 法与社会的互动研究

法与社会互动的结果就是共同发展，最后法与社会在螺旋形方式中演进。由于社会变迁的复杂性，具有主观能动性的人们便自觉地介入法律的反应模式，通过有意识的制定或修改法律，达到规控社会的目的。比如，近年来在中国出现了结构性腐败的蔓延，要求利用司法手段加强反腐败的力度，进而积极谋求通过宪政主义的法制安排来制约权力，就是一个非常典型的例证。又如，孙志刚事件导致的收容法的修改。

能否利用法制手段来积极地组织或促进社会变革的问题，学者们一直各执己见。有人认为，以法制手段推动有目的、有计划的社会变革是现代化的基本机制和主要特征，而另一部分人则认为，法在多数场合只能有助于形成社会变迁的条件，并不能直接组织这种变迁，因此必须在法与社会的各种条件的相互关联之中理解法的功能。

以法制变革社会的探讨是基于法律工具论为前提的。但对于法律工具论，历来就有人持批判态度。如我国著名法理学家沈宗灵先生就持批判态度，他认为法的确是达到一定目的的手段；但应注意，就法而论，目的和手段是相对的，有时还是可以相互转化的。①



① 参见王士如、速继明：《新时期社会主义法的作用探析》，载《法律基础双语教程难点问题诊断》，南开大学出版社 2005 年版，第 16 页。

## 第三节　社会主义法的本质和作用

### 一、社会主义法的特征

法的基本特征是不同历史类型的法的共同特征。但是，由于法的历史类型呈发展趋势，不同历史类型的法都有自己的特征并同样呈发展趋势。社会主义法是人类历史上最高类型的法，它有自身独具的特点，显示了社会主义制度的优越性。

**（一）社会主义法是工人阶级和广大人民意志的体现，是阶级性和人民性的统一**

和任何历史类型的法一样，社会主义法也有鲜明的阶级性，它是人民民主专政国家意志的社会主义法律，以马克思主义和共产党的政策为指导，最终目的是实现工人阶级的最高理想即共产主义。这些都表明，社会主义法的根本属性是工人阶级的阶级性。

社会主义法是阶级性和人民性的统一。人民性具体表现为：第一，剥削阶级作为阶级已经不复存在，人民的范围空前广泛，社会主义法尽最大努力去体现全体人民的意志和利益。第二，社会主义民主是人民当家作主的国家制度，是大多数人的民主，国家的一切权力属于人民。这是法的人民性的政治体现和政治保障。第三，社会主义法所体现的利益是绝大多数人的共同利益，国家、执政党没有自己特殊的利益，立法从最大多数人的最大利益出发。第四，社会主义法确认经济基础以公有制为主，人民掌握生产资料并不断进行强国富民的改革，社会主义法的改革没有其他特殊利益，只服从人民整体的、长远的利益。

**（二）社会主义法体现了工人阶级和广大人民的国家意志，是强制性和自觉性的统一**

法律皆具有强制性。国家强制力的阶级性质以及它在法的实施中的作用,因国家类型不同而有所区别。社会主义法的强制性与一切剥削阶级法的强制性有着根本的区别:第一,两种强制的阶级本质不同。剥削阶级法的强制,是维护少数人即剥削阶级利益而实行的强制;社会主义法的强制,是维护绝大多数人利益而实行的强制。第二,两种强制的锋芒不同。剥削阶级法的强制锋芒,针对的是无产阶级和广大劳动人民;社会主义法强制的锋芒,针对的是被推翻的剥削阶级,在剥削阶级被消灭以后,主要是针对那些敌视和破坏社会主义革命和建设的敌对分子。第三,两种强制的程度不同。剥削阶级法的强制性与人们守法的自觉性是严重对立的;社会主义法是人民自己制定并反映了人民自己的意志和利益,同时在人民内部没有根本的利害冲突,因而,人民中的绝大多数人都能自觉地遵守法律。随着社会主义物质文明和精神文明建设的发展,守法中的自觉成分将逐步扩大,而强制成分则会日益减少。

**（三）社会主义法所体现的工人阶级和广大劳动人民的意志，是客观性和科学性的统一**

社会主义法所体现的工人阶级和广大劳动人民的意志是由工人阶级和广大人民的物质生活条件,即坚持社会主义公有制为主体、多种所有制经济共同发展的基本经济制度决定的。这种基本经济制度从根本上来说是符合社会主义初级阶段社会生产力发展的客观要求的,是符合人类社会从资本主义向社会主义发展的客观规律的。我国社会主义法充分尊重并反映了这种客观经济规律和社会发展规律,适应了社会生产力发展的需要和社会发展的需要,具有高度的客观性和科学性。它具体体现为:第一,社会主义法从我国将长期处于社会主义初级阶段的实际出发,实事求是,反映客观实际,尊重客观规律;第二,社会主义法以科学的辩证唯物主义和历史唯物主义为世界观和方法论,正确地发现并认识到我国社会主义初级阶段的长期性及其社会主义初级阶段经济发展的规律;第三,社会主义法反映、总结和借鉴了本国的和外国的经济建设方面的有益经验；第四，社会主义法善于以国情为条件，因地制宜，做到原则性和灵活性的结合。

**（四）社会主义法的目的是维护有利于社会主义的社会关系和社会秩序，是平等性和正义性的统一**

社会主义法的平等性和正义性表现在许多方面，集中体现为以下几项精神：一是平等精神。社会主义的社会关系决定了社会主义法的平等精神，它特别表现在法定权利和义务的一致性方面，即它要求任何人平等地享有宪法、法律上的权利，同时平等地履行宪法和法律规定的义务。二是按劳分配精神。我国社会的财富主要是按劳动数量、劳动质量来分配的，其权力和权利的分配基本上是平等的。三是人道主义精神。社会主义生产的目的是为了不断满足人们的物质生活和精神生活的需要，在社会主义理想和道德指导下的社会主义制度能够从根本上尊重人、关心人和爱护人。社会主义法在对人的尊重方面并不局限于局部利益和眼前利益，而是兼顾整体利益和局部利益、长远利益和眼前利益，将中国人民的整体利益和局部利益、长远利益和眼前利益结合起来。这也体现了社会主义法的平等性和正义性。

## 二、社会主义法的本质

法从本质上讲是统治阶级意志的体现。社会主义法是社会主义上层建筑的重要组成部分，它集中体现了工人阶级和广大人民的意志。社会主义法的本质，概而言之是人民意志的体现。

中国社会主义法经过近60年的发展历程，其本质始终没有改变。随着我国社会主义改革开放和现代化建设事业的发展，我们对社会主义法的本质的认识也应随之深化。

首先，社会主义市场经济的建立，一方面引起了许多计划经济体制下所形成的法律制度的变革；另一方面，以国家共同规范为标准而新建立的适应国际市场要求的新型法律体系、制度正在逐步形成。这种情况并不影响我国社会主义法的本质属性。市场经济是中国人民对市场体制所作的选择，市场经济的法为人民所制定或经由人民政府对国际规范认同而使之发生效力，它本质上仍然是人民意志的体现。

其次，社会主义的目的是社会主义法存在的根据，社会主义法的目的从属于社会主义制度的目的。社会主义的目的是解放和发展社会生产力，这一目的同样也是社会主义法的目的。社会主义法以解放和发展社会生产力为目的，它表明的是中国人民从现实的物质生活方式中提出的最根本性要求，这一要求制约着社会主义法从职能上由以阶级斗争为中心向以经济建设为中心转移。实现这一使命，是中国人民根本的共同意志。

最后，在"一国两制"的条件下，承认特别行政区的存在和允许三个法系（大陆的社会主义法系、香港的英美法系和台湾、澳门的大陆法系）在四个地域（祖国大陆、香港、澳门、台湾）同时有效，也仍然改变不了法是人民意志的体现的本质。因为：第一，各种法律同时有效，以中华人民共和国一个国家存在为前提，它表明中国的主权是统一的。一个主权条件下并存数个法律体系，立法权从属于国家主权；第二，"一国两制"的构想，目的在于实现中华民族的统一，统一即表明中华民族有共同的利益，这种共同的利益必然表现为统一的共同愿望，所以它仍是人民的意志；第三，中华民族有着共同的文化和民族精神，法律制度的差异是过去内乱外战的历史造成的，在我们民族的现代化历史发展过程中，差异将逐步缩小，而大同将逐步增多，各种法律制度通过互相吸收和借鉴，最后为民族共同的文化所综合而趋于同一。这一最终结果，也是中国人民的共同愿望。



## 资料选读

### 关于法的本质的争论

#### 1. 法本质的实在性与虚幻性

法本质虚幻说认为，"法"仅仅是一个支撑实在的法律的符号，无所谓内涵、内容问题。比如：朱苏力教授在1995年11月19日举行的“法律文化研究中心”第八次学术讨论会上所作的“关于法律本质的法理学思考”的主题报告中指出，法律本质论在中国表现为“意志论”，集体意志是虚构的，个体意志之间总是矛盾的、冲突的，无法形成统一的集体意志。朱苏力教授认为：对法律本质的追问，反映了人类对确定性的追求；“法律”仅仅由于使用的方便而具有“家庭相似”，它们并非指的是同一个东西；法典、家庭法、习惯法、法官创造的法，等等，仅仅是有共同的名称而已，并没有一个共同的、不变的本质；法律的“本质”实际上是由使用者加入“法律”这一对象的；应当抛弃认为虚构的“本质”，将语词从形而上学带入日常的生活之中①。而法本质实在说则坚持认为：法的外在表征是明显的，法的内在本质应当是客观实在的。法不应是也不是一种扑朔迷离、游移不定的东西。谢晖教授指出：法律本质“虚构论”自身也有明显的虚构性，“虚构论”自身也是一种相当彻底的有关法律的“本质性”结论；法律的本质与法律的存在一样，应是一种客观的事实，它不以研究者意志为转移；法律本质问题是真正深入的法学研究所无法回避的问题，对法律的本质性研究，是深入研究法学其他问题的动力，也是法学家终极性的目的和追求。②童之伟教授指出：“法本质实在说和法本质虚幻说，都是看待法现象和影响法律现实的方法，它们背后都有深厚的哲学渊源。对于法学工作者来说，到底应采用上述两种方法中的哪一种，得看具体情况。第一要看自己运用哪种方法比较得心应手，比较能取得预期的效果。长于此种方法者用此种方法，长于彼种方法者用彼种方法，在解释法现象和影响法律现实的过程中见高低，说其他的话都是多余的。第二要看社会的思想文化环境和基本的哲学背景，从这一层考虑，今天在法本质实在说的前提下讨论问题显得比较顺理成章。当然，事情都是在变化的，而且，法学需要多样性。”因此，他也是赞同法本质实在性的。③



① 刘作翔：《法理学》，第57页。

② 谢晖：《法律本质与法学家的追求》，《法商研究》2000年第3期。

③ 《今天到底该怎样看待法的本质——法学基本问题专题研讨会纪要》，载《法商研究》1999年第1期，第13—19页。

**2. 解放、保护和发展生产力是法的本质**

根据邓小平"社会主义的本质是解放生产力,发展生产力"的观点,我国一些学者也提出,社会主义法的本质是解放和发展生产力。认为法的本质归根结底决定于物质生活条件。法的本质是由生产力来决定的,应从生产力角度来认识法的本质。我国社会主义法的本质受制于社会主义社会生产方式,由社会生产力所决定。特别是在我国剥削阶级作为阶级已经被消灭的情况下,再把我国的法的本质定位于阶级意志论或统治阶级论已经不合时宜。因此,社会主义法的本质是解放和发展生产力。

**3. 法本质的要素分析说和层次论**

"要素分析说"从当前流行的法律的实践性的角度来认识法的本质,把法律的规范性、强制性也作为法律的本质属性来整体认识法律的本质,"层次论"把法的本质分为三个层次:统治阶级意志的体现是第一层次;一定的社会物质生活条件是法本质的第二个层次;历史传统、习惯等物质以外的因素是法本质的第三个层次。这是目前最为流行的法本质论,为大多数法学理论教材所采用。

**4. 社会整体权利论和利益关系调整论**

"社会整体权利论"认为:法的初级本质是分配权利权力之总和并规范其运用行为;法的二级本质是分配、分享法律承认和保护的全部利益(即社会整体利益),维护分配秩序并规范相关主体支配属于自己的那部分利益的行为;法的三级本质是分配可用于分配的社会财富并规范其支配或消费行为。"社会整体权利论"试图从其中的权利权力、利益和财富三种属性入手,集中地、多层次地反映以下观点:第一,财富是个人和社会存在的物质基础,生产活动是社会最基本的活动,利益是财富在社会关系中的集中表现,而财富和利益在法律上又都只以权利或权力的形态存在;第二,这样的法本质观对于法现象有较强的解释力和较普遍的适应性,对于不同的社会形态和同一种社会形态的不同发展阶段的法都能够合理解释;第三,使用社会权利概念表述对于法的本质的认识,实现了语言的学科化。①



① 参见王士如、速继明:《社会主义法的本质探析》,载《法律基础双语教程难点问题诊断》,南开大学出版社 2005 年版,第 1 页。

## 三、 社会主义法的作用

### （一）政治方面的作用

1. 维护社会主义民主，解决人民内部矛盾

社会主义法是人民意志的体现，人民必然要把它当作维护自己民主地位的有力工具。从这个意义上说，社会主义法的首要任务是维护社会主义民主。社会主义民主包含着人民整体的当家作主的权力即人民的国家政权和人民中每个成员享有的广泛的自由、权利两个方面的内容。社会主义法对国家政权和公民自由权利的维护主要表现在：(1)社会主义法通过对人民民主专政制度，人民代表大会制度，中国共产党领导的多党合作和政治协商制度，民族区域自治制度等方面的规定，确认了我国的国家制度和基本制度，维护了人民当家作主的国家政权；(2)我国宪法和法律规定了公民享有的广泛自由和权利，以及这些自由、权利的法律保障和物质保障，从而维护了公民的自由和权利；(3)社会主义法又是处理人民内部矛盾的有力手段。它通过正确地处理和解决人民内部的纠纷，不仅保护了人民的合法权益，而且防止了人民内部矛盾的激化，促进了人民内部的团结和社会秩序的安定。

2. 镇压敌对势力和敌对分子的反抗和破坏，实行对敌专政

随着生产资料私有制社会主义改造的基本完成，剥削阶级作为阶级已不存在。但是，由于种种历史的和现实的、国内的和国际的原因，阶级斗争还存在，并且在某种条件下还有激化的可能。因此，必须坚持人民民主专政，继续发挥社会主义法对敌专政的作用。另一方面也要看到，阶级斗争已不是当前我国的主要矛盾，在开展对敌斗争中主要应当运用法律的手段。社会主义法对敌专政的作用体现在三个方面：一是确定了对敌专政的范围，即镇压叛国和其他危害国家安全的犯罪活动，制裁危害社会治安、破坏社会主义经济和其他犯罪活动，惩办和改造犯罪分子。二是规定了对于敌对分子的惩办措施。我国刑法针对敌对分子实施的行为及其情节规定了相应的

刑罚。三是贯彻了对敌对分子实行惩办和宽大相结合的政策。对于专政对象，除了极个别的罪大恶极的必须处以极刑以外，一律要通过劳动改造，尽量使他们成为适应社会需要的新人。

（二）经济方面的作用

1. 消灭和改造旧的生产关系，建立社会主义经济基础

新中国成立后，我国的法在消灭剥削阶级、创建公有制为基础的社会主义经济体系以及确立国民经济管理体制方面，起了巨大的作用，保证和促进了从新民主主义向社会主义的转变。具体是：(1)运用法律手段，剥夺了反动剥削阶级的生产资料，使之成为社会主义国家全民所有制，为社会主义经济制度的建立奠定了必要的物质基础；(2)对个体农业、手工业和资本主义工商业等非社会主义经济成分实行社会主义改造，建立了统一的社会主义经济基础。

2. 维护和巩固社会主义经济制度，推动和保障经济体制改革，促进社会生产力的发展

邓小平同志指出："社会主义基本制度确立后，还要从根本上改变束缚生产力发展的经济体制，建立起充满生机和活力的社会主义经济体制，促进生产力的发展，这是改革，所以改革也是解放生产力。相反，如果不坚持社会主义，不坚持改革开放，不发展经济，不改善人民生活，只能是死路一条。"①社会主义法在解放和促进生产力的发展，推动和保障经济体制改革方面发挥了重要作用。具体为：(1)确认生产资料的社会主义公有制是社会主义经济制度的基础，明确规定坚持以公有制为主体，多种所有制经济共同发展的基本经济制度；(2)确认坚持按劳分配为主体，多种分配方式并存的分配制度，并为实现这一分配制度规定了具体的切实可行的办法；(3)运用法律手段，促进和保障社会主义市场经济体制的建立和完善；(4)保护社会主义公共财产和公民个人的合法财产所有权，并且对侵犯社会主义公共财产、公民个人合法财产，破坏社会主义经济秩序的行为，规定了制裁措施；



① 《邓小平文选》(第三卷)，人民出版社 1993 年版，第 370 页。

(5)运用各种经济法规,加强和改进生产管理,不断提高劳动生产率和经济效益。运用各种技术性法规,保证劳动者安全生产,保护自然环境和生态平衡,合理开发和利用自然资源,促进生产力的发展。运用各种奖励性法规,奖励和保护科学技术领域内的各种发明创造,促进科学技术的发展,并使之尽快转化为社会生产力;(6)运用各种涉外经济法规,加速引进外资和国外先进技术,加强与外国的经济合作,促进社会主义现代化建设事业的发展;(7)为经济体制改革提供法律依据,推动经济体制改革的顺利进行,巩固和推广改革的成果,促进生产力的发展。

**(三) 建设社会主义精神文明方面的作用**

社会主义精神文明建设,是社会主义现代化建设的内容之一。它包括思想道德建设和教育科学文化建设两个组成部分。党的十五大报告指出:"建设有中国特色社会主义,必须着力提高全民族的思想道德素质和科学文化素质,为经济发展和社会全面进步提供强大的精神动力和智力支持,培养适应社会主义现代化要求的一代又一代有理想、有道德、有文化、有纪律的公民。这是我国文化建设长期而艰巨的任务。"

为实现社会主义思想道德建设的目标,我国宪法明确规定,国家通过普及理想教育、道德教育、文化教育、纪律和法制教育,通过在城乡不同范围的群众中制定和执行各种守则、公约,通过在人民中进行爱国主义、集体主义、国际主义、共产主义、辩证唯物主义和历史唯物主义教育,来加强社会主义思想道德建设。

在教育科学文化建设方面,社会主义法也起着重要的作用。宪法就发展教育、科学、文化事业作了明确规定。近年来,国家又相继制定了一批发展教育、科学、文化的法律和法规,进一步推动和保障了教育、科学、文化建设事业的发展。

**(四) 对外方面的作用**

在我国社会主义现代化的建设中,必然要同其他国家发生政治、经济、文化、科学技术等各方面的联系,这些联系也要通过一定的法来规范和调整。因此，社会主义法还要发挥着对外方面的作用。具体是：(1)保卫国家主权、领土完整，防御外部敌人可能的侵略、颠覆和破坏，捍卫我国社会主义制度；(2)坚持独立自主，维护世界和平，反对霸权主义；(3)在和平共处五项原则的基础上，发展同世界各国的经济、文化、科技和外交等方面的关系；(4)发扬无产阶级国际主义精神，支援各国人民的正义斗争，发展和各国人民的友谊，促进人类进步事业的发展。

综上所述，社会主义法是工人阶级和广大人民意志的体现，是由社会主义国家制定或认可，并由其强制力保证实施的行为规范的总和。其目的在于维护有利于全体人民的社会关系和社会秩序，是实现人民民主专政的重要工具。

## 案例及其评析

### 法与道德规范的区别

**案情**：张某(女)与李某(男)住在同一个村里，两人一起读小学和中学，关系一直很好。成人以后建立了恋爱关系，经两家大人同意交换订亲物定了亲。后来，男方张某进城上了大学，毕业后留在城市工作，和其单位的一同事建立了恋爱关系，逐渐嫌弃李某，向她提出分手，李某坚决不同意，认为张某喜新厌旧，道德败坏，并将其告到某一地方法院，但法院却未能立案。

**评析**：法在本质上是统治阶级意志的体现，即统治阶级通过国家机关，把本阶级的意志用法律形式表现出来，使之成为以国家强制力为后盾，具有普遍约束力的行为规则。但统治阶级意志并非都表现为法律，统治阶级不需要将所有的社会关系都用法的形式来调整，除法律外，还有诸如风俗习惯、伦理道德、宗教信条，等等。这些虽然也是统治阶级的意志，但由于它们没有经过国家政权机关的正式立法程序使之取得一般法的形式，因而就不是国家意志，不是法律，不能靠国家强制力保障实施。本案中，张某的行为是一种道德问题，所以法院不予受理，他只能通过社会舆论、人们内心的信念等方式进行调整。

# 第四节　社会主义法制与法治

## 一、社会主义法制的概念

“法制”是一个多义词，人们常从不同意义上使用它。对于法制的概念的表述，也是众说不一。有的认为，法制就是法律制度。有的认为，法制就是统治阶级的法律意志、法律制度和法律文件的总称。有的认为，法制是统治阶级把国家事务制度化、法律化，并严格依法办事的一种原则。还有人将法制分作广义和狭义来理解。广义的法制是指国家的法律和制度的总和。从这个意义上讲，历史上所有的国家都有法制。狭义的法制是指全体国家机关、社会团体、公职人员和公民都一律平等地严格按照法律办事。从这个意义上讲，法制是资产阶级革命的产物，是和民主制度密切联系，并以保障公民的权利和自由为其特征的。因而狭义的法制在奴隶制和封建制国家中是不存在的。因为它们的法律是容许少数统治者个人独裁，恣意专横，公开维护等级特权和人身不平等。

法制通常在两种意义上使用：一是静态意义上的法制，即法律和制度；另一种是动态意义上的法制，即指立法、执法、司法、守法和法律监督的统一，其中心环节是依法办事。

社会主义法制的基本要求是“有法可依、有法必依、执法必严、违法必究”。它们是紧密联系、辩证统一的。有法可依是建立和健全社会主义法制的前提，有法必依是健全社会主义法制的中心环节，执法必严是健全社会主义法制的重要条件，违法必究是加强社会主义法制的有力保障。这四个方面，完整地揭示了社会主义法制的内涵，保证了社会主义法制的统一性、平等性和极大的权威性。

## 二、 社会主义法治的涵义

法治(rule of law),是相对于人治而言,其核心是依法办事,依法治理国家。法治与法制的概念,既有联系,又有区别。两者的联系表现在:法制是法治的基础和前提条件,实行法治,必然要求完备的法制,加强法制的建设。两者的区别在于:(1)两者概念的范畴不同。法制属于制度范畴,它同一个国家的政治制度、经济制度、军事制度、文化制度等属于同一类别的概念。法治的外延则较为广泛,包括法治思想、原则和制度诸层面。就治国原则和思想论,法治与人治是一对范畴;(2)两者强调的重点不同。法制强调在形式上要有一套完备的法律和制度,它所关注的焦点是秩序。法治强调的是以法治理国家,崇尚法律的至上权威和人民主权的地位,它所关注的焦点在于有效制约和合理运用公共权力;(3)两者存在的历史条件不同。历史上任何类型的国家,都有其相应的法制,但只有在实行民主和宪政的近代国家中,才有近代意义的法治。

依法治国的内涵,正如江泽民在党的十五大报告中所揭示的:“依法治国,就是广大人民群众在党的领导下,依照宪法和法律规定,通过各种途径和形式管理国家事务,管理经济文化事业,管理社会事务,保证国家各项工作都依法进行,逐步实现社会主义民主的制度化、法律化,使这种制度和法律不因领导人的改变而改变,不因领导人看法和注意力的改变而改变。”这段论述,明确了依法治国的五个要点:第一,依法治国的主体是广大人民群众,一切国家机关包括立法机关都应当受人民群众的监督。第二,依法治国的客体是国家事务、经济文化事业和社会事务。依法治国就是要保证对所有这些事业、事务的管理工作都要依法进行。第三,依法治国所依的法,最重要的是宪法和法律。我国宪法和法律体现了党的主张和人民利益、人民意志的统一,一切组织和公民都应当遵守宪法和法律。第四,依法治国的目标,是保证国家各项工作都依法进行,实现社会主义民主的制度化、法律化,使这种制度和法律不因领导人的改变而改变，不因领导人的看法和注意力的改变而改变。第五，依法治国的方式，是人民群众在党的领导下，依法通过各种途径和方式治理国家。

## 三、 依法治国，建设社会主义法治国家

### （一）完善社会主义民主制度

民主原意指“人民的权力”，列宁曾指出：“民主是一种国家形式，一种国家形态。因此，它同任何国家一样，也是有组织有系统地对人们使用暴力，这是一方面。但另一方面，民主意味着形式上承认公民一律平等，承认大家都有决定国家制度和管理国家的平等权利。”①由此而见，马克思主义者将民主界定为一种国家制度，深刻地揭示了民主的本质、内容和形式。

民主作为一种国家制度，它首先表明的是一个国家的国体和政体。国体指的是国家的性质，即社会各阶级在国家生活中的地位，回答的是哪个阶级掌握国家政权、管理国家、对其他阶级实行专政的问题。政体一般是指政权组织形式，即统治阶级采取何种形式去组织国家政权，以实现其统治。国家的阶级本质是民主的内容，政权组织形式是民主的表现，二者紧密结合，不可分割。一定的国家制度，是一定国家的阶级本质和国家政权组织形式的统一。此外，民主还包括民主权利、民主作风、民主方法等内容。社会主义民主是社会主义的国家制度，就是全体人民在共同拥有对生产资料不同形式的所有权的基础上，享有管理国家的最高权力，它的核心是人民当家作主。

发展社会主义民主，必须坚持和完善工人阶级领导的、以工农联盟为基础的人民民主专政，坚持和完善人民代表大会制度、共产党领导的多党合作和政治协商制度以及民族区域自治制度。人民民主专政的政权性质，决定

① 《列宁全集》中文第二版第37卷，人民出版社1986年版，第67、68页。

着我国广大工人、农民和知识分子在政权中的地位和作用，保证人民依照法律的规定，通过各种途径和形式，管理国家事务，管理经济文化事业，管理社会事务。人民代表大会制度从根本上体现了人民行使当家作主的权力。能够有效地反映和集中人民的意志，保证人民进行民主决策、民主管理和民主监督。中国共产党领导的多党合作和政治协商制度，是我国具体历史条件和现实条件所决定的，是我国政治制度的一大特色。在制定关系国家和社会发展的大政方针、管理和推进国家各项工作的过程中，广泛听取各民主党派和无党派人士的意见，进行充分的政治协商，积极发挥民主监督的作用，有利于实现决策的科学化、民主化，保证各项政策方针的贯彻执行。坚持和完善民族区域自治制度，有利于巩固和发展平等、团结、互助的社会主义民族关系，促进各民族的共同繁荣、进步。

**（二）加强社会主义法治建设**

民主建设离不开法治。邓小平指出："为了保障人民民主，必须加强法制。必须使民主制度化、法律化。"[①]法治是社会文明进步的重要标志，实行法治的意义主要体现为：(1)社会主义法治是社会主义民主的基本保证。人民的民主权利、国家政治生活的民主制度和程序，需要法律加以规范和确认；国家机关及其工作人员依法行使职权，维护人民民主的权利，需要严格执法加以保障。(2)社会主义法治是社会主义建设事业健康发展的客观需要。市场经济是法治经济，社会主义市场经济的建立、市场主体活动方式及其权益的保障等，都需要完备的法律体系，并得以严格遵守和执行；社会主义建设中的各种问题，如环境和资源保护、科教兴国战略的实施等，都需要法律来规范。(3)社会主义法治是保持社会稳定、国家长治久安的重要条件。要保持社会稳定，就必须保证人民充分享有各种民主权利和自由，严厉打击和有效控制各种违法犯罪活动，正确处理各种人民内部矛盾，只有实行社会主义法治，才能做到这一点。

---

① 《邓小平文选》(第二卷)，人民出版社1994年版，第146页。

实行依法治国，建设社会主义法治国家，必然要求大力加强社会主义法制建设，坚持有法可依、有法必依、执法必严、违法必究。即逐步建立完备的法制，做到国有所本、民有所依；加强制度建设和执法、司法队伍建设，严格执法；加强普法教育，增强全民法律意识；加强社会主义精神文明建设。我国长期封建专制主义的影响使加强社会主义法治具有特殊的迫切性。然而，由于我国将长期处在社会主义初级阶段，生产力发展水平和社会政治文化素质水平都比较低，要建立起完备的法制，也更为艰巨。这就需要我们从我国的国情出发，努力实践，积极探索，逐步建设、健全社会主义法制，不断推进我国依法治国的进程。

**（三）实现司法公正和依法行政**

司法公正是法治国家的基本要求。司法权是终极性的权力，它是定纷止争的最后屏障。实行司法公正就要确保司法独立，这就要求司法机关独立行使司法权，不受行政机关、社会团体和个人的干涉，保持中立，追求公正。依法行政是依法治国的关键，它要求：(1)国家行政权力要依法实现；(2)防止非法行政，保护公民的合法权益。也就是说，行政行为应当具有法律上的依据。行政行为的内容、形式、程序都应当依照法律的规定或要求进行。凡是在法律上没有根据的行政行为都是违法行政，应当承担法律上的责任。

## 资料选读



### 法治的由来与发展

从渊源上讲，法治是一个古老的概念。据考证，古希腊人毕达库斯最早提出“法治”一词，雅典城邦在梭伦改革后进入了“法律统治”时期。亚里士多德被称为西方第一个对法治的实质作出精辟概括的人，他提出：“法治应包括两重意义：已成立的法律获得普遍的服从，而大家所服从的法律又应该本身是制定的良好的法律”。与此相适应，人治作为一种治国的思想在古代也已萌芽。亚里士多德的导师柏拉图在早期著作《理想国》中就主张由哲学家担任国王。

在中国古代，围绕治理国家，历史上也有著名的儒家与法家之争。法家代表提出“以法治国，则举措而已”，“垂法而治”，“缘法而治”的思想。儒家以孔子为代表，积极倡导“人治”，认为，“为政在人”，“其人存则其政举；其人亡，则其政息”，在治国中，“人”的作用远远重于法律，法律从属于道德和人情，即“礼”，由其派生出中国传统的人伦道德——忠、孝、节、义。无论在西方还是在中国，采取“人治”的方式治理国家是封建制社会的共同特征。

近代西方法治的思想与实践均源于英国，启蒙思想家洛克在《政府论》中，从维护个人的自由权利出发，强调政府的合法而治和民众的依法而行。19 世纪，英国著名的宪法大师戴雪在其代表作《英宪精义》中，把英国法治思想系统地概括为“法律主治”。法国的孟德斯鸠和卢梭也是法治论的代表。第二次世界大战以后，西方法治思想得到了新的肯定和恢复，西方国家的法治实践认为法治的出发点是限制政府的权力，即建立所谓“有限政府”，法治的归宿为保障人民权利。

当代中国实行依法治国的方略。依法治国是邓小平民主法制理论的有机组成部分，是党的十一届三中全会以来，邓小平带领全党和全国人民努力探索建设有中国特色社会主义过程中，逐步形成和发展起来的治国方略。江泽民同志在 1996 年 2 月 8 日党中央举办的法制讲座会上，发表了题为“依法治国，保障国家的长治久安”的重要讲话。之后，在中国共产党第十四届五中全会提出、于 1996 年 3 月 17 日第八届全国人大第三次会议通过的《中华人民共和国经济和社会发展“九五”计划和 2010 年远景目标纲要》中规定了“依法治国，建设社会主义法治国家”的治国方针，并提出了具体的任务和要求。于是在 1997 年 9 月 12 日中国共产党第十五次全国代表大会上郑重提出了“依法治国，建设社会主义法治国家”的治国方略。1999 年《中华人民共和国宪法修正案》正式将我国“实行依法治国，建设社会主义法治国家”载入其中，使法治方略具有了根本大法的最高效力。至此，依法治国得到了党的最高纲领和国家最高法律的双重确认。[1]2002 年中国共产党第十六次全国代表大会的报告又重申了这一治国方



① 参见周叶中、周佑勇：《法律基础》，中国人民大学出版社 2003 年版，第 57—58 页。

略，并确立"依法治国"的目标是建设社会主义法治国家，即"社会主义民主更加完善，社会主义法制更加完备，依法治国基本方略得到全面落实，人民的政治、经济和文化权益得到切实尊重和保障，基层民主更加健全，社会秩序良好，人民安居乐业"。[①]党的十七大报告中指出："全面落实依法治国基本方略，加快建设社会主义法治国家。依法治国是社会主义民主政治的基本要求。要坚持科学立法、民主立法，完善中国特色社会主义法律体系。加强宪法和法律实施，坚持公民在法律面前一律平等，维护社会公平正义，维护社会主义法制的统一、尊严、权威。"

## 第五节　社会主义法的制定

### 一、社会主义法的制定与立法体制

社会主义法的制定，通常是指特定的主体依照法定职权和法定程序制定、修改和废止法律和其他规范性法律文件的活动。法的制定通常称为立法，是国家履行职能的主要方式之一。立法体制是有关法的制定的权限划分的制度。根据我国宪法、有关组织法、立法法的规定，我国立法体制的具体内容如下：

1. 全国人民代表大会和全国人民代表大会常务委员会行使国家立法权。

全国人民代表大会修改宪法，制定和修改刑法、民法、国家机构和其他基本法律。全国人民代表大会常务委员会制定和修改除应当由全国人民代表大会制定的法律以外的其他法律；在全国人民代表大会闭会期间，对全国人大制定的法律进行部分补充和修改，但不得同该法律的基本原则相抵触。

① 张光杰：《法理学导论》，复旦大学出版社2006年版，第291—292页。

2. 国务院根据宪法和法律，制定行政法规。

国务院根据宪法和法律，制定行政法规。国务院各部、委员会、中国人民银行审计署和具有行政管理职能的直属机构，可以根据法律和国务院的行政法规、决定、命令，在本部门的权限范围内制定规章。

3. 省、自治区、直辖市的人民代表大会及其常务委员制定地方性法规。

省、自治区、直辖市的人民代表大会及其常务委员会根据本行政区域的具体情况和实际需要，在不同宪法、法律、行政法规相抵触的前提下，可以制定地方性法规。较大市的人民代表大会及其常委会，根据本市的具体情况和实际需要，在不同宪法、法律、行政法规和本省、自治区的地方性法规相抵触的前提下，可以制定地方性法规。报省、自治区人民代表大会常务委员会批准后施行。

4. 民族自治地方的人民代表大会制定自治条例和单行条例。

民族自治地方的人民代表大会有权依照当地民族的政治、经济和文化特点，制定自治条例和单行条例。

5. 省、自治区、直辖市以及省、自治区人民政府所在地的市和经国务院批准的较大的市的人民政府制定地方行政规章。

省、自治区、直辖市以及省、自治区人民政府所在地的市和经国务院批准的较大的市的人民政府，可以根据法律和行政法规制定地方行政规章。



6. 特别行政区的立法机关制定法律。

特别行政区的立法机关，在不同特别行政区基本法相抵触的前提下，享有独立的立法权。

## 二、 社会主义立法的基本原则

立法的基本原则是立法指导思想在立法过程中的具体体现，是指立法者在法的创制过程中，应该遵循的基本准则。当代中国立法的基本原则主要有以下几个方面：

（一）合宪性原则

立法遵循宪法的基本原则，最根本的是要以经济建设为中心，坚持四项基本原则，坚持改革开放。坚持四项基本原则，就是坚持社会主义道路，坚持人民民主专政，坚持中国共产党的领导，坚持马列主义、毛泽东思想、邓小平理论。“一个中心，两个基本点”①是新时期党的基本路线，党和国家的一切工作都要坚持这个基本路线。立法工作是党和国家的一项重要工作，应当也必须坚持这个基本路线，这是立法工作沿着正确方向前进的政治保证。

（二）坚持法制统一原则

在立法工作中维护社会主义法制的统一和尊严，首先要求一切立法必须以宪法为依据。就是说，一切法律、法规、规范性文件以及非规范性文件的制定，必须符合宪法的规定或者不违背宪法的规定。凡违背宪法者，不能发生法律效力。其次，各有权机关应严格依照法定职权、法定程序，在其立法权限范围内进行立法活动，防止超越职权、违反程序立法。最后，各个法律部门之间的规范性法律文件不得冲突、抵触或重复，应该相互协调和补充。

（三）民主原则

社会主义立法的民主原则首先要求立法必须在人民主权的基础上进行，确认和保障人民当家作主的权力。要以最大多数人的最大利益为出发点，维护广大人民群众的利益；其次是，立法应当符合民主程序。民主程序直接关系或影响社会主义立法的民主原则，在立法中坚持民主程序，使立法活动依法进行，才能避免立法随领导人的更迭或领导人认识的改变而改变，才能使直接参与立法工作的人民代表真正有机会充分表达民意，形成符合人民意志和实际情况的国家意志。最后是立法工作应坚持群众路线。要求立法工作中为人民群众提供平等地参与立法的机会，认真听取群众的意见，

① 一个中心：以经济建设为中心。两个基本点：(1)坚持四项基本原则；(2)坚持改革开放。

调动广大群众参与立法活动的积极性，保障人民群众通过多种途径参与立法活动。

**（四）从实际出发原则**

在立法中贯彻实事求是，一切从实际出发的原则，必须做到：(1)从我国的国情出发。中国最大的实际就是正处于并长时期处于社会主义初级阶段。我国的立法，既要考虑到我国现阶段社会生产力水平和生产关系的实际，又要考虑到我国广大人民群众的文化水平、道德水准和觉悟程度等情况，还要考虑到我国的历史、文化传统、民族关系、地理环境等具体情况。(2)从建设和改革的需要和可能出发。社会主义的立法，一方面必须正确揭示和反映事物发展的客观规律，反映社会主义建设和改革的需要；另一方面又必须考虑到实际的可能，不能把一厢情愿的所谓理想和不切实际的幻想作为现实对待。(3)深入实际，调查研究。在立法工作中，要坚持实事求是，一切从实际出发的原则，必须搞好调查研究。

## 三、社会主义法的制定程序

立法程序是指有权的机关制定、修改、补充或废止法律或其他规范性法律文件的法定步骤和方法。狭义的立法程序，仅指最高国家权力机关制定、修改、补充或废止法律的程序；广义的立法程序，还包括其他国家机关制定、修改、补充或废止所有规范性法律文件的活动程序。



我国人民代表大会的立法程序是：

**（一）法律议案的提出**

法律议案的提出是依法享有专门权限的国家机关或个人向立法机关提出关于制定、修改、补充或废止某项法律议案的专门活动。根据我国宪法和立法法规定，(1)全国人民代表大会主席团；(2)全国人民代表大会常务委员会；(3)国务院；(4)中央军事委员会；(5)最高人民法院；(6)最高人民检察院；(7)全国人民代表大会各专门委员会；(8)一个代表团或者30名以上的代表联名，可以向全国人民代表大会提出法律议案。

（二）法律议案的审议

法律议案的审议是立法机关对已列入立法日程的法律议案进行审查、讨论，并提出修改意见的活动。法律草案能否最终成为法律，从程序上说，决定于审议的结果。经过审议，法律议案比较成熟，达到可以表决的地步，由立法机关通过法定程序进行表决后通过；未经审议的法律议案，不可能进入表决程序，也无法通过成为法律。我国法律草案的审议，一般经过两个阶段：一是由全国人大有关专门委员会进行审议，其中包括对法律草案的修改、补充；二是立法机关全体会议的审议。

（三）法律议案的通过

法律议案的通过是立法机关对于经过审议的法律议案进行表决，正式表示同意或不同意的活动。在整个立法活动中，法律议案的通过是最具有决定意义的一个步骤和阶段。表决通过法律议案所需要的法定人数，根据法案的内容涉及的社会关系重要性有所不同，如对宪法，我国要求绝对多数票才能通过，而对一般法律只要求相对多数票即可。对于表决时的法定人数，我国是以全体代表为法定人数的计算基数，即经过全国人大常委会根据代表资格审查委员会提出的报告确认有代表资格的代表总数。在我国，法律必须以全国人民代表大会全体代表的多数以上投赞成票通过。

（四）法律的公布

法律的公布是有权机关将获得通过的法律依法定形式公布于众的一个法定程序。只有正式公布的法律，才具有法律效力，才能在社会生活中发挥作用。根据我国宪法规定，中华人民共和国主席根据全国人民代表大会的决定和全国人民代表大会常务委员会的决定公布法律，也就是说，我国的法律公布是由国家主席来行使。公布法律的时间，法律未作规定，在立法实践中，全国人民代表大会通过法律的当天，国家主席就签署主席令予以公布。

# 第六节　社会主义法的实施

## 一、社会主义法的执行

法的执行，通常称为“执法”，是指国家行政机关、法律授权组织、委托组织及其公职人员在行使行政管理权的过程中，依照法定职权和程序，贯彻实施法律的活动。执法作为国家行政机关独立的职能，是近代民主政治制度的产物，是法律实施的重要组成部分。执法对于转变政府职能、规范政府权力、调整政府与市场主体的关系、促进经济和社会发展有着重要的意义。

由于执法活动是行政主体对行政事务进行的组织和管理活动，因此，执法具有如下特点：一是具有主动性。行政主体在执行法律时，总是处于积极主动的地位，主动将法律应用于特定的人或事，不需行政相对人的意思表示。二是具有程序简便性和应急性。行政主体执法需要高效率和时效，其程序不宜繁复和冗杂。

我国的执法体系由以下几个部分组成：政府的执法、政府工作部门的执法、法律授权的社会组织的执法、行政委托的社会组织的执法等。从执法的内容、性质来看，执法可分为行政监督、行政处理、行政制裁、行政强制和行政复议、行政裁决、行政仲裁等方面。

现代法治国家要求依法行政。行政执法过程中必须遵循行政法治原则，即做到执法主体合法、执法内容合法、执法程序合法，保障行政活动的权威性，防止行政权力的滥用。必须遵循合理性原则，即执法主体在执法活动中，特别在行使自由裁量权时，必须做到适当、合理、公正，符合法律的基本精神和目的，具有客观、充分的事实根据和法律依据，与社会生活常理相一致。同时，执法还应遵循效率原则，在依法行政的前提下，行政主体对社会实行组织和管理过程中,以尽可能低的成本取得尽可能大的收益,获得最大的执法效益。

## 二、 社会主义法的适用

法的适用,通常称为司法,是指国家司法机关依据法定职权和法定程序,具体应用法律处理案件的专门活动。在我国,按照法律体制和司法体制,法律适用的主体是人民法院和人民检察院,它们共同行使司法权。

社会主义法的适用的基本要求是正确、合法、及时,三者是不可分割的统一整体,缺一不可,不可偏废。“正确”要求各级司法机关适用法律时,对案件确认的事实要准确,证据要确凿,在此前提下依据法律,准确定性,作出公正判决。“合法”要求各级司法机关审理案件时要合乎法律规定,依法司法,做到主体合法、权限合法、程序合法。“及时”要求司法机关审理案件时,要提高工作效率,保证办案质量,及时办案,及时结案。

我国法的适用的基本原则主要有:

### (一) 司法平等原则

司法平等原则是社会主义法律在司法活动中的具体体现。它是指法律对于全体公民都是统一适用的;公民依法享有同等的权利和承担同等的义务;公民合法权益都平等地受到法律的保护;任何公民的违法犯罪行为,都应平等地依法受到追究;不允许有不受法律约束或追究的特殊公民;在诉讼活动中,所有当事人诉讼地位平等。司法平等原则,不仅适用于公民,也适用于法人和其他组织。



### (二) 司法法治原则

司法法治原则是指在法的适用过程中要严格依法司法。这条原则具体体现为“以事实为根据,以法律为准绳”的原则。以事实为根据,要求司法机关审理一切案件,都只能以客观事实作为唯一根据,只有查清了全部事实,才能正确适用法律,作出裁判。以法律为准绳要求司法机关审理案件时,严格按照法律规定办事，把法律作为处理案件的唯一标准和尺度，切实做到有法必依、执法必严、违法必究。以事实为根据，以法律为准绳是统一不可分割的，二者相辅相成，不可偏废。

**（三）独立行使司法权原则**

独立行使司法权原则是指国家的司法权只能由国家的各级审判机关和检察机关统一行使，其他任何组织和个人都无权行使此项权力；司法机关依照法律的规定独立行使自己的职权，不受行政机关、社会团体和个人的干涉；司法机关审理案件必须严格依照法律规定，正确适用法律。

司法机关独立行使司法权并不意味着司法机关不受任何监督和制约，司法机关要接受党的领导和监督，要接受国家权力机关的监督，要接受上级机关的领导和监督，也要接受社会各界、群众的监督，以防止司法权的滥用。

**（四）司法责任原则**

司法责任原则是指司法机关和司法人员在行使司法权过程中侵犯了公民、法人和其他组织的合法权益，造成严重损害的应承担相应的责任。

## 案例及其评析

### 法的执行和法的适用

**案情**：张某是某省高校一年级的研究生。某星期天，他在学校宿舍私用电炉烧饭时不慎失火，造成部分公私财物的损失。对此学校行政科根据《行政处罚法》对他给予罚款1 000元的处罚。王认为，学校行政科无权对他实施行政处罚，要求退款。在学校未给予理睬的情况下，王准备到法院起诉。

**评析**：社会主义法的实施分为法的执行和法的适用，法的适用是指国家司法机关依据法定职权和法定程序，具体应用法律处理案件的专门活动。法的执行是指国家行政机关、法律授权组织、委托组织及其公职人员在行使行政管理权的过程中，依照法定职权和程序，贯彻实施法律的活动。在我国具体体现为政府的执法、政府工作部门的执法、法律授权的社会组织的执法以及行政委托的社会组织的执法等方面。本案中，学校（包括行政科）不是国家行政机关，不具有行政公共权力，在没有法律法规授权的情况下不能以自己的名义进行执法活动，因此没有权力根据《行政处罚法》对张某给予行政罚款。但是，学校的公共财物因张某的过错行为受到人为毁坏或损失后，学校有权依照校规进行处罚，这种罚款行为是学校采用经济手段进行的内部管理措施，不同于国家机关的执法活动。

## 三、社会主义法的遵守和违反

### （一）社会主义法的遵守

法的遵守即守法，是指国家机关、社会组织和公民依照法律规定享有权利和履行义务的活动，也就是依法办事，是法治社会的必然要求。

守法的主体包括一切国家机关、武装力量、政党、社会团体、企事业单位以及全体公民，守法的主体不仅具有普遍性，而且具有平等性，任何组织和个人都没有超越宪法和法律的特权，在法律面前人人平等。

守法的内容包括两个方面：一是遵守法律所确定的权利，公民或社会组织都应依照法律享有权利并行使权利；二是遵守法律所规定的人们的义务，依照法律承担义务并履行义务。

守法的范围是要求一切组织和个人遵守国家机关制定的、具有普遍约束力的规范性文件和某些非规范性文件。具体包括我国的宪法、法律、行政法规、地方性法规、自治条例和单行条例、特别行政区法律等。对于执法、司法机关所制定的某些非规范性文件，如人民法院的判决书、调解书，公民之间依法签订的协议文书等，有关组织和个人也必须遵守。

### （二）社会主义法的违反

法的违反即违法，是指国家机关、社会组织、公民违反现行法律，不履行法律义务的行为。违法有广义和狭义两种理解。广义的违法是指违反一切现行法律的行为；狭义的违法，仅指违反刑法以外的法律的行为，即一般违法，不包括犯罪这一严重违法行为。

确定某一行为是否违法，需要具备四个方面的条件：

1. 违法是实施了违反法律规定的行为

违法行为是行为人有违反法律的行为和由这种行为所引起的后果。如果人们的行为违反了法定的行为模式，不主动地做出法律要求的行为，不履行应履行的义务，或者做了法律所禁止的行为，就会构成违法。只有行为才能构成违法，任何思想和意识，只要不以行为表现于外部，就不可能构成违法。

2. 违法是不同程度地侵犯了法律所保护的社会关系的行为

法律根据特定的价值标准和利益关系，保护一定的社会关系，违法行为是侵犯了法律所保护的社会关系，对法律所保护、维持的社会关系和秩序造成了危害。违法行为的社会危害性是区别于其他行为的根本标志，只有当行为侵犯了法所保护的社会关系时，才构成违法。

3. 违法是行为人有主观过错的行为

人的行为是受一定思想支配的。这种思想既可以表现为故意的状态，也可以表现为过失的状态。所谓故意，就是指违法者明知自己的行为会发生危害社会的结果，却希望或放任这种结果发生。所谓过失，就是指违法者应当预见自己的行为可能发生危害社会的结果，但由于疏忽大意未能避免危害结果的发生。如果某种行为虽然在客观上造成危害社会的后果，但是由于不可抗力或不能预见的原因所引起的，不能认为是违法。

4. 违法是具有法定行为能力或法定责任能力的自然人、法人或其他社会组织所实施的行为

法律上把行为人承担法律后果的条件称为责任能力，只有具备责任能力的人或组织，才能构成违法主体。就自然人来说，只有达到法定年龄，具有辨认和控制自己行为的能力的人，才能成为违法的主体。就法人或其他社会组织来说，它们都必须是依法成立，享有一定的权利和承担一定的义务，实施了违法行为，只要法律有规定，也应承担法律责任。

违法的四个构成要件是相互联系的一个整体，缺少任何一个要件，都不能认定违法。

从违法的性质来看，违反行为可分为四类：(1)违宪行为，即违反国家宪法和其他宪法性文件的行为，主要表现在国家机关制定的法律、法规和其他规范性文件违反宪法规范和宪法原则。(2)刑事违法行为，即犯罪行为，是指违反国家刑事法律并受到刑罚处罚的行为。(3)民事违法行为，即违反民事法律的行为，主要表现在民事侵权行为和不履行合同的行为。(4)行政违法行为，即违反行政法律的行为，包括行政主体的违法行为和行政相对人的违法行为。

**（三）社会主义法律责任与法律制裁**

法律责任是因损害法律上的义务关系，行为人或其关系人所应当承担的法定的不利后果。法律责任是法律规则的有机构成部分，是法律运行的保障机制。由于法律责任与法定义务有密切联系，因此，法律责任就与违法、侵权或违约等行为联系在一起。违法是承担法律责任的前提和根据，不同性质的违法、违约或侵权行为就产生出不同性质的法律责任。这样，法律责任就可分为违宪责任、刑事责任、民事责任和行政责任。

法律责任的实现方式主要有惩罚、补偿、强制三种。惩罚即法律制裁，是国家强制对责任主体人身、财产和精神实施制裁的责任方式，是最严厉的法律责任方式。补偿是通过国家强制力或当事人要求责任主体以作为或不作为形式弥补或赔偿所造成损失的责任方式。强制是国家通过强制力迫使不履行义务的责任主体履行义务的责任方式。

法律制裁是由特定的国家机关对违法者依其应当承担的法律责任而采取的惩罚性措施。法律制裁与法律责任有着密切的联系。二者都是基于违法、侵权或违约而产生的。法律责任是法律制裁的前提，法律制裁是法律责任的后果。法律制裁的目的在于保护权利，惩罚违法行为，恢复被损害的法律秩序，其主要特点是：它是由国家专门机关依法实施的；它是一种惩罚性的强制措施；它必须以违法行为和法律责任为前提；它是一种“要式”的法律行为，即实施惩罚的国家机关必须遵守严格的程序，并制作相应的法律文书。

按照违法、侵权或违约行为和相应法律的性质的不同，以及实施法律制裁的主体与手段的不同，法律制裁可分为违宪制裁、刑事制裁、民事制裁和行政制裁。违宪制裁的机关在我国是全国人民代表大会及其常务委员会，承担违宪责任的主体主要是国家机关及其工作人员。制裁措施有：撤销同宪法相抵触的法律、行政法规和地方性法规；罢免国家机关的工作人员等。刑事制裁或称刑罚，分为主刑和附加刑两类，主刑包括管制、拘役、有期徒刑、无期徒刑、死刑。附加刑包括罚金、剥夺政治权利和没收财产。民事制裁的形式多种多样，主要有：停止侵害、排除妨碍、返还财产、恢复原状、赔礼道歉等。行政制裁根据方式的不同可分为行政处分、行政处罚和劳动教养等方面。

## 四、 社会主义法律监督

法律监督是法的实施的一种重要机制，对于防止权力腐败、保障法律权威具有重要意义。法律监督有广义和狭义两种理解，狭义的法律监督专指有权国家机关依照法定职权和法定程序，对立法、执法和司法活动的合法性所进行的监察和督促。国家机关的监督包括：国家权力机关的监督、国家行政机关的监督和国家司法机关的监督。国家权力机关的法律监督，是指各级人民代表大会及其常务委员会对法的创制和实施活动的合法性的监督。行政机关的法律监督，包括上级行政机关对下级机关、政府各部门之间以及行政机关对企业事业单位和公民执行和遵守法律、法规等活动的合法性所进行的监督。司法机关的监督，包括检察监督和审判监督。国家机关对法律监督的权限和范围由宪法和法律作出规定，这类监督具有法律效力和法律强制力。

广义的法律监督是指除国家机关的监督外，社会组织和公民对各种法律活动的合法性所进行的监察和督促。社会组织监督包括工会、共青团、妇联组织等人民团体以及群众性的专门性、学术性团体所进行的监督，形式主要是建议、批评、申诉、控告和举报等。新闻舆论的监督，主要是通过报刊、杂志、广播、电视等新闻媒体，对行政执法和司法过程中出现的违法失职行为和不公正现象公之于众，督促有关机关对此予以纠正。人民群众的监督可以采用各种形式进行，如向国家机关的信访人员和机关写信、面谈或向有关国家机关建立的举报中心举报，直接向司法机关和其他机关申诉、控告等。同时，各级干部还可直接同群众见面，举行现场办公会，倾听人民群众的意见和建议，接受人民群众的监督。人民群众与各类社会组织的监督不仅是整个法律监督体系中的重要部分，也是法律监督体系中重要的普遍力量，具有广泛的群众性和代表性。

## 案例及其评析

### 法的遵守

**案情：**1995 年 12 月，浙江医科大学作出一则决定，从 1996 年起，该校不招吸烟学生。理由是：吸烟是当今世界公认的不良生活习惯，为保护公共环境和人类健康，应该积极提倡不吸烟，而培养健康卫士的医学院校更应带头。这一消息被国内几家有影响的报纸转载。在此后 1996 年北京召开的第十届世界烟草和健康大会组委会上，大会发出了《在全国医学院校开展禁烟活动的倡议》，倡议 1996 年开始医学院校不再招收吸烟学生。

**评析：**法的遵守是法治社会的必然要求。它体现为一切国家机关、社会组织和公民必须遵守宪法和法律，依照法律规定享有权利和履行义务。本案中，作出决定的决策者的愿望是良好的，积极提倡不吸烟的理由也是充分的，但是这一决定的实质性内容，即以吸烟这一不良生活习惯为由而剥夺了这一类公民的受教育权，是与宪法赋予公民的受教育权利相违背的。现实社会中会出现社会公德与法律产生冲突的情况，当对一种有违社会公德的行为进行法律性制裁却又同宪法权利相冲突时，首先应该考虑的是维护宪法权利，不能以维护社会公德为由，而剥夺公民的宪法权利。为此要求提高一切组织和个人的法律意识和宪法观念，提高其遵守宪法和法律，维护宪法和法律尊严的自觉性。

### 违法的构成

**案情**：王某在某乡镇卫生院进行了输卵管结扎手术，手术过程中由于医生用丝线缝扎时过深，致王某术后出现血尿、尿频等症状。后来王某在另一医院检查被诊断其裂伤为丝线缝。事后双方未能达成一致调解意见，王某向法院起诉，在诉讼中，经某医学会技术鉴定，认为手术中用丝线缝扎止血时过深，致缝扎损伤存在一定医疗缺陷，但不属医疗事故。法院审理中也存在两种意见，一种意见认为卫生院不构成违法，另一种意见则认为已构成违法。

**评析**：违法构成要件包括违法行为、损害结果、违法行为与损害结果的因果关系和主观过错四个方面。本案中，卫生院在对王某进行"女扎术"时虽手术操作基本符合原则，但手术中用丝线缝扎止血时过深，致缝扎损伤存在一定医疗缺陷，即卫生院的行为存在一定违法性；也存在一定的过错；卫生院致王某的损伤是事实，存在损害结果。至于其行为与损害结果之间是否存在因果关系，举证责任在卫生院。依照《最高人民法院关于民事诉讼证据若干规定》的有关规定："因医疗行为引起的侵权诉讼，由医疗机构就医疗行为与损害结果之间不存在因果关系及不存在医疗过错承担举证责任。没有证据或者证据不足以证明当事人的事实主张的，由负有举证责任的当事人承担不利后果。"本案卫生院没有对医疗事故损害后果与医疗行为之间不存在因果关系提出举证，其行为应认定为违法行为并承担相应的法律责任。

应指出的是，在医疗损害赔偿纠纷中，医患双方的地位在某种程度上是不平等的，患者一方很明显处于弱者地位，医方和患方在医疗纠纷领域所拥有的知识与认识能力的差别带来当事人之间交易地位的明显差异，这就使得患方在纠纷解决中容易受到不公平的对待而无法有效地保护自己的合法权益，因此，将医疗损害赔偿进行举证责任倒置，更有利于保护患方的合法权益。

## 法律责任

**案情**：某年 9 月 30 日，山东淄博市某中学初一学生殷宝军和宫翔在教室外走廊追逐嬉戏，小翔用手挠小宝军的胳肢窝，宝军笑得上气不接下气时突然昏倒在地，送往医院抢救无效死亡。经对殷宝军尸体解剖，其心脏、双肺、肝、脾、气管等均未见器质性病变。殷宝军父母多次找学校和区教委无果的情况下，将宫翔和学校告到法院。法院判决：被告宫翔监护人宫方志于判决生效后 10 日内支付原告损失 5 000 元；驳回原告对学校的诉讼请求。殷父母不服一审判决，以要求两被告赔偿损失 75 000 元的诉讼请求上诉至市中级人民法院。后因在适用法律条文上存有争议，此案没有当庭宣判。

**评析**：这起全国首例"笑死活人"的案件涉及民事责任与法律制裁，主要有以下几方面：

第一，本案中是否存在刑事责任？本案被告小翔是一个不满 14 周岁的未成年人。法律责任既有民事责任，也有刑事责任。根据《中华人民共和国刑法》的规定，不满 14 周岁是完全不负刑事责任的年龄阶段，因此可以排除小翔的刑事责任问题。

第二，小翔是否要负民事责任？在我国法律中，构成民事责任的条件有四条：(1)具有民事违法行为。小翔与宝军之间的嬉戏，本无违法。但任何嬉戏超过了一定的限度，便有可能伤及人身。本案已超过了限度，达到损害宝军生命的程度，成为一种违法行为；(2)具有损害事实。具有违法性的行为不一定产生损害事实，而损害事实的客观存在是构成违法责任的必要条件。本案中宝军的死亡，是明显的损害事实；(3)违法行为与损害事实之间有因果关系。本案中，宝军死亡后经过尸检，其内脏器官均无病变，这样就排除了其他致死的原因，其死因是"笑得上气不接下气"而突然死去。因此，小翔的行为与宝军的死亡具有法律上的因果关系；(4)违法行为人的主观过错。本案中小翔绝无故意致宝军死亡的心理。但民法上的过错，既包括故意，也包括过失，所谓过失，包括行为人对自己行为的结果应当预见而没有预见的心理状态。搔痒使人发笑，但过分了就会从快乐变为痛苦难受，到了上气不接下气的程度，那就是危险。对于小翔这一年龄段的孩子，对搔痒产生的难受感觉应该是有体验的，也应当预见由此产生的难受和痛苦，对于死亡这一结果，是小翔应当预见而没有预见的。因此，小翔的行为是有过错的。综上所述，小翔应当承担民事责任。由于本案主体的特殊性，小翔属于限制民事行为能力人，其民事责任由他的监护人承担，所以本案应由小翔的父母来承担民事责任。

第三，学校在此案中该不该承担责任？根据《中华人民共和国未成年人保护法》第13条精神，学校应当关心、爱护学生并尽到“注意”义务，应当注意却未注意的应承担责任。本案中的悲剧发生在学校，小翔与宝军的追逐、嬉戏、搔痒都发生在教室走廊，学校没有教师对课外自由活动的学生进行导护是管理教育方面的失误，对所造成的悲剧，也应承担责任。

## 资料选读

### 未成年人犯罪的争议

**争议一：未成年人偶与幼女发生性行为是否都算犯罪**

**最高人民法院出台对审理未成年人刑事案件司法解释：**“已满14周岁不满16周岁的人偶尔与幼女发生性行为，情节轻微、未造成严重后果的，不认为是犯罪。”此司法解释已于2006年1月23日起施行。以前，达到法定年龄的，只要与幼女发生性行为都构成强奸罪。依据新司法解释有关规定，部分与幼女发生性关系的行为就不能认定为犯罪了。这部司法解释实施伊始即引起法律人士和普通百姓的广泛争论。

**赞成方认为：**此举有利于保护另一方未成年人权益。中国法学会青少年法律研究会常务理事宗春山则认为，在实践中，有些幼女成熟过早，自愿与他人发生性关系，甚至保持恋爱关系，对符合法定年龄的另一方都会认定为强奸罪，这样不利于保护另一方未成年人的权益。新司法解释出台后，上述情况可以得到更好的解决。反对方认为：此举会助长未成年人犯罪。一些市民在网上发表意见，提出不同观点。他们认为，此司法解释一出台，遭受伤害最大的就是幼女，幼女的权利得不到司法全面的保护，一些未成年人会利用法律打擦边球，在与幼女发生性行为后，逃脱法律的制裁。也有人担心，会助长未成年人犯罪，不利于社会稳定。

**争议二：未成年人强行索要其他未成年人钱物是否认为是犯罪**

**司法解释：**已满14周岁不满18周岁的人强行索要其他未成年人少量钱物一般不认为是犯罪。依据此解释，已满14周岁不满18周岁的人使用轻微暴力或者威胁，强行索要其他未成年人随身携带的生活、学习用品或者钱财数量不大，且未造成被害人轻微伤以上或者不敢正常到校学习、生活的，一般不认为构成犯罪。

**赞成方认为：**此举给未成年人改过的机会。新的司法解释出台加大了对未成年人保护的力度。法律更加人性化，更多的未成年人将会有改过的机会。反对方认为：此条司法解释没有对软暴力作出规定，不少使用软暴力的未成年人将因此而免予法律制裁，但软暴力的危害并不低于身体上的伤害，这样不利于对受害未成年人的保护。在同一个抢劫中，未成年人是主犯，成年人是从犯的情况下，未成年人如果不构成犯罪，成年人的定罪将成为司法审判的“难点”。另外，对“数量不大”司法解释没有具体界定，在实践中，可能会因不同地域的经济差异而影响审判的结果。

**焦点三：未成年人盗窃自己家庭或近亲属财物是否按犯罪处理**

**新司法解释规定：**已满16周岁不满18周岁的人盗窃自己家庭或者近亲属财物，或者盗窃其他亲属财物但其他亲属要求不予追究的，可不按犯罪处理。

**赞成方认为：**新司法解释考虑到未成年人身心发展的情况，给未成年人重新做人的机会，对他们起到很大的教育作用。反对方认为：公诉权会受影响。有法律专家表示了担心，在公诉案件中，当事人可以提出不予追究的要求，将可能引发个人利益与国家公权利的冲突。①

① 参见北京晨报2006年2月9日。

## 相关概念

法　社会主义法　法的作用　法的制定　法的适用　法的遵守　违法　法律责任　法律监督

## 思考题

1. 法的本质和特征是什么?
2. 如何理解社会主义法的本质和特征?
3. 社会主义法的作用有哪些?
4. 简述法治、法制与依法治国的内涵。
5. 我国立法体制的内容和基本原则是什么?
6. 违法的构成要件有哪些?
7. 我国社会主义法律监督包括哪些内容?

# 第二章
# 宪　法

**在本章中，你将——**

- ◆ 理解宪法的概念
- ◆ 掌握我国人民民主专政的国体；人民代表大会制度；民族区域自治制度和现阶段的基本经济制度和分配制度
- ◆ 知晓我国公民的基本权利和基本义务
- ◆ 了解我国的国家机构

## 第一节　宪法的概念

### 一、宪法是国家的根本大法

宪法是国家颁布的法律的一种，具有法的共性和共同特征。但宪法又不同于其他一般法律，它是国家的根本法，这主要表现在以下三个方面：

第一，宪法规定的内容与普通法律不同。宪法规定国家的根本性问题，即规定一个国家的根本制度、根本原则、根本任务、公民的基本权利和义务、国家机构等国家最根本、最重大的问题。而普通法律只是规定国家生活或社会生活中某一方面的问题。

第二，宪法的法律效力与普通法律不同。宪法具有最高的法律效力。这种最高法律效力体现在两个方面：一是宪法是国家一切立法活动的基础，是制定一般法律的依据；二是宪法是一切组织和个人必须严格遵守的最高行为准则。

第三，宪法的制定、修改程序与普通法律不同。由于宪法上述两个本质特征，决定了它需要比普通法律具有更大的稳定性。因此，许多国家在制定和修改宪法时，往往要成立专门的制宪机构或修改宪法的机构，对于宪法的通过或批准，有的国家要经过全民投票公决，或由立法机关全体成员的三分之二或四分之三的多数通过。我国宪法第 64 条规定："宪法的修改，由全国人民代表大会常务委员会或者五分之一以上的全国人民代表大会代表提议，并由全国人民代表大会以全体代表的三分之二以上的多数通过"。而普通法律的制定修改，只需全国人民代表大会以全体代表的过半数通过即可。

## 二、 宪法是各种政治力量对比关系的集中表现

从宪法的本质上看，它是社会中各种政治力量对比关系的集中表现。这一本质主要体现在三个方面：

首先，宪法是阶级斗争的结果和总结。宪法是由在阶级斗争中取得胜利并掌握国家政权的阶级制定的。我国宪法的制定，也是以法律的形式确认了中国各族人民奋斗的成果。它是中国阶级斗争的结果。

其次，宪法是统治阶级意志和利益的集中表现。宪法确认了有利于统治阶级的社会制度和国家制度，从政治生活、经济生活、文化生活、社会生活等各个方面体现了统治阶级的政策，维护了统治阶级的利益。

再次，宪法随政治力量对比关系的变化而变化。政治力量对比关系的变化，是影响宪法内容的重要因素。这种变化有三种情况：一是在不同类型的国家，宪法所表现的政治力量对比关系显然不同；二是在同一类型国家，其宪法在阶级本质上是一样的，但是由于各个国家国内政治力量对比关系

的不同，反映在宪法内容上就有所不同；三是在同一个国家的各个不同时期，由于实际生活中政治力量对比关系的变化，宪法内容也随之变化。

## 三、宪法是民主制度的法律化

近代意义的宪法，是民主政治的法律表现。宪法与民主政治有着极为密切的联系。毛泽东曾指出：讲到宪法，资产阶级是先行的。英国也好，法国也好，美国也好，资产阶级都有过革命时期，宪法就是他们在那个时候搞起来的。并且还指出，世界上历来的宪政，不论是美国、法国、英国，或者是苏联，都是在革命成功有了民主事实之后，颁布一个根本法，去承认它，这就是宪法。宪法的产生有其经济、政治和思想条件。经济上资本主义生产关系的发展，需要建立一种与经济基础相适应的政治制度；政治上资产阶级革命的胜利，需要一种法律来确认这种胜利成果；此外，在资产阶级革命过程中提出的“天赋人权”、“人民主权”、“三权分立”、“法治”等思想和主张，不仅为资产阶级革命奠定了理论基础，而且成为资产阶级革命胜利后的制定宪法的重要原则和指导思想。社会主义宪法也是无产阶级革命胜利之后，对无产阶级民主事实的确认。

由此可见，没有民主政治就没有宪法，民主政治是宪法产生的前提条件，宪法是民主政治的形式和表现。

综上所述，不难看出宪法是法的组成部分，集中反映各种政治力量的实际对比关系，规定国家的根本性问题，具有严格的修改程序和最高的法律效力，是国家的根本大法。

## 资料选读

### 宪法的概念

对于宪法的概念，学术界未能达成共识，主要有以下几种观点：

1. 宪法是国家的根本大法。把宪法与一般法相比较而言，宪法是国家的根本大法，具有根本法属性。对此，有的学者提出，“宪法具有最高的法律效力”的特点，却并不是所有宪法都具备，如不成文宪法。所以当我们的“宪法”不仅仅是指“宪法典”时，我们又怎样理解不成文宪法也是宪法呢？

2. 宪法是民主制度的法律化。从宪法确认的内容来看，宪法是公民权利的保障书，具有民主属性。对此，有的学者提出，中国封建社会的“钦定宪法大纲”是不是宪法？现代少数专制国家亦颁布宪法，但公民权利更多是受武力控制和各种政治势力斗争的影响，如果按照民主属性来判断，这些国家是否就没有宪法呢？

3. 宪法是各种政治力量（包括阶级力量）实际对比关系的集中表现。这是宪法具有的阶级属性。对此，有的学者提出，法的阶级属性具有普遍的意义，并非是宪法所独有的本质属性。凡是法都具有阶级属性，如何将法与宪法区分开来？

4. 宪法是确立国家权力的实现形式，规范国家权力运行的根本法，即规范国家权力说。对此，有的学者提出，如果宪法不是资产阶级革命胜利的产物，为什么要制定宪法？如何理解宪法是由人民制定的法律？

### 从宪法到宪政的几个重要问题

宪法是现代民主国家的根本法，是国家机关据以活动、人民权利据以实现的最高准则。宪政则是以宪法作为国家的最高权威而形成的一种以制约国家权力为手段、以保障人民权利为目的的政治运作。因此，立宪本身并不是目的。国家的任务在于如何将宪法规范的内容变为政治生活的现实。宪法与宪政都是西方文明的产物，是西方社会独特的文化传统、意识形态、经济发展模式和宗教信仰的必然结果。而在非西方国家，由于缺乏宪法与宪政所赖以产生的必不可少的文化与信仰基础，使得这些国家虽然移植了西方宪法的外壳，却忽视了具有决定性的立宪主义精神。如何实现宪政，特别是在缺乏文化与信仰基础的国家如何实现宪法到宪政的发展，是当今世界具有普遍性意义的问题，也是中国宪政建设中无法回避的一个重要课题。

**1. 宪法至上的观念**

法律信仰是使法律获得生命的重要前提条件。民主宪政社会的一个重要标志就是全社会都具有较高的法治意识，尤其是将“宪法至上”的观念视为最高层次的意识形态，因为宪法至上的观念对于立宪主义思想的制度化是非常重要的，没有宪法至上的观念就没有宪政。

**2. 宪法的正当性**

实现宪政必须要有一部宪法，但是宪政并不是仅仅指有一部宪法，而是指要有一部特殊宪法，一部有特定价值准则和道德标准的宪法。宪法的正当性和合法性主要体现在：(1)宪法必须具有广泛的合意基础，必须经民主的程序产生；(2)宪法必须是限制政府权力和保障人权的法律文件；(3)宪法必须具有最高权威；(4)必须在政府权力内部实现权力对权力的控制；(5)必须建立系统化的社会制约体系。

**3. 宪法的制定和内容**

宪法的制定是全体人民合意的结果，人民是制定宪法的主体。宪法的主要内容应由两部分构成：对权力行使界限的明确界定和对人民权利的清楚表达。在宪法的内容方面，应强调宪法不是政治宣言、政治纲领或政治章程，更不是政府政策，它必须是法律规范，而且只能是法律规范。政治纲领和政府政策等阶段性的短期行为是善变的，而宪法的基本内容不能变，限制政府权力和保障人权在什么时候都是人类政治共同体的根本任务和长期任务，即宪法是要解决长期性的问题，而不关注围绕着它们的阶段性事情。因此，宪法的内容应该尽可能地简短，只包括那些最起码的，即成为法律规则的最基本内容。

**4. 从宪法到宪政的制度保障**

从宪法到宪政的实现，需要一系列的制度保障：(1)违宪审查制度。违宪审查在各国的政治实践中，形成立法审查、司法审查和特设机关的审查等违宪监督形式(包括美国式的普通司法机关审查和欧洲式的宪法法院审查)。从审查的原意上来说，司法审查更能保证审查的公正性，因为立法机关的自我审查违背了“任何人不能为自己案件的法官”这一基本法理。当然，采取哪一种审查形式也涉及具体的政治制度和传统习惯的问题，不能一概而论。但是，在世界各国的违宪审查制度越来越出现专门化和司法化的趋势下，司法审查是今后违宪审查制度的发展趋势。(2)宪法诉讼制度。宪法诉讼制度与违宪审查制度不同。宪法诉讼是指当公民的宪法基本权利受到侵害时，如果穷尽一切普通司法救济手段还不能获得有效救济，那么国家司法机关就可以以宪法诉讼的形式提供相应的宪法救济。因为宪法的终极目的就在于保障人民权利的充分实现，在采用美国式司法制度的国家，宪法诉讼制度与违宪审查制度是合而为一的，而在采用欧洲式司法制度的国家，宪法诉讼制度与违宪审查制度的适用机关是不同的。宪法诉讼制度的目的就在于实现"有权利必有救济"这一基本法治原则，使纸面上的宪法权利转变为受国家保护和救济的实在权利，使宪法真正成为"公民权利的保障书"。(3)宪法解释制度。宪法解释制度是违宪审查制度的重要组成部分，是关于违宪审查者据以做出审查对象违宪或合宪的标准的原则规定。宪法解释的目的是为了准确地将宪法规定应用到具体的案例中，以保障宪法的最高权威。同时，宪法解释也是实现宪法变迁的重要手段，对于维护成文宪法的稳定是必不可少的。(4)宪法修改制度。宪法修改有两种形式：有形修改和无形修改。有形修改是对宪法文本的改动，无形修改是在不改动宪法文本的前提下通过宪法解释、宪法判例和宪法惯例等方式使宪法的内容发生实质性的改变。宪法修改的一个基本原则就是应尽量采用无形修改的方式。只有在穷尽了所有无形修改的方式还不能解决宪法规范与社会现实的矛盾的情况下，才可以采用有形修改的形式。其目的是为了保证宪法的稳定性。①



## 宪法修正案

中华人民共和国成立以来，颁布过四部宪法，即：1954 年宪法、1975 年宪法、1978 年宪法和 1982 年宪法。

---

① 参见王士如：《从宪法到宪政的思考》，载《法律基础双语教程难点问题诊断》，南开大学出版社 2003 年版，第 62 页。

国家对现行宪法进行了四次修改。1988 年修正案增加了对私有经济和土地使用权可依法转让的规定。1993 年修正案对社会主义初级阶段和建设有中国特色的社会主义理论、对中国共产党领导的多党合作和政治协商制度、对社会主义市场经济作出了新的规定。1999 年修正案增加规定了邓小平理论;实行依法治国;坚持公有制为主体、多种所有制经济共同发展的基本经济制度,坚持按劳分配为主体,多种分配方式并存的分配制度等内容。2004 年修正案确立了“三个代表”重要思想;完善了土地征收征用制度;规定了对私有财产的保护;明确了国家尊重和保障人权等方面的内容。

## 马伯里诉麦迪逊案

18 世纪后期和 19 世纪初,美国总统选举在两党——联邦党和民主共和党之间进行。大选结果,主张加强联邦权力的联邦党人约翰·亚当斯总统落选,民主党候选人托马斯·杰弗逊当选。

亚当斯为了使以后的联邦党人长期控制司法机关,以此牵制国会和行政,便在 1801 年 3 月 4 日杰弗逊正式接任以前采取了一系列紧急措施:(1)先是任命他的国务卿约翰·马歇尔(John Marshall)为联邦最高法院首席法官;(2)通过巡回法院法案时,成倍增加联邦法官人数;(3)通过构成法(Organic Act),授权在哥伦比亚地区任命 42 名治安法官。

以上这些新增加和增设的法官人选,全由亚当斯总统提名,都是联邦党人。对这些人选,在 3 月 3 日参议院连夜批准后,亚当斯总统就连夜颁发由他签署、国务卿马歇尔盖印的委任状。但由于过于匆忙,有些委任状来不及送出去。第二天 3 月 4 日新总统上任了。

新总统杰弗逊一上台便命令他的国务卿麦迪逊扣发这些委任状,以减少联邦党人对司法的控制。马伯里就是被任命为治安法官而又未拿到委任状的人当中的一个。为此,马伯里与其他几个同样没有拿到委任状的人一起,请求联邦最高法院向执行部门颁发执行命令(Writ of Mandamus),发给委任状。因为根据国会颁布的 1789 年《司法条例》第 13 条规定,最高法院有权对公职人员颁发执行命令。最高法院根据马伯里的申请，命令国务卿麦迪逊说明为什么不颁发委任状，杰弗逊和麦迪逊对联邦党人控制下的法院极为轻视，否认司法机关有权向执行机关发布司法命令。加上经过改选，国会已控制在民主党人手中，并且正在对上届国会通过的巡回法院法案展开激烈辩论。在这种形势下，如何判决马伯里一案，最高法院处于两难地位，如果驳回马伯里的请求，显然是向杰弗逊的民主党屈服；如果颁发令状，杰弗逊和麦迪逊显然不会执行，从而贻笑全国。采用任何一种做法都会形成行政和立法两部门不受司法部门牵制的危险局面。

1803 年最高法院运用司法审查这个手段摆脱了两难境地。1803 年 2 月 24 日，马歇尔大法官公布了最高法院的审理意见。他采取了三个步骤：

第一步，审理了案件事实。他判定马伯里有权获得任命，认为马伯里被任命为法官是合法的，而总统和国务卿不予颁发委任状是没有理由的。

第二步，马伯里的正当权利由此而遭到侵犯，是有权得到司法救济。

第三步，最高法院不能颁发这样的执行命令，因为它超出了宪法第 3 条关于最高法院管辖权的规定。根据宪法第 3 条规定，最高法院除对极少数案件有第一审管辖权外，只能审理上诉案件，责成最高法院对公职人员颁发执行命令的 1789 年《司法条例》第 13 条规定是同宪法相违背的。

最后，他就联邦国会立法权的界线、宪法的最高法律地位、法院何以有审查法律的权力等问题作了长篇的论证，明确宣布“违宪的法律不是法律”、“阐明法律的意义是法院的职权”。从此，开创了美国联邦最高法院审查国会法律的先例。



## 第二节　我国的国家制度和政治制度

### 一、人民民主专政制度

人民民主专政制度是我国的国家性质，所谓国家性质是指社会各阶级在国家中的地位，它集中表现为一个阶级对另一个阶级的专政，也体现统治阶级内部领导者与被领导者的关系。国家性质是国家制度的核心。

**（一）人民民主专政实质上即无产阶级专政**

我国现行宪法第1条规定："中华人民共和国是工人阶级领导的、以工农联盟为基础的人民民主专政的社会主义国家。"在序言中还指出："工人阶级领导的、以工农联盟为基础的人民民主专政，实质上即无产阶级专政。"人民民主专政之所以在实质上即无产阶级专政，是因为：(1)人民民主专政和无产阶级专政本质上都是工人阶级的政权；(2)人民民主专政和无产阶级专政都是以工农联盟为基础的；(3)人民民主专政担负着无产阶级专政的职能和历史使命。宪法对人民民主专政的表述，符合我国国情，表明了我国的阶级状况和国家政权的广泛基础，体现了我国国家政权的民主性质。

**（二）人民民主专政是民主与专政的结合**

对人民实行民主和对敌人实行专政，是我国人民民主专政的两个方面。首先，人民民主即社会主义民主，就是人民当家作主。现阶段，人民包括以工人、农民和知识分子为主体的全体社会主义劳动者，社会主义的建设者，拥护社会主义的爱国者和拥护祖国统一的爱国者。对极少数敌对分子实行专政，是人民民主专政的另一方面。宪法第28条规定："国家维护社会秩序，镇压叛国和其他危害国家安全的犯罪活动，制裁危害社会治安、破坏社会主义经济和其他犯罪的活动，惩办和改造犯罪分子。"这就表明，我国人民民主专政的国家政权在保证人民内部享有民主的同时，必须对极少数敌视破坏我国社会主义制度和国家政权的犯罪分子实行专政。

**（三）人民民主专政的领导力量和政治基础**

工人阶级成为国家的领导阶级是由工人阶级的阶级本质和历史使命决定的。此外，中国工人阶级还具有革命更坚决，坚持党的领导以及便于工农联盟的特点。在新的历史时期，我国工人阶级不仅数量增加，文化素质提高,而且在政治上更加成熟,它对国家继续起着领导作用。

工农联盟作为我国政权的阶级基础,是因为:(1)工人阶级和农民阶级是巩固加强人民民主专政的阶级基础;(2)工人阶级和农民阶级是社会主义事业的基本力量;(3)工人阶级和农民阶级是建立发展爱国统一战线的基础;(4)工人阶级和农民阶级是维护祖国统一和民族团结的可靠保证。

## 二、 人民代表大会制度

### (一) 人民代表大会制度是我国的根本政治制度

人民代表大会制度是我国的政权组织形式。所谓政权组织形式是指统治阶级用来组织自己的政权,实现国家权力的形式。即统治阶级采取何种形式去组织反对敌人、保护自己的政权机关。人民代表大会制度作为我国的政权组织形式,是指我国的一切权力属于人民,人民在民主普选的基础上选派代表,组成全国人民代表大会和地方各级人民代表大会,并以人民代表大会为基础建立我国国家机构,实现人民当家作主的一种根本政治制度。

人民代表大会制度是我国的根本政治制度。它包括以下几方面的内容:一是这一制度最直接地反映了我国国家的阶级本质,更全面地体现了社会各阶级、阶层在国家生活中的地位;二是这一制度是由人民革命直接创造出来的,它一经产生就成为其他法律和制度赖以产生的基础;三是这一制度反映了我国政治生活的全貌,体现了我国政治力量的源泉。

### (二) 健全和完善人民代表大会制度

我国人民代表大会制度不仅具有鲜明的中国特色,而且还具有资产阶级议会制所不可比拟的优越性。因此,必须坚持和不断完善这一政治制度。要提高对人民代表大会制度重要性的认识;坚持和完善党对各级人民代表大会的领导;加强各级人大的组织建设和制度建设;强化人大的监督职能;

完善选举制度，提高人大代表的素质。

## 三、 单一制下的地方制度

### （一）我国是统一的多民族国家

单一制是我国的国家结构形式。所谓国家结构形式是指统治阶级采取何种原则和方法调整国家整体和部分之间、中央和地方之间的关系。世界各国主要形成了单一制和复合制两种国家结构形式。近代复合制国家又分为联邦和邦联两种形式。

我国宪法在序言中指出："中华人民共和国是全国各族人民共同缔造的统一的多民族国家。"我国之所以采取单一制的国家结构形式，主要是由我国的历史和民族因素决定的。从历史原因看，我国自秦汉以后一直是统一的多民族的中央集权制国家，尽管两千多年来几经分合，但国家的统一始终是主流。因此，建立单一制国家是历史发展的必然结果。从民族原因看，我国是一个多民族国家，各民族的分布状况、民族关系以及繁荣发展的需要决定了在我国的具体条件下，只能采取单一制的国家结构形式，而不宜采取联邦制的国家结构形式。

### （二）民族区域自治制度

民族区域自治是指在统一的祖国大家庭内，在中央的统一领导下，以少数民族聚居区为基础，建立民族自治地方，设立自治机关，行使自治权，使实行区域自治的民族的人民实现当家作主、管理本民族内部地方性事务的权利。它包括三个基本点：(1)各民族自治机关都是在国家统一领导下的一级地方政权，各自治地方都是中华人民共和国不可分离的一部分，这是总的原则；(2)民族自治地方是实行区域自治的民族在其聚居地区实行自治；(3)自治地方的少数民族，依照宪法和法律的规定，都有权管理本民族的地方性事务，通过自治机关行使自治权。

我国的民族自治地方包括自治区、自治州和自治县三级。自治地方的自治机关是其各级人民代表大会和人民政府,法院和检察院不实行自治。自治的核心是依据宪法和民族区域自治法行使自治权。

（三）行政区划与特别行政区

行政区划又称行政区域,是指国家依据政治、经济、民族状况及地理历史条件的不同,将领土划分为若干不同层次的行政区域,以便实行行政管理。

根据宪法规定,我国的行政区划如下:(1)全国分为省、自治区、直辖市;(2)省、自治区分为自治州、县、自治县、市;(3)县、自治县分为乡、民族乡、镇。直辖市和较大的市分为区、县。自治州分为县、自治县、市。可见,我国行政区域基本上划分为三级,即省(自治区、直辖市)、县(自治县、市)、乡(民族乡、镇)。有的地方划分为四级。

特别行政区,是指在我国版图内,根据我国宪法和法律的规定所设立的具有特殊的法律地位,实行特别的政治、经济制度的行政区域。我国宪法第31条规定:“国家在必要时得设立特别行政区。在特别行政区内实行的制度按照具体情况由全国人民代表大会以法律规定。”

特别行政区是我国“一国两制”构想在宪法上的体现,是考虑到香港、澳门、台湾问题而设立的。特别行政区与一般行政区相比,有许多共同的地方,主要表现在两个方面:一是它们都是中华人民共和国不可分离的一部分,是我国地方制度的有机组成部分;二是特别行政区是中华人民共和国的一级地方行政区,直辖于中央人民政府。此外,特别行政区又有其特殊性,主要表现在四个方面:一是特别行政区实行高度自治,享有行政管理权、立法权、独立的司法权和终审权;二是特别行政区不实行社会主义制度和政策,保持原有资本主义制度和生活方式50年不变;三是特别行政区的行政机关和立法机关由该区永久性居民依照基本法的有关规定组成;四是特别行政区原有的法律基本不变。

## 四、经济制度

### （一）基本经济制度

经济制度是指人类社会一定发展阶段上占统治地位的生产关系的总和，是上层建筑赖以建立的基础。根据宪法规定，我国在整个社会主义初级阶段，必须长期坚持和完善公有制为主，多种所有制经济共同发展的经济制度。

1. 全民所有制经济

全民所有制经济是由社会主义国家代表全体人民占有生产资料的一种所有制形式。宪法第7条规定："国有经济，即社会主义全民所有制经济，是国民经济中的主导力量。国家保障国有经济的巩固和发展。"

2. 劳动群众集体所有制经济

劳动群众集体所有制经济是由集体经济组织内的劳动者共同占有生产资料的一种所有制形式。宪法第8条规定："国家保护城乡集体经济组织的合法权利和利益，鼓励、指导和帮助集体经济的发展。"

3. 劳动者个体经济

劳动者个体经济是由城乡个体劳动者占有少量生产资料和产品，以个人及其家庭成员从事劳动为基础的一种所有制形式。它在法律许可范围内，在国家工商行政管理机关依法核准、登记和管理下，从事经营活动。



4. 私营经济

私营经济是生产资料属于私人所有，由私人雇工经营的一种经济形式。宪法修正案规定："在法律规定范围内的个体经济、私营经济等非公有制经济，是社会主义市场经济的重要组成部分。""国家保护个体经济、私营经济等非公有制经济的合法的权利和利益。国家鼓励、支持和引导非公有制经济的发展，并对非公有制经济实行监督和管理。"

5. 中外合资、中外合作和外商独资企业

中外合资、中外合作和外商独资企业是我国改革开放、引进外资的成果。宪法第18条规定:“中华人民共和国允许外国的企业和其他经济组织或者个人依照中华人民共和国法律的规定在中国投资,同中国的企业或者其他经济组织进行各种形式的经济合作。在中国境内的外国企业和其他外国经济组织以及中外合资经营的企业,都必须遵守中华人民共和国的法律。它们的合法权利和利益受中华人民共和国法律的保护。”

### (二)分配制度

分配制度是社会主义经济制度的重要组成部分。我国以公有制为主,多种所有制经济共同发展的基本经济制度决定了社会主义初级阶段的分配制度不可能是单一的,而是以按劳分配为主体、多种分配方式并存的分配制度。除按劳分配之外,法律也保护其他合法的分配形式。

## 资料选读

### 工人阶级的内涵及其变化

对于新时期工人阶级的涵义,有的学者将其定义为以工资收入为主要生活来源的劳动者。包括:工矿企业的工人、科技专业(含教师)人员、第三产业的服务人员、党政机关公务人员,以及进城打工的农民等众多以工资收入为主要生活来源的劳动者集团。



工人阶级的变化主要表现为:

**1. 内涵外延发生变化。** (1)队伍扩大了。过去所说的工人阶级仅指工业体力劳动者,现在则大大超出了这个范围;(2)分布广泛了。现在不仅分布在工业、商业、银行、服务业等经济领域,还分布在政治和文化领域;(3)由过去的无产者变为现在程度不同的有产者。

**2. 结构发生变化。** (1)由单一的公有制工人向多种经济所有制工人发展;(2)由体力劳动型向智力劳动型的变化;(3)由计划型向契约型的变化;(4)由基本平均型向差别较大型的变化。

**3. 素质发生变化。** 工人阶级的素质,包括思想、道德素质,科学、文化素质，身体、心理素质，劳动技能素质和审美能力等。工人阶级的这些素质变化，最重要的是如下两个方面：一是思想道德素质日益提高；二是科学文化素质明显提高。

**4. 新变化产生的新问题。** 新的变化产生了一系列新的问题：如在高科技发展的今天，工人阶级还是先进的阶级吗？大批工人下岗失业了，主人翁地位怎么体现？在劳动力进入市场，企业改制，董事会、老板说了算的情况下，工人还是不是国家主人？对此，应从两个方面认识：(1)工人阶级仍然是先进的阶级。工人阶级的先进性最根本地体现在它是先进生产力的代表。在当今时代，所谓先进生产力，是指以现代科技特别是高科技为龙头，带动经济迅速发展的生产力。在我国，与这样的生产力直接联系的劳动者恰恰是工人阶级。改革开放以来，知识分子的人数不断增加，我国工人阶级内部有知识、有技术、会管理的人数越来越多，他们与高技术的研究开发，与自动化、智能化的生产以及高科技企业的管理相联系，这就使整个工人阶级作为先进生产力代表的地位越来越巩固。(2)工人阶级作为领导阶级和主人翁的地位没有改变。工人阶级是我国的领导阶级，是指工人阶级的总体地位，并非指每个工人个体都是领导者。工人阶级的主人翁地位，是一个总体的政治判断，并不能把这种总体的政治判断等同于每个人的具体职业感受。企业改革中出现了部分职工下岗现象，主要是由于经济结构调整而产生的。淘汰落后的生产力，发展先进的生产力，符合工人阶级的整体利益和长远利益，与工人阶级的主人翁地位并不矛盾。在私营企业和外资企业中，确实存在着雇佣关系，但是这在我国的经济生活中并不占主导地位，这些企业职工群众的合法利益同样受到法律的保护。

## 民意机关里的人大代表是否真正表达了民意？

**1. 什么人来开会？** 作为人大代表，应该是人民选出的，代表人民的意志参加国家管理(参政议政)。现实中，政府官员、劳动模范、生产能手、体育明星、著名演员等构成人大代表的主流，其中，干部代表过多问题尤为突出。据统计，九届、十届全国人大代表的干部比例，分别占到了代表总数的33.17％和32.44％。

省、市、县、乡各级人大代表中，干部代表也基本上超过了三成，有的甚至占到了七成以上。在人大开会中，人大代表中很多是讲废话套话的“挂名代表”“荣誉代表”以及随波逐流、人云亦云的“举手代表”“听会代表”，甚至还有三年、五年任期内不发言的“哑巴代表”，在一些基层地区，有些老板代表，特别是担任要职的官员代表，不是来开会，而是利用开会联络感情、交流生意，或者买官要权。这样的代表如何反映民意？

**2. 怎么开会？** 全国人民代表大会的讨论基本上是各小组进行的。各省代表组织为代表团，分成几个小组，在开过几次小组会后，就开省的代表团会议，开全体代表会议就是为了表决通过政府工作报告、预决算执行情况报告以及最高人民法院和最高人民检察院报告等。

由于我国的人大代表都是业余的，只在大会前不久，他们才知道大会议程和议题，所以在审查政府报告时，代表们在小组会上的发言常常以“学习了本届政府工作报告后”这样的词句开始，因为他们正是从总理的报告中才了解到全国的形势。接着发言便是以自己了解的情况来印证政府工作报告的正确性。大多数情况下，在小组讨论时，只有书记、省长、市长、区长、乡长之类的党政官员代表发言，介绍“辉煌政绩”或“指导训示”，其他代表则洗耳恭听，随声附和。最多是不痛不痒地说几句“不足之处”，很难听到直言不讳地提出真正的批评意见。这样的代表如何监督政府？



**3. 开会决议什么？** 按照制度设计，人代会有一些必须审议、决定的常规事项，如财政决算、预算执行和计划执行的报告以及一些重要的立法案等等，但一些高深莫测的预算数字对代表来说只能是走形式。对于很多代表来讲，审议政府工作报告实在困难。如在一次人代会的讨论中，文教界代表总是嫌教育经费太少，占国家预算的比例，与国外许多发展中国家比较也是低的。但他们谁也提不出一些正当理由，要求政府压缩其他几项预算来充实教育经费，因为他们对其他情况都说不清楚。对一些关系到社会重大利益和百姓疾苦的非常规事项，如对当地百姓生态环境等有重大影响的工程建设项目却不能由民意机关审批。人代会的议题能否走近百姓，做出正确决策呢？

**4. 会开多长的时间？** 2005年召开的十届全国人大三次会议3月5日开幕，14日闭幕，会期9天，与去年持平，比前年缩短9天。近年来，从全国人大到乡镇人大，都在纷纷压缩人大会期。对于这一变化，各方褒贬不一，全国人大代表陆炳华在向全国人大提交的议案中认为：全国人大一般一年开会一次，每次会期不超过15天，对于有许多重大问题有待决定和规范的国家来说，如此短的会期无法满足发展的要求。人代会会期缩水究竟利大还是弊大？

一种意见认为，人代会会期缩水，体现了务实、精简、高效、节省开支的精神，有助于形成节俭高效的政治文化。有人算了一笔账，十届全国人大有近三千名代表，加上列席人员、会务工作人员等的食、住、交通费用，以10天会期计算，平均每人需要开支七八千元左右。如缩短1天，可为国家节省数百万元。

也有人对此发出质疑，地方组织法赋予县级以上地方人大14项职权，乡镇人大13项职权。如果省级人大每年开6天会，市级人大每年开4天会，县级人大每年开2天会，乡镇人大每年开1天会，如此短的会期如何承载这些职权？如2004年湖北省江陵县二届人大三次会议，在不足1天的时间审议了3个有关工作报告，一些普通代表根本就没有发言的机会。

会开多长时间，是一个需要很好斟酌的问题。因为民主是需要成本的，其中就包括时间成本，还有吃住行、租用会场、印刷文件、工作人员费用等成本。无论是全国人大还是地方人大，都需要寻找和谐合理的会期，和谐的标志是实现人大的法定权力。中国政法大学教授蔡定剑曾对46个国家和地区的会议会期进行过统计分析，结果显示：绝大多数国家会议会期在3个月以上，有一半国家的会议会期在半年以上。相比而言，我国的会期是最短的，这与我国有近三千名代表的国情实在很不相符。我国人大的职权比资本主义国家议会大而广，随着民主法治的推进，越来越多的事务需要人大审议决定，不设置合理的会期，显然是无法胜任其职责的。

## “一国两制”带来的法律问题

1997年7月1日香港基本法生效。根据基本法关于香港永久性居民中的中国公民在内地(大陆)所生子女在香港享有永久居留权的规定,内地申请入港儿童达14万,符合条件的有6.6万。为了使入港儿童有序地进入香港,1997年7月9日,香港临时立法会制定了《1997年入境(修订)(第3号)条例》,规定香港永久性居民中的中国公民在内地所生婚生子女到香港定居,首先应向中国公安部门提出申请,审核确认身份后,领取居留权证明书;其次,领取大陆公安部门签发的通行证;再次,申请必须在香港以外进行,香港入境事务处不受理申请。据此,对于入港儿童,每天发放150个名额。有些家长担心等候的时间太长,就让自己的子女偷渡去港,但依香港政府的法例,非法来港将被遣返。为此,有些人告到法院,请求司法保护。由于个案较多,就在众多个案中选出具有代表性的个案,待判决成为案例后,加速同类案的解决。原告方为代表张丽华(女8岁)、吴嘉玲(女10岁)、吴丹丹(女8岁)、徐权能(男19岁)、杨妮妮(女10岁)的资深大律师张健利,被告为代表政府律政司的资深大律师马道立,受案法院为香港高等法院原诉庭,主审法官为祁彦辉。

本案争论的焦点是《1997年入境(修订)(第3号)条例》(以下简称《条例》)是否符合基本法。原告认为:(1)《条例》剥夺了儿童自由入境的权利,不符合基本法的精神;(2)《条例》要求申请人在内地申请,不符合特区高度自治精神;(3)《条例》只容许婚生子女享有居留权是对非婚生子女的歧视。被告则认为:(1)《条例》是协助基本法的落实,并没有违反基本法;(2)申请居留证,自然得在来港前申请,否则,不但违反程序,对那些仍在内地轮候的其他人士不公平;(3)基本法本身也规定了对居留权的限制。

对以上争论意见,高等法院作出一审判决:(1)基本法作为特区的根本法,不可能规定得很细,容许特区政府自行立法;(2)《条例》规定没有违反基本法,而是维护了基本法的有关原则规定,使基本法得到了合情合理的落实;(3)港人内地的非婚生子女应享有与婚生子女同等的权利。对一审判决,双方都提出上诉。

香港特别行政区终审法院于1999年1月29日作出二审判决,其要点主要有:

(1)香港永久性居民在中国大陆所生子女,无论婚生的还是非婚生的,都有权利到香港居住;(2)只要有了香港的"居留权证",不必得到内地政府的批准就可在香港居住。已经来港的儿童,即使未经内地政府的批准,也不能遣返;(3)香港终审法院享有宪法性管辖权。如果全国人大及其常委会的立法与基本法相抵触,香港法院有权审查并宣布其无效。

此判决发布以后,引起陆港两地的极大反响。许多学者指出,终审法院在判决中声称有权审查全国人大及其常委会的立法行为是否符合基本法,完全是超越权限的行为,是对全国人大及其常委会的地位、对"一国两制"的严重挑战。

香港回归以后,两地"违宪审查权"的冲突已受到人们的关注。香港终审法院的判决中"香港终审法院有权审查全国人大及其常委会的立法或决定是否违反基本法,并有权将违反基本法的立法或行为宣告无效"的判词,引发了两地在"基本法审查权"问题上的探讨。

第一,关于"违宪审查权",即审查香港立法机关通过的法律是否符合基本法的权力。严格地讲,司法审查无权撤销法律,只能在该案中"不适用"。内地学者指出,法院的职责是适用法律审判案件,并保持香港原有法律制度和原则对法院审判权的限制。据基本法第 17 条的规定,特区立法机关制定的法律如不符合基本法关于中央管理的事务即中央与香港特别行政区关系的条款,全国人大常委会有权将有关法律发回,可见审查香港法律是否抵触基本法的权力属于全国人大常委会。基本法第 158 条规定全国人大常委会授权特区法院对基本法的部分条款进行解释,但解释权不等于可以审查法律是否违反基本法。

第二,关于基本法的解释权。基本法的解释权在全国人大常委会,这是与我国宪法的规定相一致的,但同时为照顾香港的司法体制,授权特区法院在审理案件时对特区自治权范围内的条款自行解释。特区法院的解释权是被授予的,只有在审理案件时才有解释权,对属于中央管理的事务或中央与香港特别行政区关系的条款,香港法院不能越权自行解释。

香港终审法院作出该判决的直接起因是香港基本法第 24 条没有具体明确香港居民在内地所生子女在香港的居留权问题。但更深层的原因是如何对待香港终审法院终审权问题。香港原有的司法体制中，遵循判例法的传统是与三权分立的理论相适应的，三权分立制度下更强调司法独立。据此，法院在行使司法权的过程中，可以通过判例来创造法律。尤其是对立法规定模糊的地方，通过判例法来弥补成文法的不足。基本法的解释权虽然在全国人大常委会，但对具体案件适用的解释权在终审法院。全国人大常委会不可能对香港法院所审理的每个案件事先介入。这样解释的主动权掌握在终审法院，从而产生了香港法院对基本法的解释始终存在着不符合全国人大常委会要求的可能性。由此需要从理论与实践上对有关问题，如(1)全国人大常委会能否就基本法关于特别行政区自治范围的条款行使解释权？如何行使？(2)如果特别行政区法院对以上问题作出“越权解释”，应如何处理？(3)基本法中哪些条款属于自治范围？哪些条款属于非自治范围？由谁来界定？等进行更深入的探讨与解决。

## 案例及其分析

### 行政区域划分

**案情：**在某省某自治县召开的第十一届县人民代表大会第三次会议上，县人民政府以及27名代表联合向大会提出了“调整乡区域划分的议案”，后经大会表决作出了《关于调整乡区域划分的决议》，并责成县人民政府具体落实。会后不久，省人大常委会作出《关于撤销某自治县第十一届人民代表大会第三次会议〈关于调整乡区域划分的决议〉的决定》

**评析：**决定乡、民族乡、镇的建置和区域划分，是宪法第107条专门给予省、直辖市人民政府的职权，其他国家机关不能擅自对此问题作出决定。因此，某自治县第十一届人民代表大会第三次会议根据县人民政府以及27名代表的联合提议，擅自作出的决议涉及乡的区域划分，侵犯了省政府的职权，违背了宪法的规定，是无效的。

# 第三节 公民的基本权利和义务

## 一、公民及有关概念

### （一）公民与国籍

公民通常是指具有一个国家国籍的人。我国宪法第 33 条规定："凡具有中华人民共和国国籍的人都是中华人民共和国公民。"因此，取得国籍是确定公民的唯一条件。

根据各国国籍法的规定，国籍的取得有两种方式：一种是出生国籍，即因出生而取得国籍；另一种是继有国籍，即因加入而取得国籍。

父母双方或一方为中国公民，本人出生在中国，具有中国国籍。父母双方或一方为中国公民，本人出生在外国，具有中国国籍。父母无国籍或国籍不明，定居在中国，本人出生在中国，具有中国国籍。外国人或无国籍人，愿意遵守中国法律，并符合特定条件的，可以经申请批准加入中国国籍。

### （二）公民与人民

在我国，公民和人民是两个不同的概念。人民是相对敌人而言，是指国家的主人，在不同的历史时期，有着不同的内容。现阶段，人民是指全体社会主义劳动者，拥护社会主义的爱国者和拥护祖国统一的爱国者。公民与人民的主要区别是：(1)范畴不同。公民是法律概念，人民是政治概念；(2)范围不同。公民比人民的范围大。公民包括全体社会成员，人民占公民的绝大多数；(3)后果不同。人民享有宪法和法律规定的一切公民权利并履行全部义务。公民中的敌人则不能享有全部公民权利，也不能履行公民的某些义务。此外，公民所表达的一般是个体的概念，人民所表达的是群体概念。

### （三）公民的基本权利和基本义务

所谓公民的权利，是指公民在宪法和法律规定的范围内，可作某种行为以及要求国家和其他公民作或者不作某种行为。它包括两个方面的含义：一是公民的权利必须是宪法、法律赋予的，从而受国家的保障；二是权利包括作为与不作为两个方面。一方面，公民有权依照宪法和法律的规定去实现某种行为；另一方面，公民有权要求其他公民或国家机关、社会组织作或者不作某种行为，使公民的权利和利益得到实现。权利既可以行使，也可以放弃。

公民的义务，是指宪法和法律规定的公民应当履行的某种责任。它表现为国家要求公民必须为某种行为或禁止公民为某种行为。如果公民不履行这种责任，国家就要强制其履行，情节严重的还要受到法律的制裁。义务不能放弃，是每个公民必须履行的责任。

公民的基本权利和义务是指由宪法所规定的公民享有和履行的最主要的权利和义务。其含义有两个方面：一是公民的基本权利和义务是公民权利和义务中最主要的，这些权利是不可缺少的，义务是不能免除的，同时也构成普通法律规定的公民的权利和义务的基础和原则；二是公民的基本权利和义务是从公民同国家的关系着眼的，反映了公民与国家之间的基本法律关系，体现了公民在国家生活中的地位。其他法律所确认的公民的权利和义务，一般不涉及个人同国家之间的法律关系，也不直接体现公民在国家生活中的地位。



## 二、我国公民的基本权利

### （一）平等权

宪法第33条规定："中华人民共和国公民在法律面前一律平等。"这是我国宪法确认的一条重要的法治原则，也是我国公民的一项基本权利。它的具体含义是：(1)任何公民都平等地享有宪法和法律规定的权利，同时平等地履行宪法和法律规定的义务；(2)国家机关在适用法律时，平等地保护任何人的合法权益，对违法行为一律依法予以追究；(3)任何组织或者个人都不得有超越宪法和法律的特权。

公民在法律面前一律平等，是指司法平等和守法平等，而不是立法平等。并不否认法律的阶级性，从广义上而言，这一平等原则还包括民族平等和男女平等。

**（二）政治权利和自由**

政治权利和自由是指公民依法享有参与国家政治生活的权利，以及在政治上享有表达个人见解和意见的自由。具体包括选举权和被选举权、公民的各项自由和对国家机关及其工作人员的监督权。

1. 选举权和被选举权

凡年满18周岁的中华人民共和国公民，不分民族、种族、性别、职业、家庭出身、宗教信仰、教育程度、财产状况、居住期限都有选举权和被选举权；但依法被剥夺政治权利的人除外。这一权利直接体现了人民作为国家主人的地位，是人民行使国家权力的基本形式，也是公民的一项最重要的政治权利。

2. 政治自由

我国公民有言论、出版、集会、结社、游行、示威的自由。政治自由是公民表达个人见解和意愿，进行正当社会活动，参加国家管理的一项基本权利，体现了社会主义民主原则。公民的这些政治自由权利必须依法行使，不得损害国家、社会、集体的利益和其他公民的合法权利和自由。

3. 监督权

公民对于任何国家机关和国家工作人员，有提出批评和建议的权利；对于任何国家机关和国家工作人员的违法失职行为，有向有关国家机关提出申诉、控告或者检举的权利。由于国家机关和国家工作人员侵犯公民权利而受到损失的人，有依照法律规定取得赔偿的权利。公民享有的批评权、建议权、申诉权、控告权、检举权和取得赔偿权是公民对国家机关和国家工作人员的民主监督权，它体现了我国人民的主人翁地位。

（三）人身自由和宗教信仰自由

1. 公民的人身自由

公民的人身自由包括公民的人身自由不受侵犯；公民的人格尊严不受侵犯；公民的住宅不受侵犯和公民的通信自由和通信秘密受法律保护四个方面。

公民的人身自由不受侵犯是指任何公民非经人民检察院批准或决定，或者人民法院决定，并由公安机关执行，不受逮捕。禁止非法拘禁和以其他方法非法剥夺或者限制公民的人身自由，禁止非法搜查公民的身体。公民的人格尊严不受侵犯是指禁止用任何方法对公民进行侮辱、诽谤和诬告陷害。公民的住宅不受侵犯是指禁止非法搜查或者非法侵入公民的住宅。公民的通信自由和通信秘密受法律保护是指除因国家安全或者追查刑事犯罪的需要，由公安机关或者检察机关依照法律规定的程序对通信进行检查外，任何组织或者个人不得以任何理由侵犯公民的通信自由和通信秘密。

2. 公民的宗教信仰自由

公民的宗教信仰自由是指每个公民既有信仰宗教的自由，也有不信仰宗教的自由。任何国家机关、社会团体和个人不得强制公民信仰宗教或者不信仰宗教，不得歧视信仰宗教的公民和不信仰宗教的公民。



国家保护正常的宗教活动，但不允许任何人利用宗教进行破坏社会秩序、损害公民身体健康、妨碍国家教育制度的活动。

（四）社会经济文化权利

公民的社会经济文化方面的权利包括：公民的劳动权、劳动者的休息权、退休人员的生活保障权、物质帮助权、受教育权以及科学文化方面的权利和自由。

劳动既是公民享有的权利，又是公民必须承担的义务。从国家对公民来说，劳动是公民的一项权利，受国家和社会的保障；劳动者有休息的权利；国家实行离退休制度，对广大职工和国家机关工作人员离退休后的生活给予保障；公民在年老、疾病或者丧失劳动能力的情况下，有从国家和社会获得物质帮助的权利。

公民有受教育的权利和义务。有接受能力的公民必须接受九年义务教育，这既是公民的权利，也是公民的义务；公民有进行科学研究、文艺创作和其他文化活动的自由，国家对其创造性成果，给予鼓励和保护。

### （五）其他方面的权利

1. 保护妇女的权利

妇女在政治、经济、文化、社会和家庭等方面享有同男子平等的权利。国家制定和实施了妇女权益保障法，将宪法规定的妇女的权利进一步具体化。

2. 保护婚姻、家庭、母亲、儿童和老人

宪法规定，婚姻、家庭、母亲、儿童和老人受国家保护。国家制定和实施婚姻法以及有关退休制度，规定结婚自由和离婚自由，禁止破坏婚姻自由，禁止虐待老人、妇女和儿童。

3. 保护华侨、归侨和侨眷的权益

国家保护华侨的正当权利和利益，保护归侨和侨眷合法的权利和利益。

## 三、我国公民的基本义务

### （一）维护国家统一和全国各民族团结的义务

国家统一和各民族团结是我国社会主义现代化建设取得胜利的根本保证，也是推进改革开放、建设有中国特色社会主义的根本前提。作为一个公民首先必须自觉维护国家的统一和各民族的团结。

### （二）遵守宪法和法律，保守国家秘密，爱护公共财产，遵守劳动纪律，遵守公共秩序，尊重社会公德的义务

宪法和法律是全国人民利益和意志的体现，遵守宪法和法律是每个公民对国家和社会应尽的神圣职责；国家秘密关系到国家的安全和利益，每一个公民都有义务保守国家秘密；公共财产是巩固和发展社会主义经济的基

础，是进行现代化建设的物质保证，因此所有公民都必须爱惜和维护国家和集体的财产；劳动纪律是进行有序的生产和提高劳动生产率的重要保证，只有遵守劳动纪律，才能保证社会主义建设事业的有序进行；公共秩序和社会公德也是保证人们正常生活和工作，谋求社会正常运行的重要条件，因此，遵守公共秩序，尊重社会公德也应该成为公民的基本义务。

**（三）维护祖国的安全、荣誉和利益的义务，不得有危害祖国的安全、荣誉和利益的行为**

祖国的安全、荣誉和利益关系到革命成果的得失，是国家和民族的尊严以及国家利益的集中体现，因此，这也是每一个公民义不容辞的责任。

**（四）保卫祖国，依法服兵役和参加民兵组织的义务**

国家的独立、领土完整是我国顺利进行社会主义现代化建设的前提，它关系到祖国的前途和命运，人民生活的安定和幸福。因此，每一个中华儿女有义务依法服兵役和参加民兵组织。

**（五）依法纳税的义务**

税收是国民收入的重要来源，依法纳税对于增加国家财政收入，保证国家经济建设资金的需要以及改善和提高人民的生活水平都具有重要意义。为此，国家颁布了一系列的税收法律、法规，每个公民都应该自觉地遵守和执行。偷税漏税是违法行为，国家要依法追究其法律责任。



**（六）其他方面的义务**

公民还有劳动的义务；受教育的义务；夫妻双方实行计划生育的义务；父母抚养教育未成年子女的义务，成年子女赡养扶助父母的义务。

## 案例及其评析

### 公民的平等权

**案情：**2001 年 12 月 23 日，成都某媒体刊登了中国人民银行成都分行的招录行员的广告，其中规定招录对象条件之一为“男性身高 168 公分，女性身高 155 公分以上”。(根据中国人口普查资料显示,男性的平均身高接近168公分,而在四川省,有40%左右成年男子身高不到168公分。)蒋某为2002年普通高校应届毕业生,虽符合招录报名资格规定的其他条件,但因身高不够而被排除在报名对象之外。对此,他感觉到自己受到了歧视,将招工方中国人民银行告上了法庭。

**评析**:宪法第33条规定:“公民在法律面前一律平等。”担任公务员是一种劳动权利也是一种政治权利,身高限制侵犯了平等权,也侵犯了公民担任国家公职的政治权利。现实生活中,这样的案例经常可以遇见。如一家公司在2001年11月23日《中国青年报》刊登的招聘广告中,不惜重金聘请销售总监和国内、国际市场销售经理,除了要求应聘者具备高学历、丰富的工作经验以及出类拔萃的管理开拓能力外,还有一个特殊的条件就是:血型为O型或B型。这则招聘广告引发了广泛的争议,有的学者认为,对血型的特殊要求实属人格歧视,有悖宪法关于公民在法律面前一律平等的规定。然而这种侵害不是来自于刑法,也不是来自于民法,而是国家机关的具体行政行为,属于行政诉讼的受案范围。但行政诉讼的受案范围是财产权和人身权。平等权既不是财产权,也不是人身权,产生了法律缺位的问题。当行政诉讼不能有效地救济公民的权利的时候,人民法院是否应当援引宪法,以宪法规定为根据作出判决?

对此,也有学者认为,由人民法院直接援引宪法作出判决,有可能导致司法机关挑战立法机关的权威。因为宪法诉讼背后所支撑的是国家权力之间的关系,实际上是权力的制约与监督。宪法司法适用的案子多了,许多案子在地方一级法院就可终审,根本上不到最高人民法院,这就意味着一个地方法院可以挑战立法机关,这是很可怕的。司法机关在运用法律的时候要尊重立法机关的权威,只有在立法机关的不作为(立法应将宪法中的原则具体法律化而未具体化)和出现立法危机(立法机关公然否定法律面前人人平)的情况下,才可以引用宪法,否则不能引用宪法。

### 公民的政治权利

**案情**:北京民族饭店的员工王春立等16人在人大换届选举时,在民族饭店登记为合法选民，但民族饭店没有给他们发放选民证并通知他们参加选举。16名工人认为这一行为侵犯了他们的选举权，并起诉到某城区人民法院，要求民族饭店承担法律责任并赔偿其损失200万元。某城区人民法院对此作出“不予受理”的裁定。16名工人又上诉至北京市第一中级人民法院。北京市第一中级人民法院再次驳回起诉，理由是该诉讼没有法律根据。

**评析：**该案是新中国历史上第一起见诸报端的宪法诉讼案件，但遗憾的是，两级法院都把国家根本大法拒之门外，而没有受理。我国宪法第34条规定了公民的选举权和被选举权，也就是说，本案中有充分的宪法根据来支持这起诉讼，但因为我国法院只在法律有规定的情况下才受理案件，所以法官仍然认为没有“法律根据”。这里涉及宪法诉讼的问题。如何建立我国的宪法诉讼制度，是宪法学理论要解决的重要课题。

### 公民的社会经济权

**案情：**被告张学珍负责的青年合作服务站承包了某项拆除工程。在拆除中，一大梁从中折断，临时工张国胜等人滑落坠地，张受重伤后不治死亡。经法医鉴定，张的死亡确系工伤所致，与其他因素无关。张国胜之子向人民法院提起诉讼，请求被告赔偿全部经济损失。被告以张入站填写过登记表，同意“工伤概不负责”的条款为由，拒绝了原告的要求。

人民法院经过审理认为，张的死亡是工伤后引起的，与其他因素无关。劳动者受保护是劳动者的宪法权利，任何组织和个人都不得侵犯。被告在招工中注明的“工伤概不负责”违反了宪法和有关劳动法规，属无效民事行为，因此，被告应当承担法律责任。

**评析：**这是一件普通的损害赔偿案。问题在于如何看待“工伤概不负责”的条款。根据“合同自由”的原则，既然当事人同意了“工伤概不负责”，发生了工伤就应该由自己承担责任，而不应向被告要求赔偿。但是在劳动合同中载明“工伤概不负责”的条款直接违反了《宪法》第42条关于国家加强劳动保护、保护劳动者合法权利的规定和精神，因此是无效的。

**保护妇女的权利**

**案情**：2003年10月，河北省某研究所职工刘某向单位提出申请，要求进入北京某大学博士后流动站继续深造。为此，研究所责令与其在同一单位工作的刘某的妻子王某交接工作，并于11月停发王某的工资和一切福利待遇，12月1日强行解除了单位与王某的劳动关系。

2004年1月29日，王某向劳动争议仲裁委员会提起仲裁申请，劳动争议仲裁委员会作出了仲裁裁决：(1)被诉人自2003年起每月支付申诉人生活费280元，共计5个月1 400元；(2)被诉人依法给申诉人缴纳养老、失业和医疗保险；(3)仲裁费由败诉人承担。但研究所对此裁决不服，将王告上法庭。请求：(1)撤销劳动争议仲裁委员会的仲裁裁决书；(2)确认被告与原告自愿解除劳动关系；(3)诉讼费由被告承担。王某在一审败诉。

**评析**：本案是对妇女就业歧视、性别歧视的一个典型案例。宪法明确规定保护妇女的权利。妇女同男人一样，是享有平等的劳动与就业权利的独立个体。现实生活中，妇女往往被看作是男人的附属品，一旦在就业中受到歧视，也只能个人起诉，以个人力量对抗一个庞大的机构或者团体，这样悬殊的较量明显是不公平的。"反就业歧视"已成为我国当前妇女劳动维权的焦点。



## 第四节 国家机构

### 一、全国人民代表大会及其常务委员会

#### （一）全国人民代表大会

全国人民代表大会是全国人民行使国家权力的最高机关，又是行使国家立法权的机关。全国人民代表大会由省、自治区、直辖市的人民代表大会

和军队选出的代表组成。全国人民代表大会代表的名额不超过 3 000 人。全国人民代表大会每届任期 5 年。

全国人民代表大会行使国家立法权；监督宪法的实施；选举、决定和罢免中央国家机关领导人；决定国家重大问题。

**（二）全国人民代表大会常务委员会**

全国人民代表大会常务委员会是全国人民代表大会的常设机关，是全国人民代表大会闭会期间经常行使国家权力的机关，也是行使国家立法权的机关。全国人民代表大会常务委员会受全国人民代表大会的领导和监督，对全国人民代表大会负责并报告工作。

全国人民代表大会常务委员会由委员长、副委员长若干人、秘书长、委员若干人组成。全国人民代表大会常务委员会的组成人员不得担任国家行政机关、审判机关和检察机关的职务。全国人民代表大会常务委员会每届任期 5 年。委员长、副委员长连续任职不得超过两届。

全国人民代表大会常务委员会可以制定应当由全国人民代表大会制定的基本法律以外的其他法律；解释宪法和法律；决定、任免国家机关工作人员；决定或规定国家生活中的重要事项。

## 二、 中华人民共和国主席



中华人民共和国主席、副主席由全国人民代表大会选举产生。凡有选举权和被选举权的年满 45 周岁的中华人民共和国公民可以被选为中华人民共和国主席、副主席。中华人民共和国主席、副主席每届任期 5 年。连续任职不得超过两届。

中华人民共和国主席行使向全国人大提名国务院总理的人选；根据全国人民代表大会或者全国人民代表大会常务委员会的决定，公布法律等职权。

## 三、国务院

中华人民共和国国务院，即中央人民政府，是最高国家权力机关的执行机关，是最高国家行政机关。国务院由总理、副总理若干人、国务委员若干人、各部部长、各委员会主任、审计长、秘书长组成。国务院每届任期与全国人民代表大会任期相同，即5年。总理、副总理、国务委员连续任职不得超过两届。

国务院实行总理负责制。总理、副总理、国务委员、秘书长组成国务院常务会议。总理召集和主持国务院常务会议和全体会议。国务院有根据宪法、法律，规定行政措施，制定行政法规，发布决定和命令等职权。

## 四、中央军事委员会

中华人民共和国中央军事委员会领导全国武装力量。中央军委由主席、副主席若干人、委员若干人组成。中央军委主席由全国人民代表大会选举产生。副主席和委员的人选，根据中央军委主席的提名，由全国人民代表大会或者全国人民代表大会常务委员会决定。

中央军委每届任期同全国人民代表大会每届任期相同，即5年。中央军委实行主席负责制。



## 五、地方各级人民代表大会和地方各级人民政府

### （一）地方各级人民代表大会

地方各级人民代表大会是地方国家权力机关。省、自治区、直辖市、自治州、设区的市的人民代表大会代表由下一级人民代表大会选举产生；县、自治县、不设区的市、市辖区、乡、民族乡、镇的人民代表大会代表则由选民

直接选举产生。地方各级人民代表大会每届任期5年。

地方各级人民代表大会行使在本行政区域内，保证宪法、法律、行政法规的遵守和执行；并有权改变或者撤销本级人大常委会不适当的决定等职权。

县级以上地方各级人民代表大会设立常务委员会。省、自治区、直辖市、自治州、设区的市的人民代表大会常务委员会由主任、副主任若干人、秘书长、委员若干人组成。县、自治县、不设区的市、市辖区的人民代表大会常务委员会由主任、副主任若干人和委员若干人组成。

**（二）地方各级人民政府**

地方各级人民政府是地方各级国家权力机关的执行机关，是地方各级国家行政机关。它对本级人民代表大会负责并报告工作。县级以上地方各级人民政府在本级人民代表大会闭会期间，对本级人民代表大会常务委员会负责并报告工作。地方各级人民政府必须对上一级国家行政机关负责并报告工作，而且都必须服从国务院的统一领导。

地方各级人民政府每届任期与本级人民代表大会每届任期相同。实行省长、市长、县长、区长、乡长、镇长负责制。县级以上地方各级人民政府依照法律规定的权限，管理本行政区域的各项行政工作，发布决定和命令。



## 六、民族自治地方的自治机关

民族自治地方的自治机关是自治区、自治州、自治县的人民代表大会和人民政府。在自治区、自治州、自治县的人民代表大会中，除实行区域自治的民族代表外，其他居住在本行政区域内的民族也应当有适当名额的代表。

自治区、自治州、自治县的人民代表大会常务委员会中应当有实行区域自治的民族的公民担任主任或者副主任；自治区主席、自治州州长、自治县县长由实行区域自治的民族的公民担任。

自治区、自治州、自治县的自治机关除行使地方国家机关的职权外，根据宪法、民族区域自治法和其他有关法律，还享有制定自治条例和单行条例等自治权。

## 七、人民法院和人民检察院

### （一）人民法院

人民法院是国家的审判机关。基层人民法院由院长一人，副院长和审判员若干人组成。中级人民法院、高级人民法院和最高人民法院分别由院长一人、副院长、庭长、副庭长和审判员若干人组成。各级人民法院院长的任期同本级人民代表大会的每届任期相同。最高人民法院院长连续任职不得超过两届。

人民法院的组织体系是最高人民法院、地方各级人民法院、专门人民法院。其中地方各级人民法院包括：基层人民法院、中级人民法院和高级人民法院。最高人民法院监督地方各级人民法院和专门人民法院的审判工作，上级人民法院监督下级人民法院的审判工作。

根据宪法和人民法院组织法的规定，人民法院在审判工作中应当贯彻：依法独立行使审判权的原则；公民在适用法律上一律平等的原则；人民法院审判案件除法律规定的特别情况外，一律公开进行的原则；被告人有权获得辩护的原则；各民族公民有权用本民族语言文字进行诉讼的原则；实行合议制的原则以及实行回避的原则等，实行四级两审终审制。



### （二）人民检察院

人民检察院是国家的法律监督机关。各级人民检察院由检察长一人，副检察长和检察员若干人组成。各级人民检察院检察长的任期，与本级人民代表大会每届任期相同。最高人民检察院检察长连续任职不得超过两届。

人民检察院的组织系统是最高人民检察院、地方各级人民检察院和专门人民检察院。地方各级人民检察院又分为：(1)省、自治区、直辖市人民检察院；(2)省、自治区、直辖市人民检察院分院，自治州和省辖市人民检察院；(3)县、市、自治县和市辖区人民检察院。

人民检察院领导体制实行双重从属制，即各级人民检察院对同级人民代表大会及其常务委员会负责；同时，又对上一级人民检察院负责。最高人民检察院领导地方各级人民检察院和专门人民检察院的工作，上级人民检察院领导下级人民检察院的工作。

人民检察院在工作中贯彻公民在适用法律上一律平等；依法独立行使检察权；实事求是，重证据不轻信口供；依靠群众，贯彻群众路线；各民族公民都有用本民族语言文字进行诉讼的权利等原则。

## 案例及其评析

### 行政权能否抵制司法权

**案情：**吴凌是南京航空航天大学学生，在一次期末考试中带纸条进入考场，掉到地上被监考老师发现，虽然没有偷看，但因为违反了“不得将字条夹带进考场”的规定，受到留校察看一年的处分。由此，他毕业时只领到毕业证书，未能领到学位证书。在找工作的过程中，虽然其他方面很优秀，但都因没有学位证书而遭到用人单位的拒绝。



找工作屡屡受挫，吴凌状告母校，认为“仅凭一次留校察看处分，学校就拒绝颁发学位证书，没有法律依据”。2007 年 3 月 15 日，南京市某区法院一审判决认为被告制定的《本科生学籍管理条例》中有关“考试作弊不授予学位”的规定，明显超出了法律、法规的范围，缺乏法律依据，依法不能支持。判令被告在判决生效 60 天内召集本校学位委员会会议，对原告的学士资格重新进行审核。

南京航空航天大学依照法院判决召开学位委员会会议，经无记名表决，一致决定不授予吴凌学士学位。

吴凌不服，于 2007 年 7 月 9 日，第二次向区法院提起行政诉讼。法院支持了原告的诉求，第二次判令被告重新审核原告的学士资格。南京航空航天大学又一次召开学位委员会会议，大会的委员们又齐刷刷地投了否决票，不授予吴凌学士学位。

吴凌于2008年10月29日，第三次向区法院提起行政诉讼。法院又一次作出与前两次相同的判决。直到2009年5月，吴凌还是没有拿到学位证书。他向法院申请强制执行，但法官认为，根据我国的行政诉讼制度，司法权不能过度干预行政权，法院只能判决撤销，不能代其作出行政行为。

这样，学校拒不执行，法院判决成为一纸空文，吴想获得学位，只能不断起诉学校，双方陷入循环往复的诉累。

**评析**：此案例提出的问题是：我国的行政权是否可以抵制司法权？应如何解决？根据《行政诉讼法》第55条规定，人民法院判决被告重新作出具体行政行为的，被告不得以同一的事实和理由作出与原具体行政行为基本相同的具体行政行为。因此学校不能以同一事实，作出与原具体行政行为基本相同的具体行政行为。

## 相关概念

宪法　人民民主专政　人民代表大会制度　国家结构形式　民族区域自治制度　公民　权利　基本权利　义务



## 思考题

1. 如何理解宪法的概念?
2. 为什么说人民民主专政实质上即无产阶级专政?
3. 如何完善我国的人民代表大会制度?
4. 怎样正确认识社会主义初级阶段的基本经济制度?
5. 我国公民有哪些基本权利和基本义务?

# 第三章
# 行　政　法

**在本章中，你将——**

- ◆ 了解行政法的概念、原则、渊源以及行政法律关系等基本理论
- ◆ 理解行政主体的内涵及其行政人资格的取得、丧失与变更
- ◆ 把握行政行为概念的定位及其分类、内容和效力
- ◆ 掌握行政立法行为的概念和主体
- ◆ 知晓行政处理行为和相关行政行为的主要表现形式
- ◆ 区分三种行政救济的异同



## 第一节　行政法概述

### 一、行政法的概念和特点

行政，是指组织、管理等活动。这种行政存在于企事业单位、社会团体等所有社会组织之中。行政法领域的行政与社会组织、企业的“私人行政”不同，它是指国家与公共事务的行政，即行政主体依法对国家与公共事务进行的决策、组织与管理活动，通常称为“公共行政”。

行政法是行政管理法律规范的总称。行政的核心是行政权，行政主体

凭借行政权进行管理，其实施行政管理的过程就是履行行政权的过程。行政权来自于法律，又受制于法律，行政法就是对行政权的限制和保障。因此，行政法是行政主体在行政管理过程中所必须遵守的法律规范，它是调整因行政主体行使职权而发生的各种社会关系的法律规范和原则的总称。

行政法与其他部门法相比，在内容和形式上都具有自己独特的特点。内容上的特点表现在三个方面：一是行政法内容极其广泛。行政法是调整国家行政管理的法，而国家的行政管理包括社会政治、经济、文化、国防、外交、军事等各个方面。行政管理内容的包罗万象决定了行政法内容的广泛性。二是行政法规易于变动。相对宪法、刑法、民法等法律规范而言，行政法更易发生变化。随着社会经济、政治的发展，行政管理需要不断适应新的情况、解决新的问题，就要求调整行政管理活动的行政法规，也必须根据国家政策、形势的变化而作出相应的变更。三是实体法与程序法没有明确的界分。民法和民事诉讼法、刑法和刑事诉讼法是分别作为实体法和程序法而单独规定的。在行政法领域，实体法和程序法并未严格分开，两者往往交织在一起，并共存于一个法律文件之中。

行政法在形式上的特点主要表现为它没有统一、完整的行政法典。宪法、刑法、民法，由于其内容的单一性而有统一的宪法典、刑法典和民法典。行政法内容广泛性和易变性的特点，决定其很难有一部完整、统一的行政法典。再者，由于行政法散见于其他的法律规范之中，所以行政法规具有多种的法律渊源，而且法律形式、法律文件繁多。

## 二、 行政法律关系

行政法以行政关系为调整对象，行政关系经行政法调整后，便上升为行政法律关系。日常生活中，政府在实施行政权即进行行政管理时，与其被管理人形成各种各样的行政管理关系，如工商行政管理关系、公安行政管理关系、教育行政管理关系等。一旦以行政法对这些关系作出规范和调整，它们就变成行政法上的权利与义务的关系，管理者与被管理者之间的权利和义务就特定化了。所以行政法律关系是特定的社会关系——行政关系——经行政法律规范调整后形成的一种行政法上的权利和义务的关系。它的主要特征是：(1)行政法律关系中必有一方是行政主体；(2)行政法律关系主体双方的权利义务不对等；(3)行政法律关系主体的权利义务是由法律、法规确定的；(4)大多数行政法律关系争议由行政机关或行政裁判机构依照行政程序或准司法程序给予解决，只有在法律规定的情况下，才由法院通过司法程序解决。

行政法律关系由主体、客体和内容三个要素构成。

行政法律关系的主体是指行政法律关系的参加者，或者说是在具体的行政法律关系中享有权利并承担义务的双方当事人。在我国可以成为行政法律关系主体的有：(1)国家行政机关及其机构；(2)其他国家机关及其机构；(3)企业、事业单位；(4)社会团体和其他社会组织；(5)公民；(6)在我国境内的外国组织和外国人。

行政法律关系的客体是指行政法律关系内容即权利和义务所指向的对象和目标。如公安机关(行政主体)扣留了违章行驶的某公民(相对人)的出租车，此时，公安机关有权将车扣留，该公民有义务服从公安机关的决定，公安机关的权利和该公民的义务所指向的对象——出租车——就是此行政法律关系的客体。它包括人身、行为和财富三个方面。人身指人的身体和人的身份。行政行为可以对人的身体和身份发生直接的作用。如行政拘留、居民身份证管理。行为指法律关系主体，即行政主体和相对人的作为和不作为。如公安机关维持社会秩序的行为(作为)；禁止公民在禁猎区打猎(不作为)。财富指具有价值和使用价值的物质资料。它可以是物质形式，如没收违禁品；也可以是货币形式，如罚款，也可以是消费资料，如对消费品定价；或者生产资料，如对机器设备进口的审批；还可以是精神财富，如专利权、商标权和著作权。



行政法律关系的内容是指行政法律关系的主体所享有的权利和承担的

义务，即行政主体和相对人各自权利和义务的总和。对此将在行政主体的内容中作总体介绍。

## 三、 行政法的基本原则

行政法的基本原则是行政法学的基本理论问题之一。它是指贯穿于行政法中，指导行政法制定和实施的基本准则，主要是行政合法性原则和行政合理性原则。

### （一）行政合法性原则

行政合法性原则是行政法的首要原则，是指行政主体必须按照法定的授权、形式和程序实施行政行为，并对其违法行政行为承担相应的法律责任。中国行政法上的行政合法性原则的确立，是中国社会主义民主政治的要求，是依法治国思想和法治观念深化的必然结果，也是保障国家科学有效地进行行政管理的需要。行政合法性原则的基本内容是：(1)行政主体的行政职权由法设定或依法授予；(2)行政主体实施行政行为必须依照和遵守行政法律规范；(3)行政主体的行为违法无效；(4)行政主体必须对违法的行政行为承担相应的法律责任。

行政合法性原则越来越支配和约束着我国各种行政法律制度。随着社会主义市场经济的发展和社会主义法治国家的建设，这一原则的内容将会愈来愈得到充实。

### （二）行政合理性原则

行政合理性原则是对行政合法性原则的补充。它要求行政主体的行政行为不仅要合法，而且要合理。这一原则的具体要求是：(1)行政行为要符合客观规律；(2)行政行为要符合制定有关法律的目的；(3)行政行为要符合国家和人民的利益；(4)行政行为要有充分客观的依据；(5)行政行为要符合正义和公正；(6)不合理行政行为要承担法律责任。需要指出的是，行政合理性原则是以行政自由裁量权的存在为前提的，它只适用于自由裁量权范围以内的行为，不适用羁束行为；行政合理性原则是行政法的原则，而不是行政诉讼法的原则，因而它对行政主体的行政行为是适用的，但不适用司法机关的行政诉讼活动。

## 四、行政法的渊源

作为行政法律规范载体的行政法的渊源，分为成文法源和不成文法源两个方面。行政法的成文法源包括：宪法；法律；行政法规；地方性法规；行政规章；自治条例与单行条例；法律解释（立法、司法、行政和地方解释）；国际条约和协定。行政法的不成文法源主要包括：习惯法；判例法；法的一般原则。

## 资料选读

### 上海市私车牌照拍卖的合理性与合法性

上海市为控制汽车总量，缓解城市交通道路拥挤状况，自1986年以来，开始实施私车牌照限额发放，无底价拍卖的政策，并一直沿用至今。私车牌照拍卖平均价不断攀升，最高曾突破5万元大关。



对此，商务部有关官员明确表示，上海市的这种做法违反了《道路交通安全法》，按照《道路交通安全法》，除了公安部门之外，任何部门都无权发放私车牌照。上海市政府新闻发言人焦扬说，私车牌照拍卖是上海市从总量上控制车辆数量的一种阶段性做法，今后将逐步发展和完善私车牌照额度拍卖政策。

上海市私车牌照拍卖的行为是否违法了合理性与合法性原则？这一问题引起媒体和各界的广泛关注和争议。有学者认为，从行政合理性原则上看，私车牌照拍卖的出发点是缓解城市交通紧张，但是公法领域的拍卖是为了追求公共利益的最大化，其与缓解交通的目标不相一致，此外，私车牌照拍卖价格的攀升导致异地上牌行为的大大增加，因此并不能必然带来城市交通的好转。从合法性原则上看,《道路交通安全法》规定,申请机动车登记,申请人只要符合法定条件,公安交通部门就应当发放机动车登记证书、号牌和行驶证,不能附加条件。《行政许可法》也规定了地方性法规、规章在对行政许可作出具体规定时,不应增设许可条件。因此,上海市私车牌照拍卖的行为是否违反了合理性与合法性原则的问题值得进一步探讨。①

### 行政法的渊源

在我国行政法理论中,行政判例不是我国行政法的渊源。但在实践中,经过认真筛选或加工的最高人民法院的典型案例实际上已经成为下级法院判案的"参照依据"。在"田永诉北京科技大学拒绝颁发毕业证、学位证行政诉讼案"中,法院认为:"在目前情况下,某些事业单位、社会团体,虽然不具有行政机关的资格,但是法律赋予它们行使一定的行政管理权,他们与当事人之间因管理形成的争议,不是民事争议,而是行政争议。"

据此,各级法院都以此为"参照依据",将此类案件作为行政案件受理。为此,我国有的学者认为,我国判例能否成为不成文法源已不是一个应然的问题,而是一个承认不承认事实的问题。需要限定的是,根据中国的国情以及借鉴他国的经验,能够成为判例的判决,我国目前应限于最高人民法院公报中的典型案例。



## 案例及其评析

### 行政法律关系

**案情**:张某经某市工商行政管理局批准,在该市某市场租用市工商局摊位经营百货。市工商局所属工作人员为了给其熟人换一个好摊位,要求张某挪动摊位。遭到拒绝后,市工商局某工作人员在未出示任何证件的情况下,将张某

---

① 参见薛刚凌:《车辆拍卖是否违法》,载《法制日报》2004年5月19日第8版。

的商店查封。张某认为自己的合法权益受到损失，向法院提起诉讼，请求撤销工商局不合理的决定，并赔偿因查封商店而造成的损失。法院经过审理，支持原告诉讼要求。被告不服，以该案不属行政案件受理范围为由提出上诉。

**评析**：本案是不是行政案件受理范围，需要从行政法律关系与法律关系上区别其是民事案件还是行政案件。行政法律关系是经行政法律规范调整后形成的一种行政法上的权利和义务的关系。本案中的处罚是以组织的名义实施的，是工商行政管理机关的具体行政行为而非个人的民事行为。因此本案是行政案件，属行政案件的受案范围。

## 第二节 行政主体

### 一、行政主体的概念

行政主体是指能以自己的名义行使国家行政职权，作出影响行政相对人权利义务的行政行为，并能由其本身对外承担行政法律责任，在行政诉讼中作为被告应诉的行政机关或法律、法规授权的组织。对此应把握四个方面的特征：一是行政主体是行使国家行政职权，实施行政行为的机关或组织。企事业组织和社会团体没有法律、法规的特别授权不能行使国家行政权，不能成为行政主体；二是行政主体能以自己的名义行使国家行政权。受行政机关委托的组织虽然可在委托范围内行使国家行政权，但它是以委托机关而不是以自己的名义实施行政行为，也不能成为行政主体；三是行政主体能以其本身就职权行为对外承担行政法律责任。公务员虽然行使国家行政权，实施行政行为，但他们对自己的职权行为不由其本身承担法律责任，而是由其所在的行政机关承担法律责任。公务员不能作为行政诉讼中的被告，不能作为行政主体；四是行政主体包括行政机关和法律、法规授权组织。

除行政机关外，如法律、法规授权某种组织行使某项行政职权，该组织就取得了行政主体的资格。

## 二、 行政机关

行政机关是指依宪法或行政组织法的规定而设置的行使国家行政职能的国家机关。根据行政机关职权的管辖范围，行政机关分为中央行政机关和地方行政机关。中央行政机关包括国务院、国务院各部委、国务院直属机构和国务院办事机构。地方行政机关包括地方各级人民政府，即省、自治区、直辖市的人民政府；县、自治县、县级市人民政府；乡、民族乡、镇人民政府及其工作部门，即各级政府所属的部、委、厅、局、处、室等。

在我国，行政机关是行政主体的主要组成部分，但是，行政机关并非在任何场合都是行政主体。当行政机关从事民事活动时，其身份是“机关法人”，而不是“行政主体”。

## 三、 其他行使行政职权的组织

行政职权除由行政机关行使外，其他非国家行政机关的组织，经法律、法规授权或行政机关的委托，也可以行使一定的行政职权。

### （一）法律、法规授权的组织

法律、法规授权组织是指依法律、法规授权而行使特定行政职能的非国家机关组织。被授权组织在以自己的名义行使法律、法规所授职权，并承担相应的法律责任时，享有与行政机关相同的行政主体地位。但是，被授权组织在执行其本身的职能（非行政职能）时，不享有行政权，不具有行政主体的资格。

目前我国法律、法规授权组织主要有：(1)社会组织和团体。如各种行业协会、律师协会、医师协会等。(2)企事业组织。如卫生防疫站、食品卫生监督站等。(3)基层群众性自治组织。如居民委员会、村民委员会等。(4)各种技术检验、鉴定机构。如各种技术机构、鉴定机构等。

（二）行政机关委托的组织

行政机关委托组织是指受行政机关委托行使一定行政职权的非国家机关的组织。与被授权组织不同，被委托组织行使的一定的行政职权是基于行政机关的委托，而非法律、法规的授权。因为被委托组织不是行政机关或其他国家机关，其基本职能不是行使行政职权或其他国家职权，所以被委托组织只能根据委托行使一定的行政权，而不是行使一般的行政职权。被委托组织在委托范围内，以委托人的名义活动，其行为的后果归于委托的行政机关，在行政诉讼中不具有被告资格，因而不属于行政主体范围。

在实践中，经常受行政机关委托行使某些行政职权的组织有：(1)群众性治安保卫组织。如城乡普遍设立的治安保卫委员会、城市中的治安联防队等。(2)某些私人组织。如《家畜家禽防疫条例》规定，农牧部门可以委托有条件的饲养户对将要进入市场的家畜进行检疫等。

## 四、 行政人

（一）行政人的概念



行政主体所享有的行政权需要自然人来行使。行政人指依法代表国家，并以行政主体的名义，实施行政行为，其行为效果归属于行政主体的个人。包括行使行政职权的公务员以及非公务员。它有以下特征：(1)行政人是具体的自然人；(2)行政人是具有行使行政权资格的自然人；(3)行政人行使行政权以所属行政主体的名义进行；(4)行政人行使行政权引起的对外法律效果由所属行政主体先行承受。

（二）公务员

1. 公务员的定义

《中华人民共和国公务员法》对公务员范围的界定提出三个基本条件，

即“依法履行公职、使用行政编制和国家财政负担工资福利”，只有同时符合这三个条件的国家工作人员，才能成为国家公务员。据此，我国公务员大致应该包括：除工勤人员以外的(1)人大、政府、法院和检察院的所有国家机关工作人员；(2)民主党派机关、共产党机关工作人员；(3)人民团体和群众团体的机关工作人员。具有公共事务管理职能的事业单位的工作人员，经批准参照公务员法进行管理。

2. 公职关系的产生、变更和消灭

公职关系通过录用、委任、选任、聘任的方式产生。我国对担任办事员、科员、副主任科员、主任科员四个职务的公务员采用录用的方式，面向全社会公开招录。委任是指国家主管部门根据条件和组织部门的考察任命公务员。委任制公务员的任职情形包括试用期满、新调入、转换任职、晋升或降职、免职后恢复职务等。选任的公务员在选举结果生效时即任当选职务，任期届满不再连任。聘任是行政机关通过合同选拔、任用公务员的一种人事管理制度。与选任制、委任制相比，聘任制具有引入市场机制、开放灵活的特点，只在专业性较强的职位(金融、会计、信息、法律)和辅助性职业(书记员、资料管理员)范围内实行。

公职关系的变动包括晋职、降职和交流三种途径。晋职要求具备拟任职务所要求的思想政治素质、工作能力、文化程度和任职经历等方面的条件和资格。依照民主推荐、组织考察、讨论决定、履行任职手续的程序进行。降职是对公务员不胜任现任职务而采取的一种任用措施。公务员在定期考核中被确定为不称职的，按照规定程序降低一个职务层次任职。交流是国家机关根据工作需要或者公务员个人愿望，通过调任、转任和挂职锻炼的形式变换工作岗位的一种人事管理活动与过程，其目的在于培养、锻炼公务员，合理使用公务员，以实现适才适用，人尽其才，从而提高工作效能。

公职关系消灭的形式是辞职、辞退和退休。辞职是公务员的一种权利，是根据公务员本人的意愿，在一定条件下，辞去公务员职务，解除其与所在部门或单位职务关系的行为或事实。包括辞去公职(公务员,无公务员身份)和辞去现职(领导,仍有公务员身份)。辞退是国家行政机关依法定条件和事实,通过法定程序解除公务员与所在单位工作关系的制度。辞退不是开除,不具有惩戒性。公务员达到国家规定的退休年龄或者完全丧失工作能力的,应当退休。退休分为强制退休和自愿退休两种情况。

3. 公职关系的内容

公职关系的内容包括公务员的权利和义务两个方面。根据公务员法的有关规定,公务员的权利有:获得履行职责应当具有的工作条件;非因法定事由、非经法定程序,不被免职、降职、辞退或者处分;获得工资报酬,享受福利、保险待遇;参加培训;对机关工作和领导人员提出批评和建议;提出申诉和控告;申请辞职以及法律规定的其他权利八个方面。

公务员的义务是:模范遵守宪法和法律;按照规定的权限和程序认真履行职责,努力提高工作效率;全心全意为人民服务,接受人民监督;维护国家的安全、荣誉和利益;忠于职守,勤勉尽责,服从和执行上级依法作出的决定和命令;保守国家秘密和工作秘密;遵守纪律,恪守职业道德,模范遵守社会公德;清正廉洁,公道正派;法律规定的其他义务九个方面。

## 资料选读



### 行政主体资格认定

在传统的界定行政主体的标准中,中国学者的概括很多,如罗豪才教授将其认定为:"能以自己的名义实施国家行政权(表现为行政管理活动),并对行为的效果承担责任的组织。"姜明安教授认为:"行政主体指行政法调整的各种行政关系的参加人——组织和个人。"胡建森教授概括得较为全面,他认为,行政主体"系指依法拥有独立的行政职权,能代表国家,以自己的名义行使行政职权以及独立参加行政诉讼,并能独立承受行政行为效果与行政诉讼效果的组织"。综上所述,我国行政主体的基本特征主要有三个:该组织须是行政职权的享有者，是行政活动的实施者，是法律责任的承担者。对行政主体的分类上比较具有共识的是，将行政主体划分为职权性行政主体和授权性行政主体，具体地说，前者主要是指行政机关，就是各级政府及各职能部门；后者主要是指获得法律授权的非国家机关组织。这样的划分具有简便、明了的优点，但从我国的社会现实与发展的要求上看，已经显得过于简单化了，而且，我们应当将行政主体理解为一个动态的概念，它也有一个与时俱进的问题。

**1. 社区的功能及其应有的法律地位**

在我国，绝大部分的社会成员会归属于一个生活社区，近年来"社区"已成为一个与人们联系日渐紧密的概念。同时，社区功能也不断加强，如对外开展与其他社区的政治、思想和文化的交流与联系，对内则通过组织各类活动，实现居民的社会参与，体现一种直接民主。更为重要的是，社区自治组织能够施加影响使居民接受社区的规范和习惯，培养居民的社区意识和归属感，并通过协调社区成员之间的关系，解决他们的各类矛盾与冲突，维护社区正常的生活秩序，等等。社区通过经常性的工作实际地承担起了许多本应由政府完成的事务，这种职能在西方国家也是非常明显的，如英国在划分地方政府职权时，将社区作为一级政府对待，明确规定其法定职权为：管理物资分配、丧葬、火化、礼堂、会所、接待、体育娱乐设备、公共厕所、街道照明、停车场、人行道、对地方艺术和工艺的资助，鼓励旅游以及在实施计划和某些地方法规方面接受区议会的咨询。从我国目前的现实来看，社区委员会这样的组织纯属民间自治组织，不具有行政主体资格，但由于其已经和正在做的种种具有行政性质的工作，以及它们在行使某些管理职能上的便利性和亲和力，使得国家又不能无视其存在的价值和意义。《城市居民委员组织法》和《村民委员会组织法》两部法律授权该两委员会办理本社区的公共事务和公益事业，调解民间纠纷，协助维护社会治安，协助做好诸如计划生育、公共卫生、青少年帮教等工作。尽管居委会、村委会的职能范围呈扩大趋势，但对其地位，法律始终语焉不详，一般是作为授权性组织来看待的，但从现实和发展的角度上考虑，应该对具体实施社区管理职能的民间自治组织的法律地位给以重新定位。

**2. 行政性公司的性质及其主体资格**

我国从20世纪80年代以来，成立了许多诸如电力公司、自来水公司、煤气公司、烟草公司等行政性公司，对这些公司的法律性质，在我国并没有一个明确统一的规定，许多学者认为它们属于授权性行政主体，也有一些学者对此持谨慎态度。就行政性公司的运作方式及其在市场经济中的角色来看，行政性公司本身已经是一个经济实体，我国加入WTO后，无论从经贸方式、经济政策还是行政管理模式，都已经或必将面临根本性转变，一旦外国企业进入中国市场，必然会依照WTO国民待遇要求获得与国内同类公司相同的法律地位，届时，行政性公司现有的授权性行政主体的地位将面临挑战，因为一个主权国家不可能将其行政权力赋予外国主体。因此，从前瞻的角度考虑，应尽快明晰行政性公益公司与其他经营性公司同等的法律地位和同样的法律性质。但是，由于行政性公司的活动不可避免地有公益的目的，故尽管它们不是行政主体，但在对因其违法行为受损的权益进行法律救济时，不排除国家赔偿的方式。

**3. 非国家机关所为的行政行为的发展及其认定**

在国家公行政与纯粹的私行政之间，还存在着另一种公行政状态，即国家机关以外的由其他公共组织、团体及公共企事业单位进行的涉及公益内容的公行政行为。近年来我国的该类行政行为也表现得愈来愈普遍，而由此引发的纠纷也时有发生，且在相对人寻求救济时，也多是以行政诉讼来展开的，如田永诉北京科技大学案，刘燕文诉北京大学案，王青松诉北京科技大学案，等等。当然，上述案例的一个共同点是，它们都是以高校管理活动为争议对象而提起的诉讼，而在我国本身就有一种观点认为，学校是一个授权性行政主体，在所获授权的范围内承担独立的法律责任。那就出现一个问题，即如果是其他的非国家行政机关的公行政行为也涉嫌侵犯相对方的合法权益，是否也作为行政案件处理，如国有企业在人事管理活动中的违法、违约、违规等现象如何对待。当然，如果被管理者本身是该企业的员工，那么，按照我国现行的法规规定，可作为内部管理行为，不进入行政诉讼领域，那如果是发生在人员招聘中，与尚未正式签约者之间的纠纷的处理，在选择救济方式上，就目前的体制是有一定难度的，但如果将类似情况视为可由行政法调整的公行政行为，似可以解决一些实践中的问题。①

## 高校的法律地位

北京科技大学（下称“北科大”）本科生田永在大学二年级时，在电磁学课程补考中，因其携带记有公式的字条被监考老师发现。监考老师虽未发现其有偷看行为，但还是停止其考试并上报学校。学校根据校发《关于严格考试管理的紧急通知》（下称“通知”）中的有关规定，认定田永的行为是考试作弊，对田永作出“退学处理”的决定。但田永未收到正式通知，该退学处理决定并未得到实际执行。在以后的两年间，田永仍以北科大学生的身份进行正常的学习，继续交纳学费、使用学校的各种设施，享受学校补助金，修完了所有学分并完成了毕业实习和毕业设计。但在临毕业时，学校通知田永所在院系，田永不能毕业，不发给其毕业证、学位证及派遣证，理由是田永已被退学。田永不服，认为学校的行为侵犯了其合法权益，于是向人民法院提起行政诉讼，请求法院判令学校履行发放毕业证、学位证及派遣证的法定职责。

一审法院在查明事实的基础上认定，北科大的“通知”与有关规章的规定相抵触，对田永的退学处理属无效行为，并判令北科大颁发田永毕业证，评定田永的学士学位资格，上报田永的毕业派遣手续。北科大不服上诉。二审法院驳回上诉，维持原判。至此，我国首例大学生因受学校退学处理导致文凭纠纷案以学生的胜诉而告终。

“田永案”是我国首例大学生因受学校退学处理导致文凭纠纷案。近几年来，高校面临着各种机遇和挑战，学校自身改革的压力越来越大，一些高校的管理者们出于良好的愿望，出台了各种关于加强学籍管理、严格考试纪律的文件和举措，其中就不乏有类似北科大那样的“退学规定”。因为在教室里拥抱接

① 参见曾坚：《略论行政主体资格认定的现状及发展趋势》，载《法律基础双语教程难点问题诊断》，南开大学出版社 2003 年版，第 95 页。

吻，成都某高校的一对学生情侣被学校勒令开除；学校的理由是这两名学生违反了该校《大学生违纪处分规定》，在多次交涉无果的情况下，学生将学校告上了法庭。在我国，由于学校被认定为事业单位，而不是行政诉讼的主体，法院常常以不属于行政诉讼受理范围为由拒绝介入学生与学校之争，学生与学校之间的纠葛与矛盾往往只能通过教育行政部门解决。田永案的法官认为学校虽然不是国家行政机关，但属于法律、法规授权的履行部分教育行政管理职责的教育机构。根据《教育法》、《高等教育法》、《学位条例》等相关规定，学校拥有招生，实施奖惩，颁布毕业证书、学位证书等一系列权力。自"田永案"后，司法机关开始将学校视为有部分行政授权的行政主体。

## 案例及其评析

### 行政主体资格

**案情**：任某是某高校一大学生，因打架斗殴被校派出所罚款 1 000 元，任不服，以派出所为被告向有关法院提出行政诉讼，而人民法院却依法告知其变更被告。

**评析**：此案涉及行政行为的主体资格的问题。本案中的派出所属于地方人民政府职能部门即公安部门的派出机构，一般不具有行政主体资格，只有法律、法规授权时才能在授权范围内独立行使行政职权。

我国法律授予了派出所对违反治安管理的行为处以警告、500 元以下罚款的权力，即它只对其在治安管理领域内作出的警告、500 元以下罚款行为独立承担责任，对其作出的其他行为，由于没有法律的明确授权，应视为其派出的公安机关的行为，由公安机关作为被告承担法律后果。因此，本案中原告以派出所为被告提起行政诉讼是不合乎法律规定的。

## 第三节 行政行为

### 一、行政行为概述

#### （一）行政行为的概念和分类

行政行为概念的界定，在我国法学界分歧较大，作者认为应该是指行政主体依法行使国家行政权所产生的行政法律效力的行为。行政行为大致可以包括行政立法、行政处理、行政强制、行政处罚、行政司法等行为以及行政相关行为。

行政机关依法制定规范性法律文件的行为是抽象行政行为，又称为行政立法。行政主体依法对具体事项或特定个人采取的行为是具体行政行为；行政主体必须严格依照法律规定的范围、方式、程序、手段等实施的行为是羁束行为；按照法律规定对行为的范围、方式等留有一定幅度和余地，可以斟酌、选择的行为是自由裁量行为；行政主体必须按照法定方式进行或者必须具有一定的法定形式才能产生法律效力和后果的行为是要式行为；不要求某种必须的方式，只需口头表示就可以生效的行为是非要式行为；行政主体依照法律赋予的职权，无须行政相对人的请求而主动为之的行为是依职权的行为，又称主动行政行为；根据行政相对人的申请而实施的行为是应申请的行为，又称被动行政行为。

#### （二）行政行为的内容和效力

行政行为的内容主要指行政行为作用于行政相对人所产生的影响或效果。行政行为的内容主要有：设定权利和义务，撤销权利和免除义务，赋予能力和剥夺能力，变更法律地位，确认行政相对人的法律地位或行为的合法，赋予特定物以法律性质等方面。行政行为成立的共同要件是：(1)行为的主体合法，即行政主体的产生和存在都有合法依据，具备行政主体资格。(2)行为必须在行政主体的权限内，越权无效。(3)行为的内容合法，即内容要有可能、明确，符合公共利益和法律规定。(4)行为符合法定程序。(5)行为符合法定形式。

行政行为只有具备了以上条件，才有效力。行政行为的效力表现为：(1)确定力。指行政行为有效成立后，非依法律规定不得随意变更或撤销，即不可变更力。(2)拘束力。指行政行为的内容对行政相关人员的约束效力，包括对行政机关自身的拘束力和行政相对人的约束力。(3)执行力。指行政行为成立后，行政机关依法采取一定手段，使行政行为的内容得以完全实现的效力，又称为实现力。

行政行为因行政越权、行政侵权、滥用权力或不合法定程序而予以撤销；已发生效力的行政行为，如果发现其不当或根据实际情况的变化，改变其行为的内容或使行政行为部分地失去效力并作出新的规定，称为行政行为的变更。行政行为由于不适应新的情况，并非违法或不当，由行政机关宣布废止。行政行为或者因制定新法规而使具体行为失去效力，或者所针对的对象不复存在而消失，或者因行政相对人被设定的义务充分履行完毕而消灭。

## 二、行政立法行为



### （一）行政立法的概念

行政立法行为是指国家行政机关依照法律规定的权限和程序，制定行政法规和行政规章的行为。我国行政立法，是“行政”性质和“立法”性质的有机结合。它既具有行政的性质，是一种抽象行政行为；又具有立法的性质，是一种准立法行为。

### （二）行政立法主体

根据我国宪法、组织法及有关法律、法规规定，行政立法的主体，即依法取得行政立法权，可以制定行政法规和行政规章的国家行政机关，主要有七类：一是国务院。国务院根据宪法规定有权制定行政法规；还可以根据最高国家权力机关的特别授权法和特别授权决议制定行政法规。二是国务院各部、各委员会。国务院各部、委依照法律、行政法规、决定和命令，可以发布命令、指示和规章；还可以通过法律、法规的特别授权而获得行政立法权。三是国务院直属机构。国务院直属机构不享有一般行政立法权，但在法律、法规特别授权的情况下，可以在其主管事务的范围内，行使行政立法权。其效力等同于行政规章。四是省、自治区、直辖市人民政府。省、自治区、直辖市人民政府有权制定地方性行政规章；此外，还可以根据单项法律、法规的规定，结合本地区的实际情况，进行行政立法。五是省、自治区人民政府所在地的市人民政府。省、自治区人民政府所在地的市人民政府根据法律、行政法规和本省、自治区的地方性法规，在其职权内制定规章。六是经国务院批准的较大的市的人民政府。经国务院批准的较大的市的人民政府根据法律、行政法规和本省、自治区的地方性法规，就其职权内的行政事项制定规章。七是经济特区的市人民政府。根据全国人大或全国人大常委会的特别授权，作为我国经济特区的深圳、汕头、珠海和厦门等市的人民政府也拥有地方性规章的制定权。

## 三、 行政处理行为



行政处理行为是行政主体应行政相对人申请或依职权处理涉及特定行政相对人权利义务事项的具体行政行为。行政处理有着广泛的形式，通常的形式是行政征收、行政许可、行政确认和行政给付等。

### （一）行政征收

行政征收是行政主体根据法律规定，以强制方式无偿取得行政相对人财产所有权的一种行政行为。行政征收的目的是保障国家和社会公共利益的需要，实质在于以强制方式无偿取得相对人的财产所有权，其实施必须以相对人负有行政法上的缴纳义务为前提。从我国现行法律、法规的内容来看，行政征收的内容主要有税收征收、资源费征收、建设资金征收、排污费征收、管理费征收、滞纳金征收等方面。

（二）行政许可

行政许可是行政主体应行政相对人申请，通过颁发许可证、执照等形式，依法赋予行政相对人从事某种活动的法律资格或实施某种行为的法律权利的行政行为。也就是说，行政许可是一种依申请的具体行政行为，是一种采取颁发许可证、执照等形式的要式行政行为，也是行政主体赋予行政相对人某种法律资格和法律权利的具体行政行为。

行政许可根据不同的划分标准，可分为不同的种类。目前较为常见的有：(1)一般许可与特殊许可。一般许可是指行政主体对法定条件的申请人直接发放许可证的许可。如驾驶许可、营业许可等。特殊许可是指除符合一般许可的条件外，对申请人还规定特别限制的许可。如持枪许可、烟草专卖许可等。(2)排他性许可与非排他性许可。排他性许可是指某个人或组织获得该项许可以后，其他任何个人或组织都不能再申请获得该项许可。如专利许可、商标许可等。非排他性许可是指具备条件的任何个人或组织经申请均可获得的许可，大部分行政许可都是非排他性许可。(3)独立许可与附文件许可。独立许可是指许可证或执照本身就包含了所许可的内容，毋需其他文件补充说明的许可。如律师执照、卫生许可证等。附文件许可是指需要附加文件予以说明的许可。如商标许可需附有商标的设计图样、专利证书需附照片和专利说明书等。(4)权利性许可与附义务的许可。权利性许可是指许可获得者可根据自己的意志决定是否行使许可所赋予的权利和资格的许可。如持枪证、工商营业执照等。附义务的许可是指许可获得者必须同时承担在一定时期内进行该项活动的义务，否则要承担一定法律责任的许可。如建设用地许可、商标许可等。



（三）行政确认

行政确认是行政主体证明和确定特定的既成事实和法律关系的具体行政行为。行政确认是要式行政行为，必须采用书面形式作出。此外，行政确认是羁束行政行为，不能自由裁量。行政确认有公安行政确认，如对交通事故等级的确认；民政行政确认，如对革命烈士的确认；劳动行政确认，如对工人伤亡事故原因、责任确认；卫生行政确认，如对食品卫生的确认；经济行政确认，如对产品标准化的行政认证等。行政确认主要采取认证、公证和鉴定等形式。

（四）行政给付

行政给付又称行政物质帮助。它是行政机关在公民年老、疾病或丧失劳动能力等情况或其他特殊情况下，依照法律、法规的规定，赋予其一定的物质权益或者与物质权益有关的权益的具体行政行为。行政给付是一种应申请的行政行为，是行政机关对特定的行政相对人个人、组织，给以一定的物质权益或与物质有关的权益。行政给付包括两个方面的内容：一是物质上的权益。表现为给付相对人一定数量的金钱或实物。二是与物质有关的权益。表现为多种形式，如让相对人免费入学、免费医疗等。行政给付一般采取安置、补助、抚恤、优待、救灾扶贫等形式。

## 四、 行政强制行为

（一）行政强制的概念

行政强制是行政主体为实现一定的行政目的，对相对人的财产和人身自由等采取的强制措施。其特征是：行政强制的主体是作为行政主体的行政机关或法律、法规授权的组织；行政强制的对象是相对人的财产及人身自由；行政强制的目的是迫使拒不履行法定义务的相对人履行其义务，保障社会安全，保护公民的人身权、财产权免受侵害；行政强制行为是一种具有可诉性的具体行政行为。

根据行政强制的性质和程序，可分为即时性强制和执行性强制。

（二）即时性强制

即时性强制又称预防、制止性强制措施，是指行政主体为了维护社会秩序，对某种可能或正在发生的违法行为或危害社会及公民个人安全的行为予以预防或制止。这种强制不以相对人不履行义务为前提，是一种紧急处置权。行政主体对可能发生危害行政管理秩序的人或物采取的即时性强制为预防性强制措施，如公安机关对处于醉酒状态的人的人身约束；行政主体对正在实施危害行政管理秩序的相对人采取的即时性强制为制止性强制措施，如海关扣留走私嫌疑人、走私货物或运输工具。即时性强制措施主要采取强制带离现场、盘问、约束、扣留、使用警械和武器、强制隔离、强制检疫、强制治疗等形式。

**（三）执行性强制**

执行性强制是指行政主体或人民法院依法采取一定的强制措施，迫使不履行义务的行政相对人履行义务，或通过其他法定方式使相应义务得以实现。这种强制是以相对人不履行义务为前提条件，包括直接强制执行措施和间接强制执行措施。

通过间接手段迫使义务人履行其应履行的义务或达到与履行义务相同状态的行政强制，为间接强制执行。间接强制执行又分为代执行和执行罚两种。代执行是行政强制机关或第三人代替义务人履行法律、法规规定的或者行政行为所确立的义务，并向义务人征收必要费用的强制执行措施。如违章建筑的强制拆除、代出义务工等。执行罚又称强制金，是行政强制执行机关对拒不履行义务的相对人科以金钱给付义务，迫使其履行义务的强制执行措施。相对人在被科以金钱给付义务后仍不履行，可再次科处，直至其履行。

直接强制执行是指行政主体对逾期拒不履行义务的相对人的人身或财产自行采取强制手段，直接迫使其履行义务，或通过强制手段达到与义务主体履行义务相同状况的一种行政强制措施。直接强制可分为人身强制和财产强制二种。前者如海关对走私嫌疑人的扣留，公安机关对违反《中华人民共和国治安管理处罚法》的人的强制传唤等。后者如物价检查机构对非法所得，可通知有关银行予以划拨，食品卫生监督部门可对腐烂变质食品实行强制销毁等。

## 五、行政处罚

### (一)行政处罚的概念

行政处罚是指行政主体依法对违反行政管理秩序而尚未构成犯罪的行政相对人所给予的行政制裁。也就是说,行政处罚是由特定的行政主体作出的。针对违反行政法规而尚未构成犯罪的行政相对人的制裁。

### (二)行政处罚的种类

在行政法学上,一般将行政处罚划分为四类:一是人身罚。亦称自由罚,是行政主体在一定期限内剥夺违法当事人人身自由的行政处罚。行政拘留是最为典型的人身罚。二是行为罚。亦称能力罚,是行政主体剥夺违法当事人某些特定行为能力和资格的处罚。责令停产停业和暂扣、吊销许可证、执照等行政处罚便属此类。三是财产罚。是行政主体剥夺违法当事人某些财产所有权的行政处罚。罚款和没收违法所得、非法财物等便属财产罚。四是申诫罚。亦称精神罚或影响声誉罚,是行政主体向违法当事人发出警戒,申明其有违法行为,对违法者的名誉、荣誉、信誉等造成一定损害的行政处罚。根据《行政处罚法》的规定,行政处罚分为警告;罚款;没收违法所得、没收非法财物;责令停产停业;暂扣或者吊销许可证、暂扣或者吊销执照;行政拘留以及法律、法规规定的其他行政处罚 7 种类型。

### (三)行政处罚的设定

我国行政处罚的设定规则是:法律可以设定各种行政处罚。限制人身自由的行政处罚只能由法律设定;行政法规可以设定除限制人身自由以外的行政处罚;地方性法规可以设定除限制人身自由、吊销企业营业执照以外的行政处罚;国务院部委规章,对尚未制定法律行政法规的,可以设定警告或者一定数量罚款的行政处罚;具有行政处罚权的国务院直属机构制定的规范性文件,在国务院授权条件下享有部委规章的地位;地方人民政府规章,可以设定警告或者一定数量罚款的行政处罚。我国实施行政处罚的主体是：拥有行政处罚权的行政机关；法律、法规所授权的组织；行政机关所委托的组织。

（四）行政处罚的原则与程序

行政处罚由违法行为发生地的县级以上地方人民政府具有行政处罚权的行政机关管辖。法律、法规另有规定的除外。行政处罚应遵循处罚法定原则、处罚与教育相结合原则、处罚公正公开原则、保障相对人权利的原则以及一事不再罚原则。

行政处罚程序分为简易程序和一般程序。简易程序又称当场处罚程序，是指在具备某些条件的情况下，由执法人员当场作出行政处罚的决定，并且当场执行的步骤、方式、时限、形式等程序的过程。一般程序又称普通程序，是行政处罚中的一个基本程序。它包括：立案、调查取证、听取申辩与听证、作出处罚决定这样几个步骤。除法律、法规另有规定外，任何一个行政处罚决定必须适用一般处罚程序。

## 六、行政相关行为

（一）行政相关行为的概念

行政相关行为是指与行政相关联，但又不同于以上具体行政行为的行为。通常的行政法律关系，其权利义务是由行政机关的单方行为，以命令、决定的方式设立的。行政相关行为是基于行政主体与相对人协商、合意，以双方共同的意思表示的一致为基础而确立的。目前，较常见的行政相关行为有行政指导行为、行政合同行为。

（二）行政合同

行政合同是行政主体为实现行政目的而与公民、法人或其他组织之间基于意思一致而缔结的契约，又称行政契约或公法契约。行政合同是行政主体一种富有弹性的管理形式，它既不像行政命令那样僵硬，易窒息相对人的积极性，又不像民事行为那样随便，它是双方当事人协商自由和行政权优先性的有机结合。

我国比较常见的行政合同形式有国有土地有偿出让合同、公共征收合同、工业企业承包租赁合同、国家订货合同、公共工程合同、人事聘用合同、土地承包合同、科研合同等方面。

（三）行政指导

行政指导是国家行政机关在其所管辖事务的范围内，对于特定的人、企业、社会团体等，运用非强制性手段，获得相对人的同意或协助，指导行政相对人采取或不采取某种行为，以实现一定行政目的的行为。行政指导通常采用说服、教育、示范、劝告、建议、协商、政策指导、提供经费、提供知识、技术帮助等非强制性手段得到实现。因此具有非强制性、准行政性以及能动性等特点。

随着我国市场经济的建立和发展，行政指导可有效代替某些僵硬的法律手段，及时补充现行法律的不完备，体现现代行政管理民主化的发展趋势。

## 七、行政救济

（一）行政救济的概念

行政救济是法律救济的一种，它是指国家机关通过解决行政争议，制止和矫正违法或不当的行政侵权行为，从而使行政相对人的合法权益获得补救的法律制度。行政救济是针对行政主体行使行政权力所产生的消极后果进行的一种法律补救，它是行政相对人在受到行政主体的不法侵害时所享有的全部救济途径和救济手段。主要包括：行政复议、行政诉讼和行政赔偿三个方面。

（二）行政复议

行政复议作为一项行政救济的法律制度是指公民、法人或其他组织认为行政机关的行政行为侵犯其合法权益，依法向特定的行政机关提出申请，接受申请的行政机关对原行政行为的合法性和合理性进行审查，并作出复议决定的活动。

我国于1999年10月1日实施的《中华人民共和国行政复议法》明确指出我国行政复议制度是为了防止和纠正违法的或者不当的具体行政行为，保护公民、法人和其他组织的合法权益。它规定行政复议应遵循合法原则、公正原则、公开原则、及时原则和便民原则。

行政复议的受案范围是具体行政行为，包括：(1)对行政机关作出的人身罚、行为罚、财产罚和声誉罚等行政处罚决定不服的；(2)对行政机关作出的人身和财产的行政强制措施不服的；(3)对行政机关作出的有关变更、中止、撤销的行政决定不服的；(4)对行政机关作出的有关确认所有权和使用权不服的；(5)认为行政机关侵犯合法经营自主权的；(6)认为行政机关变更或者废止农业承包合同，侵犯其合法权益的；(7)行政机关不依法履行职责的；(8)认为行政机关的其他具体行政行为侵犯其合法权益的。公民、法人或者其他组织认为行政机关的具体行政行为所依据的下列规定不合法，在对具体行政行为申请行政复议时，可以一并向行政复议机关提出对该规定的审查申请：(1)国务院部门的规定；(2)县级以上各级地方人民政府及其工作部门的规定；(3)乡、镇人民政府的规定。根据复议法规定，不服行政机关作出的行政处分决定或者其他人事处理决定的，不服行政机关对民事纠纷作出的调解或者其他处理的，不能申请行政复议。



行政复议的管辖可分为一般管辖和特殊管辖；隶属管辖和同级管辖；共同管辖和选择管辖；指定管辖和移送管辖。

行政复议的程序是：行政相对人在认为其合法权益受到侵害之日起60日内提出行政复议申请；行政复议机关应自收到复议申请书之日起5日内，对复议申请作出是否受理的决定；行政复议机关对受理的行政复议案件进行合法性或适当性的审查，在60日内依法作出包括决定维持、决定履行法定职责、决定撤销、变更或确认具体行政行为违法等方面的处理决定。决定撤销、变更或确认具体行政行为违法时，对提出赔偿请求的，应决定被申请人依法给以赔偿。

（三）行政诉讼

行政诉讼是指公民、法人或其他组织认为行政主体的具体行政行为侵犯其合法权益，依法向人民法院提起诉讼，由人民法院进行审理并作出判决的诉讼制度。其主要特征是：(1)它的起因是行政管理相对人认为行政机关的具体行政行为侵犯其合法权益，向人民法院提起诉讼，寻求司法保护的诉讼行为。(2)它是在人民法院的主持下审查具体行政行为合法性的司法活动。(3)它的标的是行政主体的具体行政行为，对抽象行政行为不服不能提起诉讼。(4)它的被告只能是作出相应具体行政行为的行政主体。

行政诉讼与其他诉讼活动，特别是民事诉讼活动有着共同的原则，主要是：人民法院依法独立行使审判权的原则；以事实为根据，以法律为准绳的原则；依法实行合议、回避、公开审判和两审终审的原则；当事人法律地位平等的原则；使用本民族语言文字进行诉讼的原则；辩论原则；人民检察院法律监督原则。行政诉讼的特有原则有：人民法院对具体行政行为实行合法性审查的原则；人民法院部分管辖的原则；不适用调解原则；司法有限变更的原则；不停止执行的原则；由被告承担举证责任的原则。

行政诉讼的受案范围为：(1)有关人身权、财产权方面的行政案件。主要包括不服行政处罚的案件；不服行政强制措施的案件；认为行政机关侵犯法律规定的经营自主权的案件；行政机关对要求颁发许可证和执照的申请予以拒绝或不予答复的案件；认为行政机关不履行保护人身权、财产权的法定职责的案件；认为行政机关未依法发给抚恤金的案件；认为行政机关违法要求履行义务的案件；认为行政机关侵犯其他人身权、财产权的案件。(2)法律、法规规定由人民法院受理的其他行政案件。公民除了人身权、财产权以外，还有各种政治权利以及劳动、休息、受教育等权利，如果认为这些方面的权利受到了行政机关的侵犯，法律、法规规定可以向人民法院起诉的，法院应予以受理。(3)不予受理的案件。包括国防外交等国家行为；行政法规、规章或者行政机关制定、发布的具有普遍约束力的决定、命令；行政机关对行政机关工作人员的奖惩、任免等决定;法律规定由行政机关最终裁决的具体行政行为。

行政诉讼的管辖主要分为级别管辖、地域管辖和裁定管辖等几种情况。

级别管辖分为基层人民法院管辖、中级人民法院管辖、高级人民法院管辖和最高人民法院管辖。基层人民法院管辖第一审行政案件。中级人民法院的管辖主要有三类案件:一是确认发明专利权的案件、海关处理的案件;二是对国务院各部门或省、自治区、直辖市政府具体行政行为提起诉讼的案件;三是本辖区内重大、复杂的案件。高级人民法院管辖本辖区内重大、复杂的案件。最高人民法院管辖全国范围内重大、复杂的第一审案件。

地域管辖主要包括一般地域管辖、特殊地域管辖和共同管辖。一般地域管辖是指行政案件由最初作出具体行政行为的行政机关所在地法院管辖。经复议的案件,复议机关改变原具体行政行为的,也可由复议机关所在地的法院管辖。特殊地域管辖是指以诉讼标的为标准,由特定法院进行管辖。因不动产提起的行政案件,由不动产所在地法院管辖。共同管辖是指两个以上法院都有管辖权的案件,原告可以选择其中任何一个人民法院提起诉讼。对限制人身自由的行政强制措施不服而起诉的,由被告所在地或原告所在地法院管辖。

裁定管辖主要包括移送管辖、指定管辖和管辖权的转移。移送管辖是指法院对于已受理的案件,发现不属于本院管辖而将案件移送有管辖权的法院。指定管辖是指上级法院用裁定的方式,将某一案件交由某个下级法院进行管辖。管辖权的转移是指由上级法院决定或者同意,把案件的管辖权由上级法院移交给下级法院,或者由下级法院移交给上级法院。

行政诉讼的审判程序与民事诉讼的审判程序基本上相同,在此不再详述。

### (四)行政赔偿

行政赔偿又称行政侵权赔偿责任,是行政主体应行政相对人的请求或根据人民法院的判决,赔偿行政管理相对人因行政侵权行为造成的损害。

行政赔偿的主体是实施行政侵权行为的行政主体，包括行政机关和法律、法规授权组织；行政赔偿的对象是其合法权益受到行政侵权行为损害的行政管理相对人，包括公民、法人和其他组织，也包括外国人和外国组织；行政相对人作为行政赔偿的对象，其必要条件是合法权益被行政侵权行为侵犯，如果相对人受到损害的权益是违法的，不能成为行政赔偿的对象；行政侵权责任由行政侵权行为、相对人受到损害的事实、行政侵权行为与损害事实之间的因果关系三个要件构成。

行政赔偿的范围分为对相对人人身权侵犯的赔偿和对相对人财产权损害的赔偿两个方面。

对相对人人身权侵犯的赔偿主要适用下述 5 种情形：(1)违法拘留或者违法采取限制公民人身自由的行政强制措施的；(2)非法拘禁或者以其他方法非法剥夺公民人身自由的；(3)以殴打等暴力行为或者教唆他人以殴打等暴力行为造成公民身体伤害或者死亡的；(4)违法使用武器、警械造成公民身体伤害或者死亡的；(5)造成公民身体伤害或者死亡的其他违法行为。

对相对人财产权损害的赔偿主要适用下述 4 种情形：(1)违法实施行政处罚的。违法实施行政处罚侵犯财产权的情形很多，主要有罚款、吊销许可证和执照、责令停产停业、没收财物等；(2)违法对财产采取行政强制措施的。违法对财产采取行政强制措施侵犯财产权的情形主要有查封、扣押、冻结等；(3)违反国家规定征收财物、摊派费用的；(4)造成财产损害的其他违法行为。



根据《国家赔偿法》规定，国家不承担赔偿责任的情形主要有：(1)行政机关工作人员实施的与行使职权无关的个人行为；(2)因公民、法人或其他组织自己的行为致使损害发生的；(3)法律规定的其他情形，如不可抗力等。

行政赔偿请求人是指因行政机关及其工作人员违法执行职务而遭到损害，有权请求国家予以赔偿的人。一般情况下，因行政侵权行为受到直接损害的公民、法人或其他组织依法享有赔偿请求权。受害的公民死亡的，其继承人或与其有抚养关系的亲属是赔偿请求人。受害的法人或其他组织终止的，承受其权利的法人或其他组织是赔偿请求人。

行政赔偿义务机关是指依法履行赔偿义务，接受赔偿请求，参加赔偿诉讼，支付赔偿费用的义务人。我国的行政赔偿义务机关是：(1)行政机关为赔偿义务机关；(2)法律、法规授权的组织为赔偿义务机关；(3)委托机关为赔偿义务机关；(4)行政复议机关为赔偿义务机关。

行政赔偿请求人要求赔偿，应当首先向赔偿义务机关提出。对赔偿义务机关不予赔偿或赔偿请求人对赔偿数额有异议的，赔偿请求人可以向上级机关申请复议或直接向法院提起诉讼。要求赔偿应依法定内容递交申请书，赔偿义务机关应自收到申请书之日起两个月内依法定方式和标准给予赔偿；逾期不赔偿或对赔偿数额有异议的，行政赔偿请求人可自期间届满之日起三个月内向法院起诉。

国家赔偿以支付赔偿金为主要方式。能够返还财产或恢复原状的予以返还财产或者恢复原状。侵犯公民人身自由的，每日的赔偿金按国家上年度职工日平均工资计算。侵犯公民生命健康权的，分别不同情况给予赔偿金，包括支付医疗费、误工损失、残废赔偿金、死亡赔偿金、丧葬费以及对死者生前抚养的无劳动能力的人的生活费等。侵犯公民、法人和其他组织的财产权造成损失的，分别不同情况给予赔偿。对于造成受害人名誉权、荣誉权损害的，应当在侵权行为影响的范围内，为受害人消除影响、恢复名誉、赔礼道歉。



## 资料选读

**行政立法侵权救济**

江宁是南京市2001年撤县而建的一个区。原告所告针对的是原江宁县政府制定的《江宁县城镇房屋拆迁管理暂行办法》这一地方行政规章。据原告杨春庭说，2002年5月，他接到江宁区科学园发展公司的拆迁通知，要拆迁他位于江宁区东山镇杨村的美亭化工厂。但在拆迁安置补偿金额上，双方分歧很大。

拆迁方依据的是1996年江宁县政府制定的《城镇房屋拆迁管理暂行办法》，根据这一办法，需补偿杨春亭安置费用135万余元。而杨春庭委托南京华盛兴伟评估公司对自己被拆迁资产进行评估，并参照现行的《南京市城市房屋拆迁管理办法》测算，认为应补偿安置费用447万元。

2004年3月，南京美亭化工厂厂长杨春庭向南京市中级人民法院递交了一份行政起诉书，以"行政立法不作为"为由，状告南京市江宁区政府不按上位法规及时修改房屋拆迁管理办法，致使自己损失惨重。杨春庭因此成为全国第一个状告政府"行政立法不作为"的人。杨春庭认为，拆迁方依据的是7年前的老规定，制定这个规定的"上位法"早已废止，江宁区政府不根据新的"上位法"制定新规定，是一种"立法不作为"，由此导致公民拆迁受损，政府有责难推。江宁区政府在行政诉讼答辩状中说，江宁区政府制定的规范性文件是不可诉的，不属于法院行政诉讼的受案范围；江宁区人民政府制定的拆迁政策是依照国务院拆迁条例和江苏省拆迁条例制定的，拆迁政策的"立、改、废"要按法定程序进行。

江苏省南京市江宁区人民法院发出行政裁定书，驳回南京美亭化工厂对江宁区政府"立法不作为"的起诉。法院认为，原江宁县政府江宁政发[1996]64号文件是该政府针对不特定对象发布的能反复适用的行政规范性文件，它的制定、发布、废止以及重新制定、发布，都不属于具体行政行为，而属于抽象行政行为，依法不能对其提起诉讼。这样，全国首例起诉政府行政立法不作为案一审被驳回。行政立法侵权救济是我国行政法在实践和理论上需要研究和探讨的一个重要问题。



**拆迁合同的性质**

近年来，房屋拆迁引发矛盾已成为一个社会问题。按照国务院颁布的《城市房屋拆迁管理条例》，地方政府将某地块土地使用权出让给房地产开发商，一般来说就成了拆迁人，而拆迁人依程序提出拆迁申请，由房屋行政主管部门批准，再与被拆迁人达成协议。被拆迁人有对协议表示异议的权利，如有异议，可向当地房屋主管部门请求裁定，如被拆迁人不服裁定时，还可以向法院起诉。随着房屋拆迁引发的法律诉讼也越来越多，对拆迁合同法律性质的界定引发了争议，有人认为是民事合同，有人认为是行政合同。

对于拆迁合同的性质，行政法学界有些学者认为，拆迁合同是行政合同，涉及的是行政法律关系。因为它首先涉及的是被拆迁人和行政管理机关的关系。拆迁人在拆迁房屋之前，首先要对建设项目报批，有偿购买国有土地使用权，也就是向政府交付土地出让金。拆迁人只有在获得土地使用权之后，才能进行项目开发。房屋拆迁的程序是由法规、地方规章规定的，拆迁申请的内容需要政府审批，拆迁补偿的标准要由政府制定，争议的裁定由政府作出，实施作业由政府指定的单位负责，假如拆迁人不能和被拆迁人达成协议，后者不愿搬走的话，由于拆迁人并不具有行政机关的强制力，土地使用权也就变成废纸一张。所以，政府在出让土地以后，必须以其行政权保证拆迁得以顺利进行。对于拒不配合的被拆迁人由行政机关如公安局等采取强制措施，或者干脆由政府设立的公司或“拆迁办”完成。整个过程都以政府的行政强制力为后盾的。最为重要的是，拆迁是政府转让土地的直接后果，是行政行为所追求的后果。实际上不管被拆迁人愿意不愿意，最终被拆是肯定的。在拆迁过程中，拆迁人是作为行政机关的代理人身份出现的。拆迁协议离民法和合同法规定的平等、自愿、公平、等价有偿等基本原则相去甚远，应不属于民事合同，这个不平等的、以行政法规为依据的法律关系是行政法律关系，是行政合同。



也有学者提出，拆迁合同是公用征收合同。这里要区分公益性征收和赢利性征收。对公益性质的征收，即公用征收必须而且只能出于公共利益，这是它存在的唯一价值。例如安居工程、危房改造、教育设施、社会福利、基础建设等，应该认为它具有合法性及其强制力，行政机关可以并不一定需要征得每一个被拆迁人的同意，即授权拆迁人进行拆迁。这种法律关系仍然属于不平等主体之间的行政法律关系，是行政合同。但赢利性质的征收，比如用于商品房开发、企业用地等，行政主体则不能运用其行政权强制被拆迁人搬迁，而是应该由主管部门或拆迁人通过与被拆迁人的协商，达成协议。也就是说，应该属于平等主体之间的民事法律关系，属于民事合同。界定公益性质和赢利性质的主要方法，是看行政主体转让土地的主要目的是否是获得土地出让金，这样的判断只能由中立于行政主体和被拆迁人的裁判机关作出。

## 《行政许可法》的“信赖保护”原则

2003年8月27日，十届全国人大常委会第四次会议通过了《中华人民共和国行政许可法》，并于2004年7月1日正式实施。《行政许可法》的第8条规定了信赖保护原则，即公民、法人或者其他组织依法取得的行政许可受法律保护，行政机关不得擅自改变已经生效的行政许可。行政许可所依据的法律、法规、规章修改或者废止，或者准予行政许可所依据的客观情况发生重大变化的，为了公共利益的需要，行政机关可以依法变更或者撤回已经生效的行政许可。由此给公民、法人或者其他组织造成财产损失的，行政机关应当依法给予补偿。

如上海市A公司与国外B公司合资设立了C公司，性质为有限公司。1995年2月获某区外资委批准，期限为20年，主营出租运营，车型多为1 600CC以下小排量出租车，运营区域在该区。1997年8月，该区政府根据经济、环保等诸多因素，做出行政决定：自当年10月开始，禁止小排量出租车出入该区。2001年3月，C公司向区政府请求同意其继续在该区运营小排量的出租车，但未得到政府答复。区政府的不作为，使其不得不将40辆小排量的出租车低价出售到外市，由原价每辆车4万元降低到1万元出售，损失120万元。C公司向区人民法院提出行政诉讼，要求区政府给予行政赔偿。

根据《行政许可法》的有关规定，(1)对公民已获得的权利的改变有两个前提：行政许可所依据的法律、法规、规章修改或者废止，客观情况发生重大变化；为了公共利益的需要。否则，不得擅自改变已经依法生效的行政许可，即使是因为政策变化、工作失误或经验不足等原因。(2)给受到损失的当事人补偿。这是突破性的，对行政机关的影响是重大的。“补偿”不同于“赔偿”，是在行政相对人和行政机关都无过错的情况下，对行政相对人财产损失的一种补偿，不是一种行政救济。

## 行政奖励与行政指导

行政奖励与行政指导在理论和实践中有时很难区分。一是二者在方式上都表现为非强制性;二是二者经常结合使用。为了实现行政目的,行政主体在进行行政指导时,往往采取行政奖励等利益引导方式,承诺在相对方实施某种行为后给予一定的政策优惠或者物质支持。此外,行政主体在实施某些行政奖励前,也往往通过行政指导对相对人晓以利弊,使相对人在全面分析、衡量成本收益的基础上循着行政主体的意愿作出行为选择。二者尽管联系密切,但在本质上是两种行为,二者法律关系内容不同;引起法律关系产生的行为不同;不具有逻辑上的必然联系;可诉性不同。[①]在德国,类似于行政奖励和行政指导的是经济促进措施和经济指导措施,经济促进是通过提供条件或者承诺不增加负担来扩大相对人权利,而经济指导措施则是出于总体经济或者部门经济的协调而进行调节。但是,"经济指导措施和经济促进措施的相互交叉是可以想象的,因为指导性计划可能包含促进手段"。[②]

## 行政复议的性质

对行政复议制度性质的定位存在两种观点:一种是强调司法化,即行政复议应着眼于行政复议的权利救济功能,强化复议组织的独立性和程序的正式性;另一种是强调行政化,即行政复议应着眼于行政复议的行政内部监督功能,强调复议组织对行政首长的依附性和程序的简便高效。我国现行行政复议制度较为明确地采取行政化的立场,行政复议法第1条的规定,为了防止和纠正违法的或者不当的具体行政行为,保护公民、法人和其他组织的合法权益,保障和监督行政机关依法行使职权,根据宪法,制定本法。即我国的行政复议被界定为"行政机关内部自我纠正错误的一种监督制度",为此,行政复议法的设计上也就突出了"自我监督"的特点。



① 参见傅红伟:《行政奖励研究》,北京大学出版社2003年版,第69—74页。

② 参见罗尔夫·斯特博:《德国经济行政法》,苏颖霞、陈少康译,中国政法大学出版社1999年版,第239页。

行政复议机关能不能像法院一样成为一个独立的裁判机关？复议申请人除了向复议机关提交书面的复议申请之外能不能要求听证，得到一个充分发表意见的机会？复议机关的复议决定能不能独立做出？复议决定能不能拥有足够的制约政府行政行为的效力？中国社会科学院法学研究所冯军教授认为，提倡行政复议制度司法化，强调在行政复议中增强司法的特征，从权力分立的角度看，机构要尽量独立，复议程序要公正、简洁、迅速。浙江大学法学院朱新力教授则从一种“动态的、积极的纠纷观”入手，指出行政复议应逐步向司法化逼近。还有学者指出了现行行政复议管辖体制的缺陷，建议引入专门的行政复议委员会制度，重构管辖体制。华东政法学院朱芒教授则认为，探讨行政复议制度司法化，就要关注其可能的路径，从目前看，提倡程序上的司法化，或许比从提倡组织上的司法化更有意义，因此要对具体行政复议案件处理时的程序予以关注，例如是否采用“实质性证据”规则，是否引入了合议制审理的因素，等等。

以上学者认为：将行政复议制度定位为行政机关的内部监督制度的弊端，随着行政复议法实施几年来的实践，逐步表现得越来越明显，主要表现在：第一，由于行政复议机构缺乏应有的独立性，使行政复议的作用难以得到充分发挥。目前，我国各级政府的行政复议机构大多设在政府的法制机关（法制司或法制办）内，实际上是政府内部的一个办事机构，许多行政复议机构依然和信访、秘书、提案或督察科室合署办公，既不独立于政府，也没有制约政府的权力，行政复议经费、装备、交通工具得不到保障，这使得行政复议这种监督形式往往会演变成一种妥协和不监督。第二，行政复议法的规定过于简单，操作性不强，使复议工作在实践中面临各种问题无法得到解决。例如，对于行政复议的范围、合法性与合理性全面审查的标准、规范性文件的审查标准、证据规则等，行政复议法均规定得非常原则，实践中缺乏可操作性，影响了复议工作的开展。第三，由于行政复议机制失灵，导致诸如信访、申诉、街头抗争之类的非规范性争议解决机制急剧膨胀，使许多本应由行政复议制度解决的问题被后推至行政诉讼阶段，导致司法机关发生角色错位，承担了不应该由它承担的责任，并由此产生连锁反应，无法形成科学的争议解决体系。

但也有的学者认为，以上种种构想无疑有其合理性，比较法上也可以对此提供诸多的成功模式，如英国的裁判所，美国的行政规制委员会，日本的国税不服审判所，韩国的行政审判委员会，等等。另一方面，如果将行政复议放在行政法律纠纷解决的大背景下来看，则行政化较高可能并不是缺点而是优势，因其与行政机关首长之间的密切关系而可以利用独特的行政资源，其程序的简便灵活也有可以保证私人权利得到及时的救济，发挥司法化组织与程序所难以发挥的独特作用。①

## 案例及其评析

### 行政违法

**案例**：某县团结小学校长正在开学典礼仪式上讲话，本校学生肖某之母郭某因对学校收费不满，动手抢过话筒，企图阻止校长讲话。之后两人发生了争吵和拉扯，校长逃离了主席台，郭某紧追不舍，一直闹到乡政府，并与乡政府有关领导发生口角，招致围观群众越来越多。为维护乡政府的体面和威望，乡公安员，也是乡党委和政府成员的朱某便将郭某推出乡政府大院。郭某被推出后说"是人民把你们喂肥了"等话。朱某从乡政府大院追出给郭某上了手铐，从上午9点到下午5点，使其处在太阳的暴晒之下，也没有让郭某吃饭。后乡政府治安室以"扰乱教学秩序"和"辱骂他人"为理由报请某县公安局要求执行行政拘留，某县公安局在没有制作裁决书、没有调查取证的情况下，将郭某行政拘留5天。

**评析**：此案属于典型的行政违法行为。任何机关使用强制手段的法定条件是如果不采用这一手段，不足以防止当事人对社会秩序造成显著危害。此案中郭某只是言辞有些过激，强制的客观事实不存在。在条件不具备的条件下，治安员朱某对郭某实施行政强制措施以及县公安局的行政拘留是违法的。此外，

① 参见李洪雷：《改革我国行政复议制度应处理好四组关系》，载《法学研究》2004年第2期。

根据有关法律规定,戴手铐只能前铐和后铐,不能双手抱头反铐,更不能不让当事人吃饭。朱某对郭某的人身强制过程中没有履行任何法定程序,属于程序违法。

### 行政确认

**案例**:北京某房产开发公司依法取得了某小区用地、施工许可。但该公司在施工中擅自将楼层由16层加至18层,并取得了预售许可证。王、宋两位女士先后与该公司签订了预售合同,购买了两套18层楼房。房屋预售合同报送某国土资源和房屋管理局进行备案登记。此后,某规划管理局认定开发公司擅自加层部分属违法建设,作出罚款、保留使用的处罚决定。王、宋两位女士分别向法院提起行政诉讼,请求撤销国土房管局与开发公司的预售预购行为,并提起行政赔偿。法院经审理认为,国土房管局与开发公司的备案登记行为是对已生效的合同的确认,对合同的生效以及原告的权利义务不产生影响,不属于行政诉讼的受案范围,据此驳回起诉。

**评析**:此案是针对行政机关商品房预售登记备案行为提起行政诉讼,这里涉及预售登记备案行为的性质,即这一行为是属于行政许可行为,还是行政确认行为或其他?不同性质的认定将产生不同的后果,行政许可行为属于行政诉讼的受案范围,而行政确认不属于行政诉讼的受案范围。



### 行政处罚

**案例**:魏某和金某从外地进京打工,在一次送货返回途中,因骑三轮车违反交通法规而被处以罚款50元,但当时二人身上均未带钱,交警因他们在北京居无定所,又没有固定收入,为了处罚能得以执行,将他们的三轮车及魏某暂扣,让金某回去取钱。事后,二人不服,认为扣押三轮车和扣人都没有法律依据,于是向人民法院提起诉讼。

**评析**:本案属于当场处罚的情形,根据《行政处罚法》第47条的规定,对"不当场收缴事后难以执行的",执法人员可以当场收缴罚款。魏某、金某在北京居无定所，又无固定收入，属于第47条规定的情形，执法人员可以当场收缴罚款，以实现罚款决定的内容。在魏某、金某无钱交纳罚款时，执法人员通过扣押财物，以保证魏某、金某按时交纳罚款，是合法的。但扣押的财物应与罚款的数额大致相当。本案中，因交纳罚款问题而扣押金某是违法的。采取限制人身自由的强制措施，必须是该违法行为具有社会危害性，同时，行政机关必须有法律根据。此案引出一个“执行难”的问题。如何针对不同状况与特点，采取灵活多样的行政措施来实现所预期的行政状态，是我们面临解决的一个重要课题。

### 行政强制

**案例**：工人林某经城建局批准，在自己现住房东侧建新房3间。后林某又在新建房南7米处垒起院墙，造成邻居院内高某家排水不通，行走不便。城建局根据城市规划法的有关规定作出处理决定：大房超出部分给予保留，院墙限期拆除。到期后，城建局多次派人动员林某自动拆除遭到拒绝。于是，城建局派人将林某的院墙强行拆除，拆除中使大部分砖、木料造成损坏。事后，林某依法向人民法院提起行政诉讼。

**评析**：本案既涉及行政处罚，又涉及行政强制执行。行政强制执行与行政处罚都是因当事人不履行法定义务而引起的。我国行政强制执行的基本制度是以申请人民法院强制执行为原则，以行政机关强制执行为例外。本案中，城建局对林某违章建筑的行为作出的行政处罚决定是正确的，但应申请人民法院强制执行，城建局自行强制执行的做法是错误的。



### 行政指导

**案例**：陈先生打算到某经济开发区投资开办一个电子企业，前往开发区管委会办公室咨询有关政策时，某工作人员劝说陈先生放弃此打算，建议他投资开办机械加工企业，称该开发区鼓励发展机械加工企业且有许多优惠政策。然而在陈先生接受建议并开办机械加工企业后，不仅未能享受到优惠政策照顾，且因当地出台了许多限制机械加工企业发展的政策措施，导致其企业生产经营困难。当陈先生前往交涉时，该公务员却否认作过上述劝说和建议(当时只是口头交谈，陈先生没有获取该公务员代表开发区进行劝说和建议的书面意见)。

**评析：**行政指导的救济是行政法理论的一个难点问题。从理论上讲，行政指导是行政主体与相对方在自由平等的基础上，相对方对行政主体作出的行政指导自由选择的结果。但在现实中，由于各种因素的影响，行政主体与相对方实际处于一种事实上的不平等状态，由此导致行政指导给相对人造成事实上的侵权与损害。但行政指导无法像行政处罚、行政强制等行为那样提起行政诉讼。我国1999年11月24日由最高人民法院颁布通过的关于执行《中华人民共和国行政诉讼法》若干问题的解释第一条第四款明文规定了"不具有强制力的行政指导行为不属于人民法院行政诉讼的受案范围"，从而以法律的形式将行政指导排除在司法救济之外。根据"行政法治"、"权利保障"和"责任政府"的宪政精神，将行政指导纳入司法审查的受案范围将是今后行政诉讼法发展的必然趋势。

### 行政合同

**案例：**2006年，江某与乡人民政府签订了一个承包乡渔场的行政合同，期限为10年，依合同规定江每年向乡人民政府上交3 000斤鱼作为承包金。自承包以来，江每年都能按时上交3 000斤鲜鱼。2009年，乡人民政府提出要提高承包指标，要求修改原合同内容，遭到江的拒绝。之后，乡人民政府以江违反计划生育政策为由，终止了与江的合同，与任某签订了新的合同。江某对乡人民政府终止合同的行为不予接受，向县人民政府提起行政复议。县人民政府维持了乡人民政府作出的终止承包合同的行政决定。江某不服，向县人民法院提起行政诉讼。

**评析：**本案事实的认定有两个根本点：一是人民政府与江的渔场承包合同是否为有效合同。合同的有效与否关键看是否符合法定要件。本案乡人民政府与江的合同不存在违法问题。合同3年来的执行情况就可以证明此点。二是乡人民政府是否有权改变合同中的权利义务关系。乡人民政府是履行行政管理职能的机关，对江某有行政管理权，但不能因此改变与江的行政合同关系。乡人民政府把江违反计划生育政策与解除合同关系结合起来无法律依据。县人民法院审理认为：原告与乡人民政府的承包合同权利义务明确，双方互无欺诈，属有效合同，应受法律保护。乡人民政府擅自终止合同的行为是违法的。江违反计划生育政策的行为与其承包权无关。判决原合同属有效合同，应继续履行。

## 相关概念

行政法　行政法律关系　行政主体　行政行为　抽象行政行为　具体行政行为　羁束性行政行为　自由裁量行为　行政许可　行政强制　行政处罚　行政指导　行政合同　行政复议　行政诉讼　行政赔偿

## 思考题

1. 行政法的基本原则是什么?
2. 行政法的法律渊源有哪些?
3. 行政主体应具备哪些特征?
4. 行政行为的成立应具备哪些要件?
5. 行政处罚的种类及其原则有哪些?
6. 行政指导和行政合同的特点是什么？有何重要意义?
7. 行政复议及行政诉讼应遵循的特有原则是什么?
8. 根据《国家赔偿法》的有关规定，哪些情形国家不承担赔偿责任?



## 案例分析

2009年10月14日晚7点多，上海庞源建筑机械工程公司工作人员孙中界驾驶一辆金杯面包车送公司员工回宿舍，当由西向东行驶到闸航公路召泰路路口时，一名年轻男子挥手示意让他停车，孙遂将车停下。这名男子衣着单薄，自称等了很久，因天气冷恳求搭车。与此同时，男子拉开车门跳上车，坐在副驾驶的位子上。5分钟后，他驾驶的车辆被另一辆面包车逼停到路边，搭车男子往车内扔上10元钱。接着，城市交通管理行政执法部门人员前来执法，称孙从事非法运营，将孙和车辆带离现场。孙中界在调查处理通知书上签字。当晚，气恼的孙中界用菜刀自伤小指，被送往医院接受缝合手术。

10月20日，浦东新区城市管理行政执法局坚持认为：在浦东新区闸航路当场查获的孙中界涉嫌非法运营行为，事实清楚，证据确凿，适用法律正确，取证手段并无不当，不存在所谓的钓鱼执法问题，孙中界当天晚上搭载的是普通市民，并非钓鱼，但身份不便公开。在整个过程中，执法人员是“按章办事、没有违规”。如果当事人对处罚不服，可以走司法程序或申请行政复议。之后，上海市宝山区人民法院开庭审理了另一起类似诉讼。当事人江涛有着和孙中界所称相似的经历：今年6月21日，他因“顺路搭载”一男一女两名乘客，被宝山区城市交通行政执法大队“当场抓获”；事后处以行政罚款2万元。

据了解钓鱼是行业内“公开的秘密”。黑车很难抓，就找个鱼钩来钓你上钩。更有传言称，钓钩与执法大队关系密切，形成双赢利益链。每钓到一位私家车司机，便可获得200至300元人民币。

10月20日晚，浦东新区又组建了由人大代表、政协委员、媒体记者组成的新的“联合调查组”，展开了新一轮调查。调查取得的事实是：10月14日那天原南汇区交通行政执法大队一中队的一名队员通过社会人员将当天执法的时间和地点告诉了“乘客”陈雄杰，当晚8时许，陈雄杰搭乘孙中界驾驶的一辆牌号为浙ADS-595的金杯牌面包车驶入闸航路188号附近，随即被城市管理行政执法部门截住并扣车，同时执法人员为陈雄杰制作了笔录作为从事“非法运营”的证据。

10月26日，上海市政府召开常务会议，上海市浦东新区区长姜樑通报了浦东新区关于“孙中界事件”的处理意见。已查明，原南汇区交通行政执法大队在此事件执法过程中使用了不正当取证手段，浦东新区人民政府责成有关部门依法终结对该案的执法程序，并对当事人孙中界做好善后工作。由于浦东新区城市管理行政执法局此前的调查简单草率，10月20日公布的结论与事实不符，误导了公众和舆论，为此，浦东新区人民政府向社会公众作出公开道歉，并启动相应的问责程序，对直接责任人追究相应责任。上海市政府强调，必须坚持依法行政、文明执法，依法维护正常的交通运营秩序，依法维护经营者、消费者的合法权益。对于采用非正常执法取证手段的行为，一经查实，将严肃查处。

由于浦东新区负责"10·14"事件处理的副区长陆月星、浦东新区城市管理行政执法局主要领导吴福康没有对该事件的事实真相深入核查，轻信了基层执法大队对该事件的情况报告，并同意根据这一报告撰写新闻统发稿向媒体发布，以致公布的调查结论与事实真相不符，误导了社会公众，损害了政府形象。依照《行政机关公务员处分条例》，经上海市监察局局长办公会议讨论，并经上海市人民政府批准，上海市监察局决定给予陆月星、吴福康行政警告处分。

问：1. "孙中界事件"暴露的主要问题有哪些？

2. 钓鱼执法有何危害？

3. 孙中界用菜刀自伤小指是否合适？你认为应当采取何种适当方法和途径？

# 第四章
# 民　　法

**在本章中，你将——**

◆ 理解民法的概念、调整对象和原则

◆ 知晓民事法律关系的主体、内容和客体

◆ 了解民事行为和代理

◆ 掌握物权、债权和人身权的基本知识

◆ 明确侵权责任的基本内容和种类

◆ 懂得诉讼时效的基本规定

## 第一节　民法概述

### 一、民法的概念和调整对象

民法是调整平等主体的财产关系和人身关系的法律规范的总称。狭义的民法，主要是指《民法通则》、《物权法》、《侵权责任法》等法律。

民法的调整对象是平等主体之间的财产关系和人身关系。财产关系，是指以财产为客体，人们在社会财富的占有、使用、分配、交换和消费等过程中形成的、具有经济内容的社会关系。其中占有、使用等主要体现了具有物权内容的静态财产关系，而分配、交换和消费等主要体现了具有债权内容的动态财产关系。人身关系，是指与特定的人身不可分离，且不直接具有财产内容的社会关系。人身关系包括人格关系和身份关系。

## 二、民法的基本原则

民法的基本原则，是指贯穿于民事法律制度之中的根本规则，是制定、实施和解释民事法律关系的指导思想和基本准则。我国民法的基本原则有以下几项：

### （一）平等原则

平等原则，是指当事人在民事法律关系中的地位平等。其基本含义是：当事人在民事活动中民事权利能力一律平等；在享受民事权利承担民事义务过程中的地位平等；在适用法律上一律平等。平等原则是公民在法律面前一律平等原则在民法中的体现，是民法最基本的核心原则。

### （二）公平原则

公平原则，是指当事人在民事关系中享受的权利和承担的义务基本相当。其目的是兼顾民事关系中各方当事人的利益，预防各种明显不公现象。它是典型法律化的民事道德行为准则。



### （三）自愿原则

自愿原则，是指参加民事活动的当事人在法律许可的范围内，有权按照自己的真实意思自主地设立、变更和终止民事法律关系，不受他人非法干涉。意思自治原则（即当事人有权自由、独立和主宰地从事民事活动，任何机关、组织或个人都不得非法干涉）具有类似的含义。

### （四）等价有偿原则

等价有偿原则，是指当事人在进行与财产有关的民事活动中，除法律和合同另有规定外，应遵循等价交换的要求，不得无偿占有他人的财产。它要求当事人尊重对方当事人的权利和利益，双方在民事交换中权利与义务应相当。

### （五）诚实信用原则

诚实信用原则，是指当事人在民事活动中须诚信为本、恪守诺言；不欺诈、不损人利己，严格履行法定和约定义务。由于它体现了市场经济的内在要求和社会道德基本理念，因而不仅具有民事活动行为准则功能，而且具有弥补法律漏洞的作用，因而被称为帝王条款。

### （六）保护合法民事权利原则

保护合法民事权利原则，是指自然人、法人和其他组织的合法民事权益受法律保护，任何国家机关、组织和个人都不得侵犯。它与宪法保护私有财产原则一致，与“私权神圣”原则类似，但表述更严谨。它一方面规定了任何当事人都不得侵犯他人的合法民事权益，另一方面赋予了合法权益受到损害的当事人有请求国家保护的权利。

### （七）公序良俗原则

公序良俗原则，即指当事人在民事活动中应当尊重社会公德和善良风俗，维护社会公共利益和秩序。此原则与禁止权利滥用原则近似。禁止权利滥用原则侧重禁止性规定，即一切民事权利的行使，不得超过其正当界限，不得侵犯他人或社会的利益，否则构成权利滥用，应当承担侵权责任。而公序良俗原则侧重义务性规定，即当事人在民事活动中，应当遵守公共秩序，遵守善良风俗和社会公德，维护社会公共利益，重在弥补禁止性规定的不足。



# 第二节 民事法律关系

## 一、民事法律关系的概念和要素

民事法律关系，是指符合民事法律规范的，当事人之间形成的以民事权利和民事义务为内容的社会关系。民事法律关系特征:(1)它是民事法律规范调整平等主体之间人身关系和财产关系所形成的社会关系;(2)它是基于法律事实而形成的社会关系;(3)它是以民事权利和承担民事义务为内容的社会关系。民事法律关系包括主体、内容和客体三个要素。

民事法律关系的主体,是指在民事法律关系中享有民事权利和承担民事义务的当事人。自然人和法人是最主要的民事主体。其中享有权利的一方称为权利主体,承担义务的一方称为义务主体。在大多数民事法律关系中,双方当事人往往既是权利主体又是义务主体。但在某些民事法律关系中,可以一方当事人只享有权利,而另一方当事人只承担义务。

民事法律关系的内容,是指民事主体所享有的民事权利和承担的民事义务。民事权利,是指民事主体依法享有的某种利益或者作出或不作出一定行为以实现某种利益的可能性。它表现为民事主体可以直接作出或不作出某种行为,或要求相应的义务人作出或不作出某种行为;当民事权利受到侵害时,当事人有权请求有关部门给以救济。民事义务,是指由民事法律规范规定或当事人约定,义务人为满足权利人利益而必须作出或不作出一定行为的约束性。它表现为民事主体为满足他人利益需要而作为或不作为的行为;民事义务要求义务人必须履行,否则将承担相应的法律责任。

民事法律关系的客体,是指民事主体的民事权利和民事义务所指向的对象。它包括物、行为、智力成果和人身利益等。



民事法律关系的三个要素相互联系,缺一不可。民事法律关系主体是民事权利的享受者和民事义务的承担者;民事法律关系的内容直接体现了主体所享受的民事权利和所承担的民事义务;而民事法律关系的客体则是民事主体权利义务所指向的对象。

## 二、民事法律事实

民事法律事实,是指能够引起民事法律关系发生、变更和消灭的事实或客观现象。它分为自然事实和人的行为。自然事实，是指非人的意志行为所构成的事实。它又分为事件和状态。事件，是指与人的意志无关的某种偶发性客观情况，如死亡。状态，是指某种持续性客观情况，如宣告死亡中的下落不明。人的行为，是指人的有意识的活动，包括民事行为和事实行为。前者是指行为人以确立、变更和消灭民事权利义务关系为目的的行为，如订立合同行为。事实行为，是指行为人行为时在主观上并没有设立、变更、消灭民事法律关系的目的，但因法律规定而引起了一定法律后果的民事行为，如侵权行为。

需要两个或两个以上的民事法律事实结合，才能引起某种民事法律关系发生、变更和消灭的，称为民事法律事实构成。如遗嘱继承开始发生需要有效遗嘱、被继承人死亡和继承人接受继承三个民事法律事实共同构成。

## 第三节 民事法律关系的主体

民事法律关系主体包括自然人、法人和其他社会组织。

### 一、自然人

#### （一）自然人的概念

自然人，是指活着有生命的人。民事法律关系的自然人可分为一般自然人（包括我国公民、外国人以及无国籍的人）、个体工商户、农村承包经营户和个人合伙。作为民事法律关系主体的自然人，一般都应当具有民事权利能力和民事行为能力。

#### （二）公民的权利能力

公民的权利能力，是指法律赋予自然人享有民事权利、承担民事义务的资格。它是自然人从事民事活动的前提条件。《民法通则》规定:“公民从出生时起到死亡时止,具有民事权利能力,依法享有民事权利,承担民事义务。”包括我国在内的现代民法都调整在本国的一切自然人。因此,自然人的权利能力始于出生,终于死亡。自然人的民事权利能力一律平等,且与自然人的人身不可分离,即具有平等性和不可让与性。

出生,是指胎儿与其母体脱离而成为独立生命的事实。未出生的胎儿在一定情况下(如继承财产)也享有一定的民事权利能力。死亡包括自然死亡和法律拟制死亡。自然死亡,又称生理死亡,是指因某种自然原因而生命终止。法律拟制死亡,又称宣告死亡,是指法院判决推定下落不明的人死亡的一种制度。法律拟制死亡的法律效力与自然死亡相同。

宣告公民死亡必须具备的实质条件:(1)失踪事实。即失踪人离开住所或居所下落不明;(2)失踪已达法定期间。失踪人下落不明满4年,或因为意外事故下落不明,从事故发生之日起满2年的为法定期间。必须具备的程序条件:(1)利害关系人申请;(2)人民法院受理和宣告。

宣告死亡的判决生效后,具有与自然人死亡相同的法律效力,被宣告死亡的公民与他人之间的各种民事法律关系归于消灭。但是,宣告死亡只是一种法律推定。当被宣告死亡的人重新出现或者有人确知其没有死亡时,经本人或利害关系人申请,人民法院应当撤销对他的死亡宣告。



### (三)公民的民事行为能力

公民的民事行为能力,是指法律确定自然人以自己的独立行为取得和行使民事权利、设定和承担民事义务的资格。自然人的民事行为能力以正确识别判断行为后果和理智处理事务的能力为基础,以年龄和智力状况为条件,分为完全民事行为能力、限制民事行为能力和无民事行为能力三种。

#### 1. 完全民事行为能力

完全民事行为能力,是指能够通过自己完全独立的行为取得民事权利和承担民事义务的资格。我国18周岁以上的公民,以及16周岁以上不满18周岁以自己的劳动收入为主要生活来源的公民,为完全民事行为能力的人。

2. 限制民事行为能力

限制民事行为能力，是指能实施法律限定民事行为的资格。10 周岁以上的未成年人、不能完全辨认自己行为的精神病人是限制民事行为能力的人。限制民事行为能力人所享有民事权利和承担民事义务的资格条件是：可以进行与其年龄、智力和精神健康状况相适应的民事活动。但其他民事活动则应当由其法定代理人代理，或者征得其法定代理人的同意。

3. 无民事行为能力

无民事行为能力，是指不具有以自己的行为独立参与民事活动，进而取得民事权利和承担民事义务的资格。不满 10 周岁的未成年人和不能辨认自己行为的精神病人是无民事行为能力人，其民事行为由其法定代理人代理。但是，无行为能力自然人的纯获利益和不负义务的民事行为仍然有效。

**（四）监护**

监护，是指对无民事行为能力人和限制民事行为能力人的人身、财产及其他合法权益进行监督和保护的一项民事法律制度。负有监督保护职责的特定公民和法人为监护人；被监督保护的无民事行为能力人或限制民事行为能力人为被监护人。父母是未成年子女的当然监护人。未成年人的父母已经死亡或失去了监护能力的，按顺序由下列人员担任监护人：(1)祖父母、外祖父母；(2)兄、姐；(3)关系密切的其他亲属、朋友愿意，并经未成年人的父母所在单位或者未成年人住所地的居民委员会、村民委员会同意。精神病人的监护人按顺序由下列人员担任：(1)配偶；(2)父母；(3)成年子女；(4)其他近亲属；(5)与精神病人关系密切的其他亲属和朋友愿意，并经精神病人所在单位或住所地的居民委员会、村民委员会同意。如果未成年人或精神病人没有以上监护人时，均由单位监护，即由其所在单位或者住所地的居民委员会、村民委员会或者民政部门担任监护人。

监护人的职责是保护被监护人的人身、财产及其他合法权益，照顾被监护人的日常生活，关心和教育被监护人，管理被监护人的财产，代理被监护人进行民事活动及其诉讼活动。监护人依法行使监护权受法律保护。但监护人如不履行监护职责或者在监护过程中侵害被监护人的合法权益的，则应当承担责任；给被监护人造成财产损失的，应赔偿损失；被监护人的利益关系人或有关单位还可以向法院提出申请，撤销监护人资格。

**（五）个体工商户、农村承包经营户**

个体工商户，是指在法律允许的范围内，依法经核准登记，从事工商业经营的公民。个体工商户是自然人的一种特殊形式，其特征：取得营业执照；可以以独立的商号从事经营活动。

农村承包经营户，是指在法律允许的范围内，按照承包合同从事商品经营的农村集体经济组织的成员。其特点是以家庭名义进行土地承包经营为主；无需经核准登记。

**（六）个人合伙**

个人合伙，是指两个以上的自然人按照协议，各自提供资金、实物、技术等，共同经营，共同劳动。其特征是：有两个以上的自然人；有书面合伙合同；共同出资；共同经营和共同劳动；共享收益和共担风险；对外承担无限责任。

## 二、法人



法人，是指具有民事权利能力和民事行为能力，依法独立享有民事权利和承担民事义务的社会组织。法人应当同时具备的条件：(1)依法成立；(2)有必要的财产或者经费；(3)有自己的名称、组织机构和场所；(4)能够以自己的名义参加民事活动、独立承担民事责任。

法人分为企业法人与非企业法人。企业法人，是指从事生产经营活动，以营利为目的的法人。非企业法人，是指机关法人、事业单位法人和社会团体法人。机关法人，是指依法享有国家权力、行使职权并享有一定的民事权利能力和民事行为能力的国家机关。事业单位法人，是指以社会公益事业为目的，从事社会公益事业活动的非营利性的社会组织。社会团体法人，是指由自然人或法人自发组成的，为实现会员共同意愿，从事社会公益、文学艺术，学术研究和宗教等活动的非营利性的社会组织。

法人的权利能力，是指法人独立以自己的名义从事民事活动，取得民事权利、承担民事义务的资格。法人民事权利的内容由法人成立的宗旨、章程和业务范围决定，并受其限制。法人的行为能力，是指法人以自己的行为进行民事活动，取得民事权利、承担民事义务的资格。法人的行为能力需要通过法人机关或代理人实现。法人的权利能力和行为能力具有一致性，法人行为能力的范围受法人权利能力的制约。法人的民事权利能力和民事行为能力始于成立，终于消灭。

法人机关，是指根据法律、法规和章程的规定，能直接以法人的名义对外代表法人进行民事活动的集体或个人。法人机关在其权限范围内的意思表示和行为，均视为法人表意和行为，其后果均由法人承担。

## 案例选读

### 限制民事行为能力

一日，李某带着邻居王某（11 岁）和韩某（10 岁）上街玩，路过一彩票销售点，李某拿出 10 元购买了 5 张即开型彩票，其中一张中了末等奖 2 元。李某叫王某和韩某也去买，但两人均没有钱。于是李某把刚得到的 2 元奖金给了王某，又掏出 2 元给了韩某，并告知两人不用还了。结果王某买的那张彩票中了 5 万元奖金。此时，李某认为钱是自己出的，王某是小孩，只是借小孩的手气而已。于是将 5 万元奖金领走，同时奖励了王某 1 000 元。王某的父母得知此事后很生气，多次向好友李某索要 5 万元奖金，但均未果。于是以王某名义向法院起诉，法院认为李某给王某 2 元的赠与行为有效，限制行为的人可以购买 2 元彩票，判令李某归还王某 4.9 万元奖金款。

## 案例及其评析

**法人行为**

甲公司经理张某长期在乙饭店签单招待客户，餐费由公司按月结清。后张某因故辞职，月底乙饭店前去结账时，甲公司认为，张某当月几次用餐都是招待私人朋友，因此拒绝支付张某所签的餐费。

**评析：**张某是甲公司的经理，有权以甲公司的名义代表甲公司从事民事活动。张某在乙饭店签单招待客户的行为属甲公司的民事活动范围，乙饭店没有辨别张某招待的是甲公司的客户还是张某私人朋友的义务。因此，对张某签单行为，应当由甲公司承担相应的民事责任。

# 第四节　民事行为和代理

## 一、民事行为



### （一）民事行为的概念、形式及生效条件

民事行为，是指民事主体实施的以设立、变更或终止民事权利和义务为目的的行为。其特征：(1)以发生民事法律后果为目的；(2)以意思表示为构成要素。

民事行为形式主要有口头、书面或者其他形式。口头形式，如当面或电话交谈等，具有便捷易行特点，但发生纠纷时难以取证。书面形式包括合同书、信件、电报、电传、传真、电子数据交换、电子邮件等形式。其他形式主要是指推定和默示，但只有在法律有特别规定或当事人有事先约定时，才能采用默示形式。

民事行为的生效条件:(1)行为人具有相应的民事行为能力。无民事行为能力人的民事法律行为必须由其法定代理人代理;限制民事行为能力人可以从事与其年龄和智力相适应的民事法律行为,其他的民事法律行为应由其法定代理人代理或征得其同意;法人应该在法律规定的范围内或在核准登记的范围内进行民事活动。(2)意思表示真实。即要求行为人的意思表示真实,是行为人自愿作出的,而不是受他人威胁、欺诈或在重大误解情况下作出的。(3)不得违反法律或社会公共利益。此外,法律规定或当事人约定须采用特定形式的,应当符合法律规定或约定的形式。

### (二) 无效的民事行为

无效的民事行为,是指不具有民事行为有效要件,因而不能发生法律效力的民事行为。包括:(1)行为人不具有民事行为能力。除从事纯获利益和微小民事行为外,无民事行为能力人未经其法定代理人同意而实施的民事行为无效;限制民事行为能力人未经其法定代理人同意,独立实施与其年龄、智力状况不相适应的民事行为无效。(2)一方当事人以欺诈、胁迫的手段所为的,且损害国家利益的民事行为。(3)恶意串通,损害国家、集体或者第三人利益的民事行为。(4)以合法形式掩盖非法目的的民事行为。(5)违反法律强制性规定的民事行为。(6)损害社会公共利益的民事行为。

无效的民事行为从行为开始时就没有法律约束力。其法律后果:(1)返还财产。当事人因该行为取得的财产,应当返还给对方;双方取得,双方返还。原物不能返还或损坏,应作价偿还或补偿。(2)赔偿损失。有过错一方当事人因该行为造成对方当事人损失的,应当进行赔偿。双方都有过错的,各自承担相应的赔偿责任。(3)收归国家、集体所有或返还第三人。双方恶意串通,实施损害国家、集体或者第三人利益的民事行为,应追缴双方取得或约定取得的财产,收归国家、集体所有或返还第三人。

### (三) 可变更、可撤销的民事行为

可变更、可撤销的民事行为,是指因意思表示有缺陷,法律赋予当事人可以请求法院或仲裁机构变更或撤销的民事行为。包括:(1)重大误解的民

事行为。是指民事主体的意思表示在行为性质、内容、对方当事人、标的物品种、规格、数量等重要事项存在认识上重大误解，致使行为的后果与其真实意思相悖、且造成较大损失的民事行为。(2)显失公平的民事行为。是指有偿民事行为中一方当事人利用优势地位或对方当事人没有经验而实施的明显有利一方而不利于另一方当事人的民事行为。(3)欺诈、胁迫的民事行为。欺诈，是指一方当事人表意时故意提供虚假信息或恶意隐瞒重要信息，致使对方当事人在不知情的情况下作出的民事行为。胁迫，是指行为人以某种危险可能发生相威胁，迫使另一方当事人产生心理恐惧而为的民事行为。(4)乘人之危的民事行为。是指一方当事人利用对方急迫需要或危难处境，迫使对方当事人违背本意地作出对其不利的民事行为。

变更权和撤销权是权利人单方意思表示变更或撤销原民事行为的民事权利。变更权或撤销权的行使，应当通过向人民法院或仲裁机关提出申请，且撤销权人申请应当自知道或应当知道撤销事由之日起 1 年内行使撤销权。可变更、可撤销的民事行为在未经撤销前是有效的。人民法院或仲裁机关根据一方当事人提出撤销请求，裁判撤销民事行为，则该民事行为自始无效。其法律后果与无效民事行为法律后果相同，即(1)返还财产；(2)赔偿损失。



## 二、代理

### (一) 代理的概念和特征

代理，是指代理人在代理权限内，以被代理人的名义同第三人实施的民事法律行为，而法律后果由被代理人直接承受的一种法律制度。代理关系至少涉及三方当事人，即被代理人(又称本人)、代理人和相对人。其中，被代理人与代理人之间是一种内部的代理关系；代理人与相对人之间是一种外部的表意行为关系；被代理人与相对人之间是一种外部的法律后果归属关系。这三种关系中，被代理人与相对人之间的关系，即法律后果归属关系是代理关系的核心。

代理的法律特征:(1)代理人必须以被代理人的名义实施民事法律行为。(2)代理人应该在代理权限内独立作出意思表示。(3)代理行为必须具有法律意义。(4)代理行为的法律后果直接由被代理人承受。

（二）代理的种类

我国《民法通则》规定了委托代理、法定代理和指定代理三种类型。

1. 委托代理

委托代理,是通过被代理人的委托授权而发生的代理。委托代理是代理制度中最重要、适用最广泛的一种。委托代理的基础是委托授权行为,可以采用书面形式或口头形式,法律规定用书面形式的,应当用书面形式。委托代理权的授权委托书应当载明:代理人的姓名或名称、代理事项、代理权限和代理期限,并由委托人签名(盖章)。授权行为是单方行为,即仅被代理人一方的意思表示就能发生授权的效力。委托代理书授权不明的,被代理人应当向相对人承担民事责任,代理人承担连带责任。

2. 法定代理

法定代理,是具有一定身份关系的人之间因法律直接规定而发生的代理。无民事行为能力人或限制民事行为能力人的监护人,是法定代理人。其特点是:(1)法律直接规定代理权;(2)代理权限范围广泛。

3. 指定代理

指定代理,是因人民法院等有权机关的指定而发生的代理。主要适用于诉讼当事人既无委托代理人、又无法定代理人,或者对无民事行为能力人、限制民事行为能力人的监护人有争议时,需由人民法院或其他主管机关指定代理人的情形。

（三）代理权的行使与滥用

1. 代理权的行使

代理权,是代理人能够以被代理人的名义独立地为一定代理活动,并由被代理人承担后果的资格。代理人行使代理权,必须是为了被代理人利益的目的，在代理权限内合理、亲自、妥当地行使代理行为，并尽到与代理目的和职责相符合的谨慎、勤勉义务。除非经被代理人同意或有不得已的事由发生，代理人不得将代理事务转委托他人处理。

2. 代理权的滥用

代理权的滥用，是指代理人在行使代理权时，违背代理宗旨而实施损害被代理人利益的行为。主要包括：(1)对己代理。即代理人在代理权限内代理被代理人与自己实施代理行为。除被代理人纯获利益或者交易习惯允许之外，禁止对己代理。(2)双方代理。即代理人同时代理双方当事人实施同一代理行为。(3)代理人与第三人恶意串通、损害被代理人利益的代理。属无效民事行为，由代理人和第三人承担连带责任。此外，代理人知道委托代理的事项违法仍然进行代理活动，或者被代理人知道代理人的代理行为违法不表示反对，造成他人损失的，代理人和被代理人应当承担民事责任。

**（四）无权代理**

无权代理，是指行为人没有代理权而以他人的名义为代理行为，包括没有获得代理权、超越代理权和代理权终止后的代理行为。其特征是具有代理行为的表面特征，但代理权欠缺。除被代理人有责任的表见代理外，无权代理行为不能产生代理法律效力。但被代理人事后追认行为可使无权代理行为生效，因而无权代理行为是一种效力待定的民事行为。被代理人不予追认的，由行为人自行承担责任。



表见代理，是指无代理权人以被代理人的名义实施的代理行为，但有足以使相对人相信其有代理权的事实和理由，因而法律规定由被代理人承受此无权代理行为法律后果的一项制度。表见代理本质上仍属无权代理，但表见代理客观上存在着足以使相对人相信行为人有代理权的理由，且相对人善意地依此信赖行事，无疏忽过失，这是表见代理与无权代理的根本区别，体现了法律对相对人信赖利益的保护和对交易安全的维护。若表见代理成立，则被代理人须承担此代理行为所产生的法律效果。被代理人由此而遭受的损失，可追究行为人的责任。

## 案例选读

**代理权的滥用**

黄某和张某是同住一宿舍的同事。黄某因工作需要到外地工作1年，临行前将一彩电交张某保管和使用。3个月之后，黄某告诉张某可以将此彩电以适当的价格卖掉。同事梁某得知消息后，对张某说："你可以写信告诉黄某，说彩电显像管出了毛病，图像不清，要求黄某降价出卖。"张某考虑到与梁某的关系不错，就按梁某的要求写信给了黄某。黄某回信告诉张某，"如果显像管真的坏了，可以降价卖掉。"于是，张某就以500元的价格将彩电卖给了梁某。后来梁某又将彩电卖给了他人，获利1 000元。此案中，张某与梁某属代理人与第三人恶意串通的民事行为，构成滥用代理权。黄某有权要求张某和梁某承担连带赔偿民事责任。

**表见代理**

甲公司经常派业务员张某与丙公司订立合同。张某调离后，又持盖有甲公司公章的合同与并不知其已调离的丙公司订立一份合同，并按照通常做法提走货款，后逃逸。对此，甲公司并不知情。后丙公司要求甲公司履行合同，甲公司认为张某已经调离，该合同与己无关，予以拒绝。此案中，张某的行为属表见代理，甲公司应当承担张某签约后果，履行合同。



# 第五节 物 权

## 一、物权的概念和种类

物权，是指权利人依法对特定的物享有直接支配和排他的权利，包括所有权、用益物权和担保物权。物权的效力有:(1)排他效力。即同一标的物上不能有两个以上同一性质的物权。(2)优先效力。主要指物权优先于债权的效力,也指成立在先的物权优先于成立在后的物权。(3)追及效力。物权的标的物不管辗转流入何人之手,除法律另有规定之外,物权人均可追及,主张权利。(4)妨害排除权利。

物权的种类和内容,有法律规定。

**(一)根据权利人与物的关系及支配范围可分为自物权与他物权**

自物权,即所有权,是指权利人依法对自己的物享有的占有、使用、收益和处分的权利。他物权,即限定物权,是指所有权以外的其他物权,即权利人依照法律或合同约定对他人的物享有的有限支配的物权。所有权是完全物权,他物权是限定物权。

**(二)根据权利人对他物权的支配目的、功能和内容可分为用益物权与担保物权**

用益物权,是指以使用、收益为目的,在一定范围内依法对他人的物享有占有、使用和收益的权利。担保物权,是指以担保债的履行为目的,对债务人或第三人提供的担保物享有的交换价值的权利。用益物权具有独立性,担保物权具有从属性。

**(三)根据物权的客体可分为动产物权、不动产物权和权利物权**

动产物权,是指以动产作为客体的物权。不动产物权,是指以土地、房屋等不动产作为客体的物权。权利物权,是指以抵押权、质权等权利作为客体的物权。不动产物权以登记为公示方法;动产物权以占有为公示方法;权利物权以登记为公示方法。

**(四)根据物权的独立性标准可分为主物权与从物权**

主物权,是指独立存在的物权,如所有权。从物权,是指必须依附其他权利而存在的物权,如抵押权。主物权无需依附其他权利而存在;从物权则与其所属的权利共命运。

## 二、物权的变动

### （一）物权的变动形态

从物权主体视角而言，物权的变动，是指物权的取得、变更和消灭。

1. 物权的取得

也称物权的发生。可分为原始取得和继承取得两类。原始取得，是指不以他人既存的权利为前提而取得物权，如生产、先占、没收等。继受取得，是指基于他人既存的权利而取得物权。它又可分为创设与移转两种方式，前者如设定抵押权，后者如依物权原状通过买卖、赠与、继承等取得他人的物权。

2. 物权的变更

狭义的物权的变更，是指物权客体和内容的变更。广义的物权的变更，包括主体的变更，即原权利人丧失了物权而新权利人取得了物权。

3. 物权的消灭

物权的消灭，一般是指绝对消灭或绝对丧失，即物权本身不再存在，如标的物灭失。物权的相对丧失，是指物本身灭失，而由新的物权人继受。

### （二）物权变动的公示原则

物权变动公示原则，是指物权的变动必须依法采取能为公众知晓的外部表现形式。不动产物权的设立、变更、转让和消灭，应当依照法律规定登记；动产物权的设立和转让，应当依照法律规定交付。

物权变动公示后，依法产生公信力，即当事人如果信赖公示方式而进行交易，既使登记与交付所表现的物权状态与真实的物权状态不相符合，也不能影响物权变动的效力。

## 三、物权的保护

广义物权的保护，是指国家通过民事、行政和刑事法律制度保护物权人的物权。狭义的物权保护主要是指以下六种方式。

(1) 确认物权。当物权归属不明或存在物权争议时,当事人可以请求确认物权。

(2) 返还原物。当所有人或合法占有人财产被他人不法占有时,可以请求无权占有人返还原物。

(3) 排除妨碍。当他人的行为以侵占之外的方式妨碍物权人行使物权时,物权人可以请求行为人排除妨碍。

(4) 消除危险。当他人的行为可能危及物权人行使物权时,物权人可以请求行为人消除危险。

(5) 恢复原状。当物权标的物因他人侵权而损坏时,如能修复,物权人可以请求侵权行为人予以修理以恢复原状;如修复后此物价值降低,权利人还可请求赔偿损失。

(6) 赔偿损失。当他人侵害物权的行为造成物权人损失时,物权人可以请求侵害人赔偿损失。

## 四、所有权

### (一) 所有权概念及权能



所有权,是指权利人对自己的不动产和动产,依法享有的占有、使用、收益和处分的权利。在所有权的法律关系中,权利人是所有权人,义务人是除所有权人以外的任何人。所有权是对物全面的支配权,它具有占有、使用、收益和处分等项积极权能和通过行使请求权排除他人不正当干涉的消极权能。

占有,是指占有人对不动产和动产的实际控制。占有是使用和收益的前提,它包括有权占有和无权占有。无权占有分为善意占有和恶意占有。

使用,是指按照物的性质和用途加以利用,以满足权利人需要的行为。

收益,是指收取原物所产生的新增价值或利益,即自然孳息和法定孳息。

处分，是指对物进行处置，决定物的命运的权能。分为事实上处分和法律上处分。事实上处分，是指对物进行消耗、毁损而使所有权归于消灭的行为。法律上处分，是指变更或转移所有权，或者设定他物权的行为。处分权是所有权的一项核心内容。

### （二）所有权种类

根据主体不同，所有权可分为国家所有权、集体所有权和私人所有权三种。

#### 1. 国家所有权

是指国家对全民所有的财产享有占有、使用、收益和处分的权利。其本质是全民所有制在法律上的表现。其特征：(1)国家所有权的权利主体具有唯一性。国家是全民财产的唯一所有人。(2)权利行使的特殊性。国有财产由国务院代表国家行使所有权。履行国有财产管理、监督职责的机构和工作人员，应当依法加强对国有财产的管理、监督，促进国有财产保值增值，防止国有财产流失。(3)其客体具有广泛性、无限性和专有性，包括矿藏、水流、海域和城市土地在内的财产都可以成为国家所有权的客体。

#### 2. 集体所有权

是指劳动群众集体组织依法对其财产享有占有、使用、收益和处分的权利。其特征：(1)其主体具有广泛性和多元性。劳动群众集体组织的财产属于劳动群众集体所有。城镇集体所有的不动产和动产，属于劳动群众集体所有；农村集体所有的不动产和动产，属于本集体成员集体所有。(2)权利行使规则的特殊性。如土地承包方案以及将土地发包给本集体以外的单位或者个人承包等，应当依照法定程序经本集体成员决定；而属于村农民集体所有的土地和森林、山岭、草原、荒地、滩涂等，由村集体经济组织或者村民委员会代表集体行使所有权。(3)其客体具有限定性。国家专有财产不能成为劳动群众集体组织所有权的客体。

#### 3. 私人所有权

是指私人对其合法的收入、房屋、生活用品、生产工具、原材料等不动产和动产依法享有占有、使用、收益和处分的权利。其主体包括公民、个体工商户、农村承包经营户、外国人、无国籍人、个人独资企业等。国家保护私人财产权、继承权和其他合法权利。

## 五、动产和不动产权及其相邻关系

### （一）动产和不动产权

动产，是指能够移动且移动后不损害其价值的物。动产所有权，是指权利人对其动产所享有的占有、使用、收益和处分的权利。

不动产，是指土地及其定着物。不动产权，是指权利人对其不动产所享有的占有、使用、收益和处分的权利。不动产所有权可分为土地所有权和建筑物所有权。

1. 土地所有权

是指土地所有人独占性地支配其所有的土地的权利。我国分为国家土地所有权和集体土地所有权。前者包括城市市区的土地和农村、城市郊区中已经依法没收、征收、收购的国有土地等。后者包括国家所有之外的其他农村和城市郊区的土地。

2. 建筑物所有权

是指所有人独占性地支配其所有的建筑物的权利。建筑物区分所有权，是指业主对建筑物内的住宅、商业用房等专有部分享有所有权，对专有部分以外的公共部分享有共有和共同管理的权利。建筑物区分所有权包括专有权、共有权和管理权。

### （二）相邻关系

相邻关系，是指两个以上相互毗邻的不动产的所有权人或使用权人在行使权利时，因相互间依法给予对方方便或接受限制而发生的权利义务关系。其特征：(1)主体是两个以上的不动产的所有人或使用人；(2)客体是存在相互毗邻关系的主体行使不动产权时所引起相邻人有关的经济利益或其他利益;(3)内容是相邻不动产所有权或使用权的适当扩展、延伸和限制。

相邻关系涉及相邻用水、流水、给水和排水,相邻土地使用和通行,通风、采光,相邻管线铺设,邻地危险预防和大气污染物、水污染物、固体废物以及噪声、光、磁波辐射等相邻环保等关系。处理相邻关系应遵循有利生产、方便生活、团结互助和公平合理的原则。

## 六、 共有

共有,是指不动产或动产财产由两个以上的单位、个人共同所有。共有具有:主体多元性;客体同一性;内容双重性(即共有人与非所有人之间、共有人内部之间双重权利义务关系)。共有分为按份共有和共同共有。

(1) 按份共有,是指按份共有人按照份额对共有的不动产或动产享有所有权。其特征是按份共有人对一物共有享有所有权;共有人按照份额对共有财产享有权利、分担义务。

按份共有人的份额没有约定或者约定不明确的,按其出资额确定;不能确定出资额的,视为等额享有。按份共有人可以转让其享有的共同财产的份额,其他共有人在同等条件下享有优先购买的权利。

(2) 共同共有,是指共同共有人对共有的不动产或动产共同享有所有权。其特征是共有关系为共同共有产生和存续的前提;共有人对共有财产不分份额、平等地享有权利、承担义务;在共同共有关系存续期间,共同共有人不得请求分割共有财产。除依照法律规定和当事人另有约定外,只有在共有关系解除时,才能分割共有财产。



共有人按照约定管理共有财产;没有约定或约定不明的,各共有人都有管理的权利和义务。除另有约定外,处分共有财产和对共有财产作重大修缮的,应当经占有份额三分之二以上的按份共有人或者全体共同共有人的同意。对共有物的管理费用以及其他负担,有约定的,按照约定;没有约定或者约定不明确的,按份共有人按照其份额负担,共同共有人共同负担。

共有人约定不得分割共有的不动产或者动产，以维持共有关系的，应当按照约定，但共有人有重大理由需要分割的，可以请求分割；没有约定或者约定不明确的，按份共有人可以随时请求分割，共同共有人在共有的基础丧失或者有重大理由需要分割时可以请求分割。因分割对其他共有人造成损害的，应当给予赔偿。共同人可以通过协议确定分割方式。达不成协议的，应对实物予以分割；实物难以分割或因分割会减损价值的，应通过拍卖、变卖，对所取得的价款予以分割，或者折价补偿。

因共有财产产生的债权债务，对外，共有人享有连带债权，承担连带债务。对内，除另有约定外，按份共有人按照份额享有债权，承担债务；共同共有人共同享有债权，承担债务。偿还债务超过自己应当承担份额的按份共有人，有权向其他共有人追偿。

## 七、所有权的取得

所有权取得有以下几项特别规定。

（1）善意取得。原物由无处分权的人转让给善意第三人时，如果该第三人以合理价格有偿受让，且此物已经交付或登记，则该善意第三人即取得该物的所有权，原所有权人只能向无处分权人请求赔偿损失。但如果第三人知道或应当知道转让人无处分权、或无偿转让、或原物尚未交付、或合同无效而从无处分权人那里取得财产，则所有权人有权向该第三人请求返还原物。

（2）拾得遗失物。是指发现他人的遗失物并占有的事实。拾得遗失物，应当返还权利人。权利人领取遗失物时，应向拾得人等支付保管费等必要费用；悬赏寻找遗失物的，权利人应当按承诺向拾得人支付报酬。

（3）拾得漂流物、发现埋藏物或隐藏物。参照拾得遗失物的规定办理。权利人不明的漂流物、发现埋藏物或隐藏物归国家所有。

（4）添附。是指不同权利人的物混合在一起成为一个新物，或利用他人之物加工成为新物的事实状态。

## 八、用益物权和担保物权

### （一）用益物权

用益物权是权利人对他人所有的物依法享有占有、使用和收益的权利。用益物权包括：

1. 土地承包经营权

即权利人依法对其承包经营的耕地、林地、草地等享有占有、使用和收益的权利，有权自主从事种植业、林业、畜牧业等农业生产。

2. 建设用地使用权

即权利人依法对国家所有的土地享有占有、使用和收益的权利，有权自主利用该土地建造并经营建筑物、构建物及其附属设施。

3. 宅基地使用权

是指宅基地使用权人利用集体所有的土地建造住房及其附属设施以供其居住的权利。宅基地使用权具有主体限定性、使用目的局限性和取得土地无偿性。

4. 地役权

即相邻关系之外的权利人有权按照合同约定，利用他人的不动产，使其承担一定负担，以提高自己的不动产效益的权利。

5. 居住权

即居住权人对他人享有所有权的住房及其附属设施享有占有、使用的权利。

### （二）担保物权

担保物权以担保债权的实现为目的，以债务人或第三人提供的担保财产或债权人合法占有的财产为客体，以限制债务人对担保标的物处分权和行使优先受偿权为内容的权利。担保物权包括：

1. 抵押权

是指债权人对债务人或第三人不转移占有而提供的担保财产，在债务人不履行债务时，依法享有对该财产优先受偿的权利。它分为一般抵押权和最高额抵押权等。

2. 质权

是指债权人对债务人或第三人交付给自己占有的作为担保的财产，在债务人不履行债务时，依法享有对该财产优先受偿的权利。它分为动产质押和权利质押。

3. 留置权

是指债权人按照合同约定等合法占有债务人的动产，当债务人不履行债务时，依法享有留置该动产，并依法可对该动产折价、或对拍卖、变卖所得优先受偿的权利。

## 案例及其评析

### 善意取得

李某出国留学，将自家一幅名人字画委托好友黄某保管。之后，黄某一直将该字画挂在自己家中欣赏，来他家的人也以为这幅字画是黄某的。后来黄某因做生意急需钱，便将此字画以 3 万元的价格卖给了张某。李某回国之后，发现自己的字画在张某家，询问情况之后，向法院起诉，要求张某归还该字画。

**评析：**原物由无处分权的人转让给善意第三人时，如果该第三人以合理价格有偿受让，且此物已经交付，则该善意第三人即取得该物的所有权，原所有权人只能向无处分权人请求赔偿损失。因此，李某向法院起诉，要求张某归还该字画的请求不会得到法院的支持。张某已经善意取得了该字画的所有权，李某只能向黄某请求赔偿损失。

**建筑物区分所有权**

王某有一栋两层楼房，在楼顶上设置了一块商业广告牌。后王某将该楼的第二层出售给了张某。张某要求王某拆除该商业广告牌、或分享由此带来的广告收入，王某不同意，双方发生争执。

**评析**：这是一起建筑物区分所有权纠纷案件。王某将该楼的第二层出售给了张某后，张某就享有了建筑物区分所有权。楼顶属于建筑物区分所有权中的公共部分，张某和王某享有共同使用和共同管理的权利。楼顶上设置了商业广告牌属于对建筑物区分所有权中公共部分的利用，张某可以与王某协商该商业广告牌事宜、要求分享由此带来的广告收入，但不能要求王某拆除已经设置的商业广告牌。

**拾得遗失物**

李某有一块天然奇石，不慎丢失。钱某拾到之后陈列于家中。一次，赵某来钱某家做客，见到此石后十分喜欢，钱某便以之相赠。后李某发现，便向赵某追索，赵某以钱某赠与为由不予返还，双方为此发生争议。

**评析**：李某丢失的奇石，属遗失物，并非无主物。钱某拾到的是遗失物，因此负有返还权利人李某的义务。虽然钱某以为是无主物，但并不会影响遗失物性质。由于赵某没有以合理价格有偿受让此石，所以不构成善意取得该奇石的所有权。因此，赵某负有向李某返还奇石的义务。



## 第六节 债 权

### 一、债权的概念与特征

债是按照合同的约定或者法律的规定，在当事人之间产生的特定的权利义务关系。债权是指债权人享有的请求债务人按照合同的约定或者依照法律的规定履行特定义务的权利。债具有以下特征：

（1）债反映的是财产流转关系。与物权静态反映财产归属和利用关系不同，债的关系反映的是一种动态的财产流转关系，目的是保护财产流动的安全。

（2）债的权利主体和义务主体都是特定的。即债权人只享有要求特定的债务人履行一定义务的权利，债务人也只有向债权人履行特定的义务。

（3）债是特定主体之间的一种请求权。债权人必须借助于债务人履行债务行为才能实现债权；因此，有权要求特定债务人履行债务是债的本质特征。

（4）债的给付对象具有广泛性。债的客体是特定的给付行为，其对象既可以是物、有价证券、也可以是智力成果等。

（5）债的发生具有任意性和多样性。任意性是指当事人可以自行设定各种类型的债；多样性是指各种合法行为或违法行为都可以导致债的发生。

## 二、债的发生

债的发生，是指债的关系产生的法律事实。其产生的原因主要有两类：法律行为和法律规定。前者是意定之债，主要有合同行为所生之债；后者是法定之债，主要有不当得利、无因管理、侵权行为和缔约过失等。



### （一）合同之债

合同是平等民事主体之间设立、变更、终止民事权利义务关系的协议。因合同而发生的债，称为合同之债。合同是引起债的发生最主要、最常见的法律事实。当事人不仅可以通过合同确立债的关系，也可以通过合同变更或解除债的关系。

### （二）不当得利之债

不当得利，是指没有合法根据而取得利益而使他人受到损失的事实。

取得不当得利的一方称为受益人,受到损失的一方称为受损人。不当得利成立的条件:一方没有合法根据而受益;他方受损;受益与受损之间存在因果关系。因不当得利而发生的债,称为不当得利之债。受益人应将该不当得利返还受损人。受损人有权要求受益人返还不当得利。

(三) 无因管理之债

无因管理,是指没有法定的或约定的义务,为避免他人利益遭受损失而为其管理或服务的行为。管理或服务的一方称为管理人,受管理的一方称为受益人。无因管理成立的条件:管理人客观上没有法定或约定的义务而管理他人事务;主观上应当有为他人进行管理的意思。因无因管理而发生的债,称为无因管理之债。无因管理发生后,管理人有权要求受益人偿付因管理事务所支付的必要费用,由此所负担的债务及遭受的实际损失。

(四) 侵权行为之债

侵权行为,是指不法侵害他人合法权益,危害他人人身、财产的不法行为。因侵权行为而发生的债,称为侵权行为之债。侵权行为的受害人有权要求加害人赔偿损失,加害人有义务赔偿受害人因侵权行为所遭受的损失。

(五) 缔约过失之债

缔约过失行为,是指在合同订立过程中,因一方故意欺诈或意思表示不真实致使合同无效或被撤销的行为。缔约过失行为成立的条件:过失行为人客观上造成他人信赖利益的损失;过失行为人违背了诚实信用义务,主观上存在故意或过失。因缔约过失行为而发生的债,称为缔约过失之债。受害人有权要求过失行为人赔偿信赖利益的损失。



## 三、债的分类

(一) 根据债的主体人数,债分为单一之债与多数人之债

单一之债,是指债权和债务主体双方都仅为一人的债。单一之债中,只

有两个当事人。多数人之债,是指债权主体和债务主体至少有一方为二人以上的债。多数人之债中,至少有三个当事人。

**(二)根据多数人之债的权利义务关系,债分为按份之债与连带之债**

按份之债,是指债的一方当事人为多数,且各自按照确定的份额分享权利或者分担义务的债。它包括按份债权和按份债务。其成立条件为:(1)债权人或者债务人为二人以上;(2)债的标的可以分割,即债的标的分割后不会损害其性质或价值。

连带之债,是指债的当事人一方为多数,且各自有权请求对方履行全部债务或者均负有义务向对方履行全部债务的债。它包括连带债权和连带债务。连带债权,是指多数债权人中的任何一人都有权请求债务人履行全部债务,或多数债务人中的任何一个都有义务向债权人清偿全部债务的债。连带债务,是指多数债务人中的任何一人都负有清偿全部债务的义务。在全部债务清偿前任何债务人都不能免除清偿的责任。履行了清偿义务的债务人有权要求其他债务人偿付其应当承担的份额。

**(三)根据债的标的物属性,债分为种类物之债和特定物之债**

种类物之债,是指以种类物为标的物的债。其法律意义:(1)债的标的物具有可替代性;(2)在约定的标的物发生毁损灭失时,一般不发生履行不能;(3)除另有规定或约定外,标的物的所有权和风险自交付时起转移。



特定之债,是指以特定物为标的物的债。其特征是标的物于债成立之时已特定,具有不可替代性。其法律意义:(1)债务人只能以给付特定的标的物履行义务;(2)在特定的标的物灭失时,发生履行不能,债务人不负履行责任;(3)当事人可以约定标的物所有权和风险的转移时间。

**(四)根据债的标的有无选择属性,债分为简单之债与选择之债**

简单之债,是指债的标的单一,当事人只能按照此标的履行的债。

选择之债,是指债的标的有数种,当事人可以从中选择任何一种履行其义务的债。其成立条件:(1)债的履行上存在可选择性;(2)须在履行标的确定后才能履行,否则不属于选择之债。

**（五）根据债务履行内容，债分为财物之债与劳务之债**

财物之债，是指债务人以给付一定财物方式履行债务的债。财物之债一般可由第三人代替履行债务；且在债务人不履行债务时，债权人可请求强制债务人履行。

劳务之债，是指债务人以提供一定劳务的方式履行债务的债。除法律另有规定或者当事人另有约定外，劳务之债的债务人不能由第三人代替履行债务；且在债务人不履行债务时，债权人一般不能请求强制债务人履行，而只能请求赔偿损害。

## 四、债的履行原则

债的履行，是指债务人按照合同约定或法律规定，全面、适当地履行义务的行为。债的履行原则主要有：(1)全面履行原则。即当事人应按照合同约定或法律规定，全面履行其全部义务。(2)适当履行原则。即当事人应按照债规定的标的、质量、数量、履行地点、时间和方式等，由适当的主体正确履行。(3)协作履行原则。即按照诚实信用原则协助对方履行义务。(4)经济合理原则。即在债的履行过程中，双方当事人都应当讲究经济效益，顾及对方利益。



## 五、债的担保

债的担保，是保障债的履行的一项法律制度。债的担保方式主要有保证、抵押、质押、留置和定金五种。保证，是指债的当事人以外的第三人与债权人约定，保证债务人履行义务的担保，并在债务人不履行债务时，按约定向债权人履行债务或赔偿损失的行为。定金，是指当事人为担保合同的履行，由一方按约定预先向另一方给付一定数额的金钱或其他替代物。给付定金的一方不履行债务的，无权要求返还定金；接受定金的一方不履行债务的，应当双倍返还定金。抵押、质押和留置内容参见“物权”一节。

## 六、债的消灭

债的消灭，是指债的权利义务基于一定的法律事实而终止。其原因主要有：

（1）清偿。债务人自行履行或经第三人代为清偿，都可以达到债的关系消灭。

（2）抵销。互相负有债务的当事人，各以其债权作为债务的清偿而在对应数额内互相抵销而消灭抵销部分的债务。

（3）免除。即通过双方当事人的协议解除免除债务人全部或部分债务的行为。

（4）提存。是指因债权人的原因而无法向其交付标的物时，债务人将该物交提存部门而使债务人债务消灭的制度。

（5）混同。即债权和债务同归一人而使债的关系消灭的情况。

（6）死亡。具有严格的人身性质的债，可以因债权人或债务人的死亡而消灭。

## 案例选读



### 无因管理之债

一日清晨，吴某发现院子内有一头怀胎的母牛，经辨认确信此牛并非同村人所饲养，便向人打探失主，但未能找到。后吴某见牛即将临产，便精心饲养，添加许多精制饲料。母牛分娩时出现难产，吴某又速请兽医诊治。母牛顺利地生下一牛犊后3个月，牛的主人于某来到吴家，向吴某说明此牛系被他人偷盗而丢失，并向吴某索要母牛和牛犊。吴某要求于某支付饲料费100元，支出医疗费90元。于某则认为吴某饲养牛所用饲料太精细，牛是被他人偷出来的，若在家中，母牛不会难产，因此拒绝支付190元。法院判决：吴某应将母牛和牛犊交于某带回;吴某为于某饲养母牛的行为属于无因管理,于某应给付吴某因此而支出的饲料费及医疗费共190元。

**不当利益之债**

2008年7月19日,刘某到某县一银行存款时把一张储蓄卡及现金5 000元交给银行工作人员,后银行工作人员给刘某出具一张储蓄存款通知单。刘某因有急事没细看,后刘某得知自己存款的储蓄卡户主是张某,储蓄存款通知单上也显示是存入张某账户上5 000元。事后,刘某多次找张某索要该款,张某拒不返还。后经查:刘某当日在银行签字的银行储蓄存款凭条一张,证明刘某确实于7月19日向张某账户上存入5 000元钱。根据《民法通则》的规定,张某没有合法根据,取得不当利益,应当将取得的5 000元不当利益返还给原告。

**债的担保**

甲向乙借款2万元,乙要求甲提供担保。甲可以找A在借款合同或出具的借据上签署"保证人A",或"如甲到期不归还乙2万元,本人愿代偿还",或"如甲到期不归还乙2万元,由本人负责"等文字,表明A愿意作为保证人的,均属债的担保。



## 第七节 人身权

### 一、人身权的概念和特征

人身权,是指民事主体依法享有的、与其人身不可分离又无直接财产内容的权利。其法律特征表现为:(1)人身权与权利人不可分离。任何民事主体都具有人身权,包括自然人和法人。(2)人身权是民事主体不可缺少的权利。它是民事主体从事民事活动的前提。(3)人身权属非财产权利。人身权本身无直接财产内容。(4)人身权是支配权。权利人直接支配其人格利益,并排除他人的干涉。(5)人身权是绝对权。任何人都负有不侵害权利人人身权的义务。

人身权包括人格权与身份权。

## 二、人格权

人格权,是指法律确认民事主体固有的、对人格利益支配的权利。其特征有:(1)普遍性。任何民事主体都具有人格权,并始终与民事主体共存。(2)平等性。民事主体的人格权在法律上都是平等的。(3)不可转让性。民事主体终身享有人格权,不能转让、继承或抛弃这种权利。(4)法定性。在不同国家、不同时期,法律对人格利益的保护范围,以及法律确认和维护民事主体的人格权的具体内容和保护方法各不相同。

人格权依据客体性质不同可以分为物质性人格权和精神性人格权。前者包括生命权、健康权和身体权等。后者包括姓名权、名称权、肖像权、自由权、名誉权、隐私权、贞操权、信用权、婚姻自由权等。

(1) 生命权。是自然人维护生命安全,不受损害的权利。生命权是人格权的基础和前提。权利人对自己的生命,不能像对自己财产那样自由处分。



(2) 健康权。是以自然人维护其身体外部组织和身体内部生理机能健全和功能完善的权利。

(3) 身体权。是自然人维护其肢体、器官和其他组织完整的权利。

(4) 姓名权。是指自然人依法享有的决定、使用、改变自己姓名以及排除他人干涉、盗用、假冒的权利。

(5) 名称权。是指社会组织依法享有的决定、使用、改变、转让自己的名称以及排除他人侵害的权利。

(6) 肖像权。是指自然人对体现自己人格的肖像所享有的专有、制作、使用、转让和利益维护的权利。肖像具有可重复利用性和再生性。未经本人同意,以营利目的使用他人的肖像,是常见的侵犯肖像权的行为。

(7) 名誉权。是指民事主体享有自己名誉不被侮辱、诽谤等方式丑化的权利。包括名誉保有、利益支配和名誉维护的权利。

(8) 隐私权。隐私权一般是指自然人享有的对其个人秘密、与公共利益无关的私人信息、私人生活活动和私人空间自主支配并排除他人干涉的权利。包括:生活安宁权;个人信息和生活情报的保密权;隐私利用、支配和维护权等。

## 三、身份权

身份权,是指民事主体基于某种特定身份而产生并依法专属享有的权利。与人格权不同,身份权旨在维护民事主体特定血缘、亲属、社会地位形成的人与人之间权利义务关系,它不是每个民事主体都享有的权利,也不是一项终生享有的权利。根据身份不同,身份权可分为亲权、亲属权、荣誉权和配偶权等权利。

(1) 配偶权。是夫妻之间基于配偶身份所享有的、以人身利益关系为内容的权利。

(2) 亲权。是父母对未成年子女人身和财产的管理和保护的权利。在对未成年子女的抚养和教育方面,父亲与母亲享有同等的权利和义务。

(3) 亲属权。狭义亲属权主要指父母与成年子女、(外)祖父母(外)孙子女以及兄弟姊妹之间基于亲属关系而享有的身份权。

(4) 荣誉权。是指民事主体获得、保持和利用荣誉并享有由此所产生利益的权利。

(5) 知识产权中的身份权,包括著作权、商标权和专利权中的身份权。

人身权的法律保护,是指国家保障民事主体充分行使其人身权利,并依法追究侵害他人人身权利的侵权行为人法律责任的法律制度。保护民事主体的人身权利，是宪法、刑法、行政法、民法、婚姻法等法律的共同任务，其中民事法律最具基础性和重要性。民法对人身权的保护主要是通过适用承担民事责任的手段实现，包括停止侵害、恢复名誉、消除影响、赔礼道歉、损害的赔偿等。

## 案例选读

### 名称权

1999年，上海某外商独资企业在《新民体育报》刊登广告时，使用了“申花”、“甲A冠军”的字句。上海申花足球俱乐部发现后，以侵犯名称权为由向法院起诉，要求该独资企业停止侵犯、赔礼道歉和损害赔偿30万。法院认为，被告为扩大商业广告效应，在未经原告同意的情况下，将“申花”名称使用在其商业广告中，构成对上海申花足球俱乐部名称权的侵害，应当承担侵权民事责任。

### 肖像权

2003年4月，作为中国男篮签约赞助商可口可乐(中国)公司在其包装罐上印有姚明、巴特尔和郭士强的形象。作为百事可乐代言人的姚明，认为可口可乐(中国)公司的行为侵犯了其肖像权，于是向上海某区法院起诉，要求被告停止侵权、赔礼道歉、消除影响，并赔偿精神损失和经济损失1元。同年10月，可口可乐(中国)公司向姚明表示歉意，姚明撤诉。



### 肖像权

2009年7月甲公司擅自使用赵本山的形象，为其航空票务服务做广告，在一家广告公司的楼宇液晶电视广告系统上每天滚动播放达120次，广告片中反映的场景和角色设置与赵本山的小品《不差钱》相雷同。甲公司认为，其广告片是动态的卡通动漫广告片，而且卡通动漫的形式是通过电脑动画软件制作的，绝对没有任何肖像权人的存在。但事实上，甲公司广告片中反映的场景和角色设置与《不差钱》雷同，容易使一般观众产生该卡通人物即为原告赵本山的合理联想。甲公司为经营目的，未经赵本山本人同意而使用其卡通形象做广告宣传，侵犯了原告赵本山的肖像权。

**隐私权**

一日，某物业公司的经理王某见副经理于某外出忘了将办公桌的抽屉锁上，便私下翻看于某的一本日记。日记中记载着于某对其前男友的怀念和思恋，把自己比作安娜，把自己丈夫比作卡列宁，把前男友比作渥伦斯基。王某摘记了日记中有关相思的内容，作为道德问题材料送组织、纪检等部门，还在职工大会上宣读了日记部分内容，并作夸张解释。此案发生在1994年，基于当时的司法解释，法院判决被告王某侵犯了于某的名誉权。现在看来，王某主要侵犯了于某的隐私权，于某可要求精神赔偿。

**隐私权**

某工厂女工于某连续被厂里评为先进工作者，对此，刘某心怀嫉妒，总想贬低她。刘某四处散布于某解放前是妓女，解放后又多次嫁人等。这给于某造成了沉重的思想负担。公民的隐私是公民人格尊严的一部分。公民的人格尊严是与公民的名誉相联系，因而揭人隐私是对公民名誉权的侵害。本案刘某揭于某的隐私，是对于某人格的侮辱，侵犯了于某的名誉权，因此，刘某应当承担民事责任。



## 第八节 侵权责任

### 一、侵权责任概述

侵权责任，是指侵害民事权益，依照侵权责任法应当承担的侵权责任。

民事权益包括：生命权、健康权、姓名权、名誉权、荣誉权、肖像权、隐私权、婚姻自主权、监护权、所有权、用益物权、担保物权、著作权、专利权、商标专用权、发现权、股权、继承权等人身、财产权益。侵权人因同一行为应当承担行政责任或者刑事责任的，不影响依法承担侵权责任，且侵权人的财产优先支付其所承担的侵权责任。

（一）归责原则

按照责任人是否存在过错，民事责任归责原则可分为：

1. 过错责任

即行为人因过错侵害他人民事权益，应当承担侵权责任。民事责任一般实行过错责任，即要求行为人主观上存在过错。其构成要件：(1)行为具有违法性；(2)存在损害事实；(3)违法行为与损害事实之间具有因果关系；(4)行为人主观上具有过错。四个要件互相联系，缺一不可。

2. 推定责任

即根据法律规定推定行为人有过错，行为人不能证明自己没有过错的，应当承担侵权责任。

3. 无过错责任

即行为人损害他人民事权益，不论行为人有无过错，法律规定应当承担侵权责任的，依照其规定。



4. 公平原则

即受害人和行为人对损害的发生都没有过错，可以根据实际情况，由双方分担损失。

（二）责任方式

责任方式主要有：停止侵害；排除妨碍；消除危险；返还财产；恢复原状；赔偿损失；赔礼道歉；消除影响、恢复名誉。以上 8 种方式，可以单独适用，也可以合并适用。

（三）连带责任

侵权行为的连带责任主要有：(1)二人以上共同实施侵权行为，造成他人损害的,应当承担连带责任。(2)教唆、帮助他人实施侵权行为的,应当与行为人承担连带责任。(3)二人以上实施危及他人人身、财产安全的行为,其中一人或者数人的行为造成他人损害,能够确定具体侵权人的,由侵权人承担责任;不能确定具体侵权人的,行为人承担连带责任。(4)二人以上分别实施侵权行为造成同一损害,每个人的侵权行为都足以造成全部损害的,行为人承担连带责任。

法律规定承担连带责任的,被侵权人有权请求部分或者全部连带责任人承担责任。连带责任人根据各自责任大小确定相应的赔偿数额;难以确定责任大小的,平均承担赔偿责任。支付超出自己赔偿数额的连带责任人,有权向其他连带责任人追偿。

### (四)赔偿金

赔偿金包括财产损失赔偿金和人身损害赔偿金。侵害他人财产的,财产损失按照损失发生时的市场价格或者其他方式计算。侵害他人造成人身损害的,应当赔偿医疗费、护理费、交通费等为治疗和康复支出的合理费用,以及因误工减少的收入。造成残疾的,应当赔偿残疾生活辅助费和残疾赔偿金。造成死亡的,还应当赔偿丧葬费和死亡赔偿金。侵害他人人身权益,造成他人严重精神损害的,被侵权人可以请求精神损害赔偿。

因防止、制止他人民事权益被侵害而使自己受到损害的,由侵权人承担责任。侵权人逃逸或者无力承担责任,被侵权人请求补偿的,受益人应当给予适当补偿。

### (五)不承担责任和减轻责任的情形

不承担责任的情形:(1)损害是因受害人故意造成的,行为人不承担责任。(2)损害是因第三人造成的,第三人应当承担侵权责任。(3)因不可抗力造成他人损害的,不承担责任。法律另有规定的,依照其规定。(4)因正当防卫造成损害的,不承担责任。正当防卫超过必要的限度,造成不应有的损害的,正当防卫人应当承担适当的责任。(5)因紧急避险造成损害的，由引起险情发生的人承担责任。如果危险是由自然原因引起的，紧急避险人不承担责任或者给予适当补偿。紧急避险采取措施不当或者超过必要的限度，造成不应有的损害的，紧急避险人应当承担适当的责任。

被侵权人对损害的发生也有过错的，可以减轻侵权人的责任。

**（六）责任主体的特殊规定**

无民事行为能力人、限制民事行为能力人造成他人损害的，由监护人承担侵权责任。监护人尽到监护责任的，可以减轻其侵权责任。

用人单位的工作人员因执行工作任务造成他人损害的，由用人单位承担侵权责任。

网络用户、网络服务提供者利用网络侵害他人民事权益的，应当承担侵权责任。网络用户利用网络服务实施侵权行为的，被侵权人有权通知网络服务提供者采取删除、屏蔽、断开链接等必要措施。网络服务提供者接到通知后未及时采取必要措施的，对损害的扩大部分与该网络用户承担连带责任。网络服务提供者知道网络用户利用其网络服务侵害他人民事权益，未采取必要措施的，与该网络用户承担连带责任。

宾馆、商场、银行、车站、娱乐场所等公共场所的管理人或者群众性活动的组织者，未尽到安全保障义务，造成他人损害的，应当承担侵权责任。



无民事行为能力人在幼儿园、学校或者其他教育机构学习、生活期间受到人身损害的，幼儿园、学校或者其他教育机构应当承担责任，但能够证明尽到教育、管理职责的，不承担责任。限制民事行为能力人在学校或者其他教育机构学习、生活期间受到人身损害，学校或者其他教育机构未尽到教育、管理职责的，应当承担责任。

无民事行为能力人或者限制民事行为能力人在幼儿园、学校或者其他教育机构学习、生活期间，受到幼儿园、学校或者其他教育机构以外的人员人身损害的，由侵权人承担侵权责任；幼儿园、学校或者其他教育机构未尽到管理职责的，承担相应的补充责任。

## 二、侵权责任种类

### （一）产品责任

产品责任，是指因产品存在缺陷造成他人损害而依法应当由生产者、销售者承担的侵权责任。因产品存在缺陷造成损害的，被侵权人可以向产品的生产者请求赔偿，也可以向产品的销售者请求赔偿。若产品缺陷由生产者造成的，销售者赔偿后，有权向生产者追偿。销售者不能指明缺陷产品的生产者、也不能指明缺陷产品的供货者的，销售者应当承担侵权责任。因销售者的过错使产品存在缺陷的，生产者赔偿后，有权向销售者追偿。因运输者、仓储者等第三人的过错使产品存在缺陷，造成他人损害的，产品的生产者、销售者赔偿后，有权向第三人追偿。

因产品缺陷危及他人人身、财产安全的，被侵权人有权请求生产者、销售者承担排除妨碍、消除危险等侵权责任。产品投入流通后发现存在缺陷的，生产者、销售者应当及时采取警示、召回等补救措施。未及时采取补救措施或者补救措施不力造成损害的，应当承担侵权责任。明知产品存在缺陷仍然生产、销售，造成他人死亡或者健康严重损害的，被侵权人有权请求相应的惩罚性赔偿。

### （二）高度危险责任

高度危险责任，是指从事高度危险作业者造成他人损害而依法应当承担的侵权责任。它包括：(1)因民用核设施发生核事故造成他人损害的侵权责任；(2)因民用航空器造成他人损害的侵权责任；(3)因占有或者使用易燃、易爆、剧毒、放射性等高度危险物造成他人损害的侵权责任；(4)因从事高空、高压、地下挖掘活动或者使用高速轨道运输工具造成他人损害的侵权责任；高度危险责任原则上为无过错责任，但能证明损害是受害人故意造成的(或战争等不可抗力)除外。(5)被侵权人对损害的发生有重大过失的，可以减轻占有人或者使用人的责任。(6)被侵权人对损害的发生有过失的，可以减轻经营者的责任。未经许可进入高度危险活动区域或者高度危险物存放区域受到损害，管理人已经采取安全措施并尽到警示义务的，可以减轻或者不承担责任。

**（三）饲养动物损害责任**

饲养的动物造成他人损害的，动物饲养人或者管理人应当承担侵权责任，但能够证明损害是因被侵权人故意或者重大过失造成的，可以不承担或者减轻责任。禁止饲养的烈性犬等危险动物造成他人损害的，动物饲养人或者管理人应当承担侵权责任。动物园的动物造成他人损害的，动物园应当承担侵权责任，但能够证明尽到管理职责的，不承担责任。

遗弃、逃逸的动物在遗弃、逃逸期间造成他人损害的，由原动物饲养人或者管理人承担侵权责任。因第三人的过错致使动物造成他人损害的，被侵权人可以向动物饲养人或者管理人请求赔偿，也可以向第三人请求赔偿。动物饲养人或者管理人赔偿后，有权向第三人追偿。

**（四）物件损害责任**

建筑物、构筑物或者其他设施及其搁置物、悬挂物发生脱落、坠落造成他人损害，所有人、管理人或者使用人不能证明自己没有过错的，应当承担侵权责任。所有人、管理人或者使用人赔偿后，有其他责任人的，有权向其他责任人追偿。



从建筑物中抛掷物品或者从建筑物上坠落的物品造成他人损害，难以确定具体侵权人的，除能够证明自己不是侵权人的外，由可能加害的建筑物使用人给予补偿。

在公共场所或者道路上挖坑、修缮安装地下设施等，没有设置明显标志和采取安全措施造成他人损害的，施工人应当承担侵权责任。

此外，《侵权责任法》还明确规定了机动车交通事故责任、医疗损害责任和环境污染责任。

## 资料选读

2009年6月21日,南平市村民杨俊斌患肾病在南平市第一医院泌尿外科住院,术后因并发症死亡。死者家属为此与医院医护人员发生激烈冲突,多名医护人员被打伤,受伤最重的医生被砍了6刀。而死者家属中也有人在冲突过程中受伤,其中包括死者的亲哥哥。期间,还发生医生被迫向死者遗体下跪等情形。之后,多所医院医生聚集在市政府门前要求“保护”。

由于现行《民法通则》并没有具体规定解决医疗纠纷的条款,全国各级法院一直都按照国务院颁布的《医疗事故处理条例》来审理医疗纠纷案。医疗纠纷数量逐年上升,迫切需要从法律上合理界定医疗损害责任,既保护患者的合法权益,也保护医务人员的合法权益。为此,《侵权责任法》专设医疗损害责任一章,实行过错责任,在特殊情况下,有条件地适用过错推定责任。目的就是为了保护患者的合法权益的同时,也保护医院和医护人员的合法权益,并有利于医学科学的发展。

《侵权责任法》规定:医务人员在诊疗活动中未尽到与当时的医疗水平相应的诊疗义务,造成患者损害的,医疗机构应当承担赔偿责任。有违反法律、行政法规、规章等有关诊疗规范规定的,隐匿或者拒绝提供与纠纷有关的医学文书及有关资料的,伪造或者销毁医学文书及有关资料的情形之一,造成患者损害的,推定医疗机构有过错。

为保护患者合法权益,《侵权责任法》规定,因药品、医疗器械的缺陷产生的纠纷,患者可以找生产厂家,也可以找医疗机构。医疗机构赔偿后,如果损害是生产厂家造成的,医疗机构的赔偿相当于垫付,医疗机构可以向负有责任的生产厂家追偿。

## 案例选读

### 赔偿损失

新娘王某将在结婚典礼上拍摄的4卷胶卷交一摄影工作室冲印,并取得了预付72元的收据。当王某取照片时，却被告知：工作人员不慎已将4卷胶卷丢失。想到一生中最美好的倩影和瞬间无法再现，于是，王某向法院起诉，要求被告赔偿4卷胶卷、72元冲印费和精神损失费8 000元。后经法院调解，原被告达成协议，被告赔偿200元冲印费和2 000元精神损失费。

### 抗辩事由

一日中午，陈某骑自行车上班，路上遇到带狗上班的周某。当陈某骑车下坡时，哈巴狗突然冲上来追赶陈某，陈某连忙避让，因突然惊吓，失去平衡，连人带车摔倒在地。哈巴狗随周某离开。下午，陈某到医院检查后发现其左锁骨骨折，住进医院，休养7个月。后协商未果，遂提起诉讼，要求周某赔偿3万余元。法院认为，饲养的动物造成他人损害的，动物饲养人或者管理人应当承担侵权责任。周某作为饲养管理人，应赔偿陈某损失，但考虑到陈某的应急处理也有不妥之处，判决周某赔偿1.6万余元。

## 案例及其评析

### 共同侵权责任



**案情**：一日，小学5年级的4位学生在楼房顶上的平台向楼下投石子取乐，行人张某路经此楼时，被其中一粒石子击中右眼。张某为此住院治疗多日，并花费医疗费1万余元。4名学生的代理人均声称那颗击中张某右眼的石子不是其当事人所为。张某以4名学生为被告向法院提起诉讼。

**评析**：这是一起共同危险行为致人损害的侵权案件。根据《侵权责任法》规定："二人以上实施危及他人人身、财产安全的行为，其中一人或者数人的行为造成他人损害，能够确定具体侵权人的，由侵权人承担责任；不能确定具体侵权人的，行为人承担连带责任。"因不能确定4名学生中的实际侵权人，同时4名学生都不能证明损害结果不是其行为造成的，因此4人均应承担连带责任。

限制行为能力人造成他人损害的，由监护人承担民事责任。此案应由4名学生的监护人共同承担连带侵权民事责任。难以确定责任大小的，平均承担赔偿责任。

### 无过错归责原则的侵权行为

**案情：**陈某天黑后骑自行车回家，行至一排水工程处不慎掉进了3米深的排水沟。陈某将某市市政排水施工单位告上法庭，但施工单位辩称，他们已经设置了红色标志灯和栏杆路障，事故是由于陈某自己不小心造成的。

**评析：**此案中，施工单位虽然设置了红色标志灯和栏杆路障，但在一处留下了1.5米空隙，这是导致陈某受伤的直接因素。也就是说，安全设施存在漏洞，施工单位存在过错。没有设置明显标志和采取安全措施，不能简单地理解为：只要排水工程设置了“红色标志灯和栏杆路障”就万事大吉了。陈某的疏忽不是特殊侵权民事责任抗辩的理由，因此，被告某市市政管理处应当承担赔偿责任。如果被侵权人对损害的发生也有过错的，可以减轻侵权人的责任。

### 饲养动物损害责任

**案情：**何某与李某、张某是同乡。2009年5月一天下午，张某将自家的牛栏打开后疏于看管，致使其饲养的一头公牛独自沿着村道行至村头公路边时，恰与刚从田里犁地、正被主人李某牵着回家的公牛相遇。两头公牛相遇后便开始相斗，李某家的公牛败退后向村里方向奔跑，张某家的公牛在后紧追。此时，何某正骑自行车带着一担木灰去自家责任地种黄豆，当行至村头公路时，看见两头公牛正在前方激烈相斗便急忙停车靠右躲开，但在前方公路左边的两头公牛却横向右边直冲过来，把何某连人带车撞倒在地，何某右手大拇指致伤流血不止，后被送到上映乡卫生院包扎治疗。经医生诊断，何某右头顶软组织挫裂伤，右拇指末节断离伤，原告住院13天，共花去医疗费等共计人民币1 481.30元。何某认为，自己致伤是因李某、张某两家公牛撞伤所致，故诉至法院，要求李某、张某共同赔偿。

**评析：**李某、张某应共同赔偿何某的损失。根据《侵权责任法》规定，“饲养的动物造成他人损害的，动物饲养人或者管理人应当承担侵权责任，但能够证明损害是因被侵权人故意或者重大过失造成的，可以不承担或者减轻责任。”张某明知公牛平时好斗，放牛出栏却不牵绳和看管，让公牛随意出走与其他公牛相斗致使原告受到损害，应负主要民事赔偿责任。李某犁田回家时，仍使自家的公牛在挣脱绳子与张某的公牛相斗，造成原告受伤，应负次要民事赔偿责任。

## 第九节　诉讼时效

### 一、诉讼时效的概念

诉讼时效，是指民事主体因权利受到侵害而向人民法院请求保护的有效期间，权利人若在此期间内不行使请求权，其胜诉权则归于消灭的制度。超过诉讼时效期间，当事人自愿履行的，不受诉讼时效的限制。

### 二、诉讼时效的种类和起算



诉讼时效主要分为普通诉讼时效、特殊诉讼时效。

**（一）普通诉讼时效**

是指由民法统一规定的，适用法律没有特别时效规定的各种民事法律关系的诉讼时效。普通诉讼时效期间为 2 年。

**（二）特殊诉讼时效**

是由民法或其他法律、法规特别规定的，只适用于某些特定民事关系的诉讼时效。如《民法通则》规定：(1)身体受到伤害要求赔偿的；(2)出售质量不合格的商品未声明的；(3)延付或拒付租金的；(4)寄存财物被丢失或损毁的。它们的特别诉讼时效均为 1 年。又如合同法规定，涉外买卖合同的诉讼时效为4年。

（三）最长诉讼时效

即法律规定的民事权利保护的最长期限。《民法通则》规定：从权利被侵害之日起超过20年的，人民法院不予保护。

诉讼时效期间从权利人知道或者应当知道权利被侵害时起计算。

## 三、诉讼时效的中止、中断和延长

（一）诉讼时效中止

是指在诉讼时效期间的最后6个月内，因发生法定事由致使权利人无法行使请求权而暂时停止计算诉讼时效期间，待原因消除后，诉讼时效期间继续计算的制度。法定事由主要有不可抗力以及其他障碍。

（二）诉讼时效中断

是指在诉讼时效期间进行中，因发生法定事由致使已经过的时效期间归于无效，待法定事由消除后，诉讼时效期间重新开始计算的制度。法定事由包括：权利人起诉或申请仲裁；权利人向义务人提出请求；义务人同意履行义务。

（三）诉讼时效的延长

是指人民法院基于权利人因某些特殊情况致使其在法定的诉讼时效期间内不能行使请求权，因而同意权利人对已经届满的诉讼时效期间给予适当延长的制度。



## 案例选读

**诉讼时效**

刘某与张某是同母异父的兄妹。1996年张某未经其姐刘某的同意，将其银行存折4万元取出并使用。同年刘某发现了此事，但一直没有主张权利，直至

2003年才要求张某返还4万元。张某则认为此款是其母亲的。法院认为，刘某从知道权利被侵害时起2年内应提出权利主张，现诉讼时效期间2年已过，其权利无法得到保护，遂驳回刘某的诉讼请求。

## 相关概念

民事行为能力　无效民事行为　所有权　不当得利　表见代理　连带之债　用益物权　诉讼时效中止

## 思考题

1. 民法行为生效应具备哪些条件?
2.《民法通则》规定的代理有哪三种类型?
3. 债的履行原则主要有哪些?
4. 简述相邻关系的特征。
5. 不承担侵权责任的情形有哪些?
6. 列举4种以上的特殊侵权责任?



## 案例分析

1. 周某(11岁)、李某(9岁)等人在河边玩耍，周某的一只鞋掉进了河里，不会游泳的李某伸手去捞时不慎落水，周某见状便跳入水中搭救李某，但因年小体力不支，最后双双沉入水中。后李某被救，而周某未能获救。周某的行为受到了当地政府表彰。但李某的父母对周某死亡没有给予应有的表示，既没有送花圈，也没有给予周某父母任何精神安慰。为此，周某父母向法院起诉，要求李某的父母给付赔偿费19 800元，安葬费4 000元和精神损失费1万元。

问：你认为应当如何处理此案？（提示：受益人是否有过错？适用过错责任

原则还是公平原则？被告没有给予周某父母任何精神安慰是否应承担赔偿责任?)

2. 村民麻某借用王某的耕牛干完农活后，将牛拴在槐树下。骆某拿着镰刀经过时，牛腿突然踢起，碰上骆某的镰刀，牛腿鲜血直流。旁边的夏某等人便上前包扎牛腿伤口，在麻某回家取药时，牛却一头栽倒在地，将夏某的右腿压伤，住院花去医疗费近 2 000 元。后因与麻某、骆某在费用分担问题上协商不成，遂向法院提起诉讼，要求麻某、骆某承担医疗费、护理费、误工费等损失近 3 000 元。

问：你认为应由谁承担损害赔偿责任?

3. 甲女士的丈夫与乙是某出租车公司的同事和好友。一日，乙邀请甲与乙夫妇一起逛商场，甲到乙家后，发现只有乙一人在家，且乙还对其动手动脚。于是，甲便借机回家。随后，乙发短信向甲道歉。但之后乙却不断地发内容针对甲的淫秽短信进行骚扰。乙认为自己只是在与熟人开玩笑，并无恶意。

问：你认为乙发这类短信的行为是否构成了侵权?

# 第五章
# 婚姻法和继承法

**在本章中，你将——**

- 理解婚姻法和继承法的概念、基本原则
- 掌握结婚和离婚的法定条件和程序
- 知晓遗产范围和继承方式
- 简单运用婚姻法和继承法的基本原理和知识

## 第一节　婚姻法



### 一、 婚姻法的概念和基本原则

#### （一）婚姻法的概念

婚姻家庭是人类社会发展到一定历史阶段出现的关于男女两性和血缘联系的社会关系。所谓婚姻，是为一定社会制度所确认的男女两性互为配偶的结合；婚姻关系就是男女双方因结婚而产生的夫妻之间的权利义务关系。家庭是由一定范围内的亲属所组成的生活单位；家庭关系则是以婚姻、血缘为纽带而形成的家庭成员之间的权利义务关系。

婚姻法是调整婚姻家庭关系的法律规范的总称。从调整对象看，婚姻法既调整婚姻关系，也调整家庭关系；既调整婚姻家庭中的人身关系，也调整婚姻家庭中的财产关系；既调整婚姻家庭关系产生、终止的动态过程，也调整婚姻家庭关系各类主体间权利义务的实体内容。

婚姻法具有三个明显的法律特征：适用上的广泛性、内容上的伦理性和执行上的强制性。

**（二）我国婚姻法的基本原则**

婚姻法的基本原则，是指导我国婚姻法的制定和贯彻实施的指导思想和基本准则，贯穿于婚姻法的始终。我国《婚姻法》明确规定了五项基本原则，它体现我国社会主义婚姻家庭制度的本质和核心内容。

1. 婚姻自由原则

婚姻自由，是指男女双方有权依照法律的规定，自主决定自己的婚姻问题，不受任何强制和干涉。婚姻自由包括结婚自由和离婚自由两方面的内容。结婚自由是指男女双方都有按照自己的意愿缔结婚姻的权利，离婚自由是指夫妻双方都有解除婚姻关系的自由。婚姻自由赋予婚姻当事人在结婚、离婚问题上的充分的选择权和决定权，不允许任何一方对另一方进行强迫或任何第三者予以干涉。

2. 一夫一妻制原则

一夫一妻制，是指一男一女结为夫妻互为配偶的婚姻制度。任何人只能有一个配偶，不得同时有两个或两个以上的配偶；有配偶者在配偶死亡或离婚之前不得再行结婚。有配偶者又与他人结婚或又与他人以夫妻名义共同生活的，属于重婚行为；明知他人有配偶而与之结婚或与之以夫妻名义共同生活的，也属于重婚。重婚是违反一夫一妻制的行为，根据情节轻重，重婚者应承担相应的民事责任和刑事责任。

3. 男女平等原则

婚姻法上的男女平等，是指男女两性在婚姻关系和家庭生活的各个方面，享有平等的权利，承担平等的义务。包括男女双方在结婚、离婚问题上的权利义务平等；夫妻在人身关系、财产关系上的权利义务平等；父母抚养、教育子女的权利义务平等；其他不同性别的家庭成员在家庭中的权利义务平等。这一原则是宪法中规定的男女平等原则在婚姻法上的具体化，体现了我国婚姻家庭制度的社会主义本质。

4. 保护妇女、儿童和老人的合法权益原则

保护妇女、儿童和老人的合法权益，是指妇女、儿童和老人在婚姻家庭中的地位和权利应受到特别保护。保护妇女的合法权益，是对男女平等原则的必要补充，因为男女两性在婚姻家庭生活方面还存在着某些实际差别，所以婚姻法对妇女权益予以特别的保护和照顾，禁止对妇女任何形式的歧视、虐待。老人和儿童往往是家庭中的弱者，尊老爱幼是中华民族的传统美德，养老育幼是家庭的重要职能和社会责任，婚姻法保护儿童和老人的合法权益，规定家庭成员间应相互扶助，父母有抚养教育未成年子女的义务，子女有赡养扶助父母的义务，禁止家庭暴力、禁止对家庭成员的虐待和遗弃。实施家庭暴力、虐待和遗弃家庭成员，由公安机关依法予以行政处罚；构成犯罪的，依法追究刑事责任。

5. 实行计划生育

实行计划生育，是指有计划地调节人口增长的速度，使人口增长与国民经济的增长相适应。实行计划生育对改善人民生活，促进经济和社会可持续发展具有重大意义。我国计划生育的基本要求是少生、晚生、优生、优育。家庭具有实现人口再生产的功能，我国婚姻法规定夫妻双方都有实行计划生育的义务。

此外，《婚姻法》规定“夫妻应当互相忠实、互相尊重；家庭成员间应当敬老爱幼，互相帮助，维护平等、和睦、文明的婚姻家庭关系。”这一规定体现了婚姻道德法律化的特点。婚姻法的这种立法导向，目的在于引导人们树立正确的婚姻家庭观，继承优良传统，创建文明和谐的婚姻家庭关系。

与上述基本原则相对应，《婚姻法》还规定：禁止包办、买卖婚姻和其他干涉婚姻自由的行为。禁止借婚姻索取财物。禁止重婚。禁止有配偶者与他人同居。禁止家庭暴力。禁止家庭成员之间的虐待和遗弃。

## 二、结婚制度

结婚，又称婚姻的成立，是指男女双方按照法律规定的条件和程序，确立婚姻关系的法律行为。它是夫妻权利和义务发生的法律依据。

### （一）结婚的法定条件

根据我国婚姻法的规定，结婚的法定条件分为必备条件和禁止条件。

1. 结婚的必备条件

结婚的必备条件是指结婚当事人必须具备的不可缺少的条件，也称结婚的积极要件。它包括：

（1）男女双方须有结婚的合意。《婚姻法》规定："结婚必须男女双方完全自愿，不许任何一方对他方加以强迫或任何第三者加以干涉。"

（2）男女双方须达到法定婚龄。法定婚龄是法律规定的男女结婚的最低年龄。法律规定最低结婚年龄是基于两方面因素的考虑：一是自然因素，即人的身心发育成熟程度。只有达到法定婚龄后结婚，当事人才能具备适婚的生理条件和心理条件，才能理智地判断和决定自己的婚事，也才能在婚后承担起对配偶、子女、家庭和社会的责任。二是社会因素，即一定的社会物质生活条件。法定婚龄应与我国的人口状况、婚姻习俗、经济发展程度等实际情况相适应。《婚姻法》规定："结婚年龄，男不得早于二十二周岁，女不得早于二十周岁。晚婚晚育应予鼓励。"

2. 结婚的禁止条件

结婚的禁止条件是指结婚当事人必须排除的不得具有的条件，也称结婚的消极要件。它包括：

（1）禁止有配偶者重婚。结婚的男女双方必须均无配偶，这是一夫一妻婚姻家庭制度的基本要求。已有配偶者，只有在婚姻终止后才能再行结婚。有配偶者再婚的构成重婚，这是结婚的法定障碍。

（2）直系血亲和三代以内的旁系血亲禁止结婚。直系血亲是指有直接血缘关系的亲属，不受世代多少的影响，一律禁止结婚。旁系血亲是指具有间接血缘关系的亲属，即除直系血亲以外的在血缘上与己身出于同源的亲属。所谓三代以内的旁系血亲，包括除直系血亲以外的与己身出自于同一父母或同一祖父母、外祖父母的同辈或不同辈的旁系血亲。禁止一定范围内的亲属结婚，具有遗传学、优生学上的科学依据，也符合婚姻伦理道德的要求。

(3) 患有医学上认为不应当结婚的疾病者应禁止结婚。对于哪些疾病属于医学上认为不应当结婚的疾病，我国婚姻法没有作具体的列举性规定，所以要根据医学鉴定。一般来讲，不应当结婚的疾病主要有两类：一类是精神方面的疾病，包括精神病、重症智力低下者等。患有这类疾病的人，通常属于无民事行为能力人或者限制民事行为能力人，不具备享受夫妻权利履行夫妻义务的能力，并有可能将疾病遗传给后代。另一类是身体方面的疾病，主要是指那些重大不治的传染性疾病或遗传性疾病。禁止患有此类疾病的人结婚，是为了防止疾病的传染和遗传，提高人口健康素质。

**（二）结婚的法定程序**

结婚的法定程序，是指法律规定的缔结婚姻所必须遵循的程序，是结婚当事人必须履行的法定手续。

我国采取的是登记制的结婚程序，《婚姻法》规定："要求结婚的男女双方必须亲自到婚姻登记机关进行结婚登记。符合本法规定的，予以登记，发给结婚证，取得结婚证，即确立夫妻关系。未办理结婚登记的，应当补办登记。"这一规定表明，结婚登记是我国唯一有法律效力的结婚形式，当事人只有履行了结婚登记，才能确立合法的夫妻关系。



我国的婚姻登记机关，是县级人民政府民政部门或者乡（镇）人民政府。结婚登记的程序分为申请、审查和登记三个环节。(1)申请。要求结婚的男女双方，必须共同亲自到一方常住户口所在地的婚姻登记机关提出结婚申请，填写申请结婚登记声明书。(2)审查。婚姻登记机关对双方当事人出具的证件、证明材料进行审查并询问相关情况，以查明当事人是否符合结婚条件。(3)登记。婚姻登记机关对当事人符合结婚条件的,应当当场予以登记,发给结婚证;对当事人不符合结婚条件的,不予登记,并向当事人说明理由。

（三）婚约和事实婚姻

婚约是指男女双方以将来结婚为目的而作的事先约定,又称订婚。在我国,订婚不是结婚的法定必经程序,婚约对当事人没有法律约束力。但是我国婚姻法并不禁止这种流行已久的民间习俗。

所谓事实婚姻,是指符合结婚条件的男女,未进行结婚登记,以夫妻名义同居生活,群众也认为是夫妻的结合。由于当事人没有履行法定的结婚登记程序,因而事实婚姻具有违法性,不受法律保护。考虑到我国民间存在举行婚礼即成立婚姻关系的习俗,婚姻法对事实婚姻采取了有条件地承认其效力的立场,即在1994年2月1日之前,男女双方已经符合结婚条件的,按事实婚姻处理;之后,男女双方符合结婚条件的,应当补办结婚登记;未补办结婚登记的,按同居关系处理。

（四）无效婚姻和可撤销婚姻

无效婚姻是指当事人不符合法定结婚条件,因而在法律上不具有婚姻效力的违法婚姻。《婚姻法》规定,有下列情形之一的,婚姻无效:(1)重婚的;(2)有禁止结婚的亲属关系的;(3)婚前患有医学上认为不应当结婚的疾病,婚后尚未治愈的;(4)未到法定婚龄的。婚姻当事人和利害关系人可以向人民法院提出宣告婚姻无效的申请,但应以导致婚姻无效的情形依旧存在为前提。人民法院应依法审理宣告婚姻无效案件,对婚姻效力的审理不适用调解,应当依法作出判决;有关婚姻效力的判决一经作出,即发生法律效力。

可撤销婚姻是指当事人欠缺结婚的合意,因而婚姻效力可以被撤销的违法婚姻。《婚姻法》规定:因胁迫结婚的,受胁迫的一方可以向婚姻登记机关或人民法院请求撤销该婚姻。受胁迫的一方撤销婚姻的请求,应当自结婚登记之日起一年内提出。被非法限制人身自由的当事人请求撤销婚姻的，应当自恢复人身自由之日起一年内提出。

被宣告无效的婚姻和被撤销的婚姻，自始无效。当事人不具有夫妻的权利和义务。同居期间所得的财产，由当事人协议处理；协议不成时，由人民法院根据照顾无过错方的原则判决。当事人所生子女，适用婚姻法有关父母子女的规定。

## 三、家庭关系

婚姻是家庭的基础、血缘是家庭的纽带。家庭关系主要包括夫妻关系、父母子女关系、祖孙关系和兄弟姐妹关系。我国婚姻法对家庭成员相互之间的权利义务作了明确规定。

### （一）夫妻关系

夫妻关系是家庭关系的基础和核心，是指由合法婚姻而产生的夫妻在人身方面和财产方面的权利义务关系。夫妻在家庭中地位平等，是我国婚姻法确定夫妻间权利和义务的总原则，也是司法实践中处理夫妻间权利义务纠纷的基本依据。

1. 夫妻人身关系

夫妻人身关系，是指没有直接财产内容的夫妻在人格、身份方面的权利义务关系。在我国，夫妻双方都有使用自己姓名的权利，双方所生的子女可以随父姓，也可以随母姓；夫妻双方都有参加生产、工作、学习和社会生活的自由，一方不得对他方加以限制或干涉；夫妻双方都有实行计划生育的义务。

2. 夫妻财产关系

夫妻财产关系，是指基于配偶身份而在夫妻之间产生的具有财产内容的权利义务关系。其主要内容包括：夫妻对共同财产有平等的处理权；夫妻有相互扶养的义务；夫妻有相互继承遗产权利等。

夫妻财产制是夫妻关系的重要内容。夫妻财产制又称婚姻财产制，是关于夫妻婚前财产和婚后所得财产的归属、管理、使用、收益、处分，以及家庭生活费用的负担，夫妻债务的清偿，婚姻终止时夫妻财产的清算和分割等问题的法律制度。我国的夫妻财产制采用法定和约定两种类型。其中法定夫妻财产制又分为夫妻共同财产制和个人特有财产制。

我国《婚姻法》规定："夫妻在婚姻关系存续期间所得的财产，归夫妻共同所有。"依据这一规定，法定夫妻共同财产包括：夫妻一方或双方在婚姻关系存续期间劳动所得的工资和奖金、生产经营的收益、知识产权的收益、继承或赠与所得的财产（但遗赠或赠与合同中确定只归夫或妻一方的除外），以及其他应当归夫妻共同所有的财产。夫妻对共同所有的财产享有平等的处理权。

夫妻共同财产中不应包括夫妻个人所有的财产、子女的财产和其他家庭成员的财产。有下列情形之一的，属于夫妻一方的财产，双方另有约定的除外：一方的婚前财产；一方因身体受到伤害获得的医疗费、残疾人生活补助费等费用；遗嘱或赠与合同中确定归夫或妻一方的财产；一方专用的生活用品；其他应当归一方的财产。

我国婚姻法也允许夫妻对财产的归属进行书面约定，可以约定婚姻关系存续期间所得的财产以及婚前财产归各自所有、共同所有或部分各自所有、部分共同所有。此种书面形式的约定对双方具有约束力。

### （二）父母子女关系

父母子女是亲属中关系最近最亲的直系血亲。《婚姻法》规定：(1)父母对子女有抚养教育的义务。父母不履行抚养义务时，未成年子女或不能独立生活的子女，有要求父母付给抚养费的权利。(2)父母有保护和教育未成年子女的权利和义务。在未成年子女对国家、集体或他人造成损害时，父母有承担民事责任的义务。(3)子女对父母有赡养扶助的义务。子女不履行赡养扶助义务时，无劳动能力的或生活困难的父母，有要求子女给付赡养费的权利。子女对父母的赡养义务，不因父母的婚姻关系变化而终止。(4)父母和子女有相互继承遗产的权利。

依据父母子女关系赖以产生的法律事实的不同，父母子女关系可以分成四种：父母与婚生子、父母与非婚生子女、养父母与养子女、继父母与继子女。在我国婚姻法中，非婚生子女享有与婚生子女同等的权利，任何人不得加以危害和歧视。非婚生子女的生父或生母，应负担子女的生活费和教育费的一部或全部，直至子女能独立生活为止。继父母与继子女间不得虐待或歧视。继父或继母和受其抚养教育的继子女间的权利义务，适用婚姻法对父母子女关系的有关规定。国家保护合法的收养关系。养父母和养子女间的权利义务，适用婚姻法对父母子女关系的有关规定。养子女与生父母之间的权利义务，因收养关系的成立而解除。养父母和养子女间的权利义务，也可以因收养关系的依法解除而终止。

**（三）祖孙关系**

祖父母与孙子女、外祖父母与外孙子女之间的抚养赡养关系是有条件的，即有负担能力的祖父母、外祖父母，对父母已经死亡或父母无力抚养的未成年的孙子女、外孙子女，有抚养的义务。有负担能力的孙子女、外孙子女，对于子女已经死亡或子女无力赡养的祖父母、外祖父母，有赡养的义务。祖父母、外祖父母可以作为第二顺序法定继承人继承孙子女、外孙子女的遗产，孙子女、外孙子女可以作为代位继承人继承祖父母、外祖父母的遗产。

**（四）兄弟姐妹关系**



兄弟姐妹之间存在有条件的扶养关系，即有负担能力的兄、姐，对父母已经死亡或父母无力抚养的未成年的弟、妹，有扶养的义务；由兄姐扶养长大且有负担能力的弟妹，对缺乏劳动能力又缺乏生活来源的兄、姐，也有扶养义务。兄弟姐妹是第二顺序法定继承人，有相互继承遗产的权利。

## 四、离婚制度

离婚是指婚姻当事人依照法律规定的条件和程序解除婚姻关系的法律行为。离婚制度是婚姻家庭制度的重要组成部分，社会物质生产关系、政治、文化、道德、宗教等因素，都深刻影响着离婚制度的发展和变化。

"保障离婚自由，反对轻率离婚"是我国婚姻法处理离婚问题的指导思想和基本原则。离婚自由是法律赋予婚姻当事人解除婚姻关系的权利，当事人有权依据法律的规定自主决定是否解除婚姻关系，任何人都不得强迫或干涉。但是离婚是一件非常严肃的事情，不仅对夫妻，而且对子女、对家庭、对社会都会产生影响，所以当事人行使离婚权利要受到法定离婚条件和程序限制，不得损害公序良俗和社会利益。

**（一）离婚的条件和程序**

根据夫妻双方对是否离婚所持态度的不同，离婚可以分为双方自愿离婚和一方要求的离婚。按照办理离婚的法定程序不同，离婚可以分为登记离婚和诉讼离婚。

**1. 登记离婚**

登记离婚也称行政离婚、协议离婚，是指夫妻双方通过办理离婚登记解除婚姻关系的一种方式。登记离婚只适用于双方自愿离婚，它要求当事人双方必须具有完全民事行为能力，必须对离婚达成一致意见，必须对共同财产的分割、债务的清偿、离婚后的子女抚养等问题达成协议。《婚姻法》规定："男女双方自愿离婚的，准予离婚。双方必须到婚姻登记机关申请离婚。婚姻登记机关查明双方确实是自愿并对子女和财产问题已有适当处理时，发给离婚证。"取得离婚证，当事人的婚姻关系即告解除。

**2. 诉讼离婚**

诉讼离婚也称裁判离婚，是指夫妻一方向人民法院提起诉讼，通过人民法院的调解或判决解除婚姻关系的一种方式。诉讼离婚一般适用于一方要求的离婚，也可适用于双方自愿离婚。《婚姻法》规定："男女一方要求离婚的，可由有关部门进行调解或直接向人民法院提出离婚诉讼。"

人民法院审理离婚案件，应当首先对当事人进行调解；如夫妻感情确已破裂，调解无效，应准予离婚。至于夫妻感情是否确已破裂的问题，人民法院应当从婚姻基础、婚后感情、离婚原因、夫妻关系现状和有无和好可能等方面进行综合判断。根据《婚姻法》规定，对具有下列情形之一的，人民法院经调解无效，可以视为夫妻感情确已破裂，应准予离婚：①重婚或有配偶者与他人同居的；②实施家庭暴力或虐待、遗弃家庭成员的；③有赌博、吸毒等恶习屡教不改的；④因感情不和分居满二年的；⑤其他导致夫妻感情破裂的情形。此外，夫妻一方被宣告失踪，另一方提出离婚诉讼的，应准予离婚。

3. 离婚的两项特别规定

(1) 对现役军人婚姻的特别保护

“现役军人的配偶要求离婚，须得军人同意。但军人一方有重大过错的除外。”这一规定是对现役军人配偶的离婚请求权的一种限制，旨在从实体法角度对现役军人的婚姻关系进行特殊保护。

(2) 对特殊时期女方婚姻的特别保护

“女方在怀孕期间、分娩后1年内或中止妊娠后6个月内，男方不得提出离婚。女方提出离婚的，或人民法院认为确有必要受理男方离婚请求的，不在此限。”这是我国婚姻法保护妇女儿童的合法权益原则在离婚问题上的具体体现，旨在从程序法角度对处在特殊时期的女性的婚姻予以特殊保护。

（二）离婚的法律效力

离婚的效力又称为离婚的法律后果，是指离婚在夫妻人身关系、夫妻财产关系、父母子女关系等方面所产生的法律后果。



1. 离婚对当事人的法律效力

离婚是夫妻解除婚姻关系的法律行为，离婚导致夫妻身份的丧失，基于婚姻所产生的夫妻间所有的权利和义务随之终止。在人身关系方面，夫妻的同居义务、忠实义务、日常家事代理权等归于消灭，当事人重新获得结婚的权利。在财产关系方面，夫妻的共同财产、扶养义务、遗产继承权也不复存在。

夫妻离婚时应对共同财产进行清算和分割，分割的具体方法由双方协议处理；协议不成时，由人民法院根据财产的具体情况，按照顾女方和子女权益的原则判决。

夫妻离婚时应对一方或双方在婚姻关系存续期间所欠债务进行清偿。

原为夫妻共同生活所欠的债务，以共同财产偿还。如果共同财产不足清偿的，或财产归各自所有的，由双方协议清偿；协议不成时，由人民法院判决。一方单独所负的个人债务，由本人偿还。

如果夫妻书面约定婚姻关系存续期间所得的财产归各自所有，那么一方因抚育子女、照料老人、协助另一方工作等付出较多义务的，离婚时有权向另一方请求补偿，另一方应当予以补偿。

夫妻离婚时，如一方生活困难，另一方应从其住房等个人财产中给予适当帮助。具体办法由双方协议；协议不成时，由人民法院判决。

2. 离婚对子女的法律效力

《婚姻法》规定："父母与子女间的关系，不因父母离婚而消除。离婚后，子女无论由父或母直接抚养，仍是父母双方的子女。"由此可见，离婚只解除夫妻间的权利义务关系，而不能消灭父母子女关系，离婚后的父母双方对子女仍有抚养教育的权利和义务。

(1) 离婚后子女的抚养。离婚后，哺乳期内的子女，以随哺乳的母亲抚养为原则。哺乳期后的子女，如双方因抚养问题发生争执不能达成协议时，由人民法院根据子女的权益和双方的具体情况判决。

(2) 离婚后子女生活费和教育费的负担。一方抚养子女，另一方应负担必要的生活费和教育费的一部或全部。负担费用的多少和期限的长短，由双方协议。协议不成时，由人民法院判决。子女生活费和教育费的协议或判决，不妨碍子女在必要时向父母任何一方提出超过协议或判决原定数额的合理要求。

(3) 离婚后对子女的探望权。离婚后，不直接抚养子女的父或母，有探视子女的权利，另一方有协助的义务。

## 五、 救助措施与法律责任

为防范和制裁婚姻家庭领域内的违法犯罪行为，保护受害人的合法权益，我国婚姻法设置了救助措施与法律责任机制。

救助措施是指救助机关依据受害人的申请而为其提供救援和帮助的各种措施。我国的救助机关包括居民委员会、村民委员会、当事人所在单位、公安机关、法院和检察院；具体的救助措施包括劝阻、调解、制止、惩罚，不同的救助机关依其性质和职权实施相应的救助措施。救助措施的主要目的是促成和解、制止犯罪，维护和谐稳定的婚姻家庭关系。

对违反《婚姻法》规定，侵害他人婚姻家庭权利的行为人，法律应严格追究其法律责任，根据其行为性质、行为方式、危害程度的不同，予以行政处分、行政处罚、民事制裁甚至刑事制裁。

（1）遭受家庭暴力或虐待家庭成员有请求调解、劝阻、制止或处罚的权利。即遭受家庭暴力或虐待的受害人有权提出请求，居民委员会、村民委员会以及所在单位应予以劝阻、调解。对正在实施的家庭暴力，受害人有权提出请求，居民委员会、村民委员会应当予以劝阻；公安机关应当予以制止。实施家庭暴力或虐待家庭成员，受害人提出请求的，公安机关应当依照治安管理处罚的法律规定予以行政处罚。

（2）遭受遗弃的家庭成员有请求劝阻、调解和给付费用的权利。即对遗弃家庭成员，受害人有权提出请求，居民委员会、村民委员会以及所在单位应予以劝阻、调解。对遗弃家庭成员，受害人提出请求的，人民法院应当依法作出支付扶养费、抚养费、赡养费的判决。



（3）对重婚或实施家庭暴力或虐待、遗弃家庭成员构成犯罪的，有依法追究刑事责任的权利。受害人可以依照刑事诉讼法的有关规定，向人民法院自诉；公安机关应当依法侦查，人民检察院应当依法提起公诉。

（4）离婚时无过错一方有请求损害赔偿的权利。即因一方重婚或有配偶与他人同居、实施家庭暴力或虐待、遗弃家庭成员而导致离婚的，无过错方有权请求损害赔偿。

（5）对离婚时隐匿财产等行为的处理和请求再次分割财产的权利。即离婚时，一方隐藏、转移、变卖、毁损夫妻共同财产，或伪造债务企图侵占另一方财产的，分割夫妻共同财产时，对隐藏、转移、变卖、毁损夫妻共同财产或伪造债务的一方，可以少分或不分。离婚后，另一方发现有上述行为的，可以向人民法院提起诉讼，请求再次分割夫妻共同财产。

(6) 对不执行法院判决裁定的处理。即对拒不执行有关扶养费、抚养费、赡养费、财产分割、遗产继承、探望子女等判决或裁定的，由人民法院依法强制执行。有关个人和单位应负协助的责任。

(7) 其他法律对有关婚姻家庭的违法行为和法律责任另有规定的，依照其规定。

## 案例选读

### 干涉婚姻自由的违法行为

甲(女)、乙(男)二人是同村近邻，两小无猜，青梅竹马，相互爱恋。但甲的父母嫌乙家贫穷，不答应他们的婚事，并对乙说："你要娶我女儿也可以，立即送3万元彩礼，人归你。否则，我把她嫁给表兄丙。"乙家贫穷，连3千元也拿不出。甲、乙两个人痛苦万分，一天两个人抱头痛哭到深夜，一起投井而亡，以死抗争。甲的父母借婚姻索取财物的行为构成了干涉婚姻自由的违法行为。如果甲的父母把甲嫁给其表兄，那么就违反了三代以内旁系血亲禁止结婚的规定。



### 结婚的禁止条件

小刚的母亲和小华的父亲是同胞姐弟。表兄妹俩年龄相差无几，上学时总是形影不离。初中毕业以后，两人一起到南方打工。打工期间，为节省房租，两人合租了一套房屋。在互相关心、互相照顾中，他们的感情迅速升温，偷尝了禁果。2007年8月，两人回到家乡，向各自父母提出结婚请求，俗话说"舅表婚，亲上亲"，双方父母均表示同意。同年9月，两人到婚姻登记部门办理结婚登记手续，遭到拒绝，并被告知不予办理登记是因为法律禁止近亲结婚，是为了保证子孙后代的健康。

为了顺利结婚，小华到医院做了绝育手术，并向医院索要了绝育手术证明。2008年1月，两人再次来到婚姻登记部门要求办理结婚登记，但婚姻登记部门仍然以相同的理由拒绝。“我们虽然是表兄妹，但做了绝育手术后，已不存在影响后代健康的问题了，为啥还不允许结婚？”小刚和小华认为，婚姻登记部门不予办理结婚登记，干涉了他们的婚姻自由。2008年5月27日，两人向漯河市郾城区人民法院提起行政诉讼，状告民政局不作为，并要求婚姻登记部门为其办理结婚登记手续。

法院审理后认为，婚姻法规定直系血亲和三代以内的旁系血亲禁止结婚，该规定属于强制性规范，不允许随意变通适用。原告小刚和小华是表兄妹关系，属于婚姻法规定的三代以内旁系血亲，应禁止结婚。即使原告小华做了绝育手术，仍应当适用婚姻法的有关规定，而不能变通法律。据此，法院驳回了原告的诉讼请求。

### 婚约、事实婚姻和同居

2002年7月，万某高中毕业后即与同村的张某开始同居，并订了婚，双方约定等万某满20岁后结婚。后来，两人分别到不同城市打工，刚开始两人你来我往，海誓山盟，渐渐地由于离多聚少，彼此的感情也逐步降温。2004年当万某专程去看望张某时，得知张某刚与另一女子结婚。气愤之下，万某以自己与张某存在婚约和事实婚姻为由，向法院起诉控告张某犯有重婚罪。



法院认为，张某重婚的罪名不成立。在我国订婚没有法律效力，对双方当事人没有法律约束力。万某与张某同居，既未达到法定婚龄，又未履行结婚登记，所以不属于事实婚姻，而是非婚同居关系，无法得到法律的认可和保护。

### 离婚

甲男与乙女经人介绍认识不久后结婚，次年生一女孩。此后，因甲重男轻女思想严重，故开始对乙从冷淡到恶语相向，继而发展到动手打人。乙经常被打得鼻青眼肿，虽经居委会说服教育后，甲答应不再打骂妻子，但事后依然如故而且变本加厉，不仅打乙，有时连孩子也打。无奈，乙向法院提起离婚诉讼。法院认为，甲的行为构成家庭暴力，经调解无效后，判决准予离婚。

**父母子女关系**

贾男与郭女是中学同学，后两人多次发生两性关系，导致郭怀孕。但贾否认自己是孩子的生父，且认为自己与郭无婚姻关系，拒不支付郭住院生育孩子期间的住院费、营养费、医疗费以及孩子的抚养费。郭遂向法院起诉。亲子鉴定结果确认贾是孩子的生父。法院认为，贾以与郭无婚姻关系为由拒付各项费用，是对法律无知的表现。判决贾支付郭某部分住院分娩费、营养费，支付亲子鉴定费，承担孩子的部分抚养教育费至孩子独立生活为止。

**家庭暴力**

家庭暴力是全球性的社会问题。1999年联合国通过了《消除对妇女暴力的宣言》。《宣言》将家庭暴力定义为“在家庭内发生的身心方面和性方面的暴力行为，包括殴打、家庭中对女童的性虐待、强奸配偶和其他有害于妇女的传统习俗、非配偶的暴力行为和与剥削有关的暴力行为”。并确定了11月25日为“国际消除对妇女的暴力日”。我国《最高人民法院关于适用〈中华人民共和国婚姻法〉若干问题的解释》中对家庭暴力的定义是：“行为人以殴打、捆绑、残害、强行限制人身自由或者其他手段，给家庭成员造成一定伤害后果的行为。”

家庭暴力的法律特征是：(1)主体是家庭成员。加害人和受害人一般具有亲属关系，并共同生活。(2)客体是人身权利。包括身体权、健康权、人身自由权等。(3)主观方面行为人存在暴力故意，动机可以各不相同。(4)客观方面加害人实施了造成一定伤害后果的暴力行为。

家庭暴力受《民法通则》、《婚姻法》、《妇女权益保障法》、《治安管理处罚法》和《刑法》等不同法律的调整。《婚姻法》第46条规定，实施家庭暴力或虐待、遗弃家庭成员而导致离婚的，无过错方有权请求损害赔偿。最高人民法院《关于确定民事侵权精神损害赔偿责任若干问题的解释》规定，配偶一方请求精神损害赔偿，应当符合下列要件：(1)配偶一方的人格权受到非法侵害。(2)实施家庭暴力或虐待、遗弃的行为造成了严重后果。(3)请求方必须是无过错一方。(4)离婚过错赔偿和离婚诉讼必须同时提起。单独提起损害赔偿请求的，法院不予受理。

由于家庭暴力行为发生在家庭内部，具有隐蔽性，暴力形式多种多样，伤害程度以较轻居多，受害者又不愿自曝“家丑”，所以预防和制止家庭暴力具有一定操作难度。

## 案例及其评析

### 婚姻自由

**案情：**张某的丈夫因病去世后，张某带着4岁儿子仍与公婆住在一起。后与公婆发生矛盾，经村委会调解，张某和儿子分得一间住房和部分家产等丈夫的遗产。张某与同村一男子恋爱，有意再婚，公婆得知后多次威胁张某：如果改嫁，房子留下，遗产一样都不许带走。孙子是他们家的根，也不准带走。

**评析：**这是违反婚姻自由原则，干涉寡妇再婚的违法行为。张某公婆的行为既侵害了张某的婚姻自由权，也侵害了张某对子女的监护权、张某对已继承遗产的所有权。



### 离婚损害赔偿

**案情：**38岁苏菲是宁波一出租车司机。1994年，她与丈夫辞去工作，办起砖瓦厂，生意较好。有钱后，丈夫许方应酬多了，回家少了，有时彻夜不归。1997年好友告诉苏菲：许方包养了18岁的江西姑娘晓红，苏菲万分心痛。而许方却说生意场难免会有应酬，发生这样的事不必大惊小怪。为了挽回婚姻，苏菲找到晓红央求其离开许方，晓红同意离开，并保证不再与许方联系。可是没过多久，许方又将晓红接到宁波，苏菲多次规劝，均无济于事。苏菲心碎，只好回到娘家，白天开车，夜晚暗自流泪。为了儿子，苏菲不想离婚，期待丈夫回心转意。然而，许方却于2001年9月向法院提出离婚诉讼。诉讼期间，苏菲通过晓红了解到，许方与晓红相处了4年后，逐渐失去热情，并结识了另一位18岁姑娘鹃鹃。心灰意冷的苏菲终于同意离婚，并提出离婚损害赔偿。

法院认定许方在婚姻关系存续期间与他人同居的事实成立，判决准予离婚，许方支付苏菲损害赔偿金3万元。

**评析：**所谓"包二奶"，是指已婚男子以金钱物质利益供养婚外异性，长期保持非法性关系的行为。"包二奶"以及重婚、姘居、婚外性行为等现象呈增多趋势，是对一夫一妻制度的破坏。因此，2001年修改《婚姻法》时增加了"夫妻互负忠实义务"的法律规定。违反此规定的法律责任主要体现在两个方面：一是离婚时有过错的配偶一方，在分割夫妻共同财产的时候应少分或者不分；二是离婚损害赔偿。离婚损害赔偿是指由于配偶一方有法定过错而导致离婚的，无过错方有权要求过错方给予损害赔偿的制度。此案中，苏菲因此得到了3万元的离婚损害赔偿。

那么，许方的行为是否构成重婚呢？不是。构成重婚的关键在于：有配偶者与他人登记结婚或者与他人公然以夫妻名义共同生活。



# 第二节　继承法

## 一、继承法的概念和基本原则

### （一）继承与继承法

继承法是调整财产继承关系的法律规范的总称。财产继承是一项重要民事法律制度，是指将公民死亡时遗留的个人合法财产依法转移给他人所有的一种法律制度。

在继承法律关系中，遗留财产的死亡公民称为被继承人；有权继承被继承人遗留财产的人称为继承人；被继承人死亡时遗留的个人合法财产称为遗产；继承人依照法律规定或依据被继承人生前所立有效遗嘱而取得遗产的权利称为继承权。

**（二）我国继承法的基本原则**

（1）保护公民私有财产继承权原则。这是继承法的首要原则，它体现我国宪法保护公民私有财产权和继承权的基本精神，是继承法的目的和任务。

（2）继承权男女平等原则。继承权的取得和实现过程中，男女地位平等，不因性别不同而被区别对待。

（3）养老育幼、照顾“弱者”原则。对生活困难需要赡养的老年继承人、对没有独立生活能力的未成年继承人、对生活有特殊困难又缺乏劳动能力的继承人，应当保护其继承权，分配遗产时应适当予以照顾；对胎儿应保留其继承份额；对继承人以外的依靠被继承人扶养的缺乏劳动能力又没有生活来源的人，可以分给适当的遗产。

（4）互谅互让、和睦团结原则。分配遗产时，继承人之间应互谅互让、和睦团结，协商确定继承份额和遗产分配方式。

## 二、法定继承



**（一）法定继承的概念和适用范围**

法定继承，是指继承人的范围、继承的顺序、遗产分配的原则均由法律直接规定的一种继承方式，也称无遗嘱继承。

“遗嘱优先”是各国继承法在确定继承方式问题上都遵循的一个通例。根据我国继承法的规定，在下列情形下适用法定继承：(1)被继承人生前未立遗嘱，也未订立遗嘱扶养协议；(2)遗嘱继承人放弃继承或受遗赠人放弃受遗赠；(3)遗嘱继承人丧失继承权；(4)遗嘱继承人、受遗赠人先于遗嘱人死亡；(5)遗嘱无效部分涉及的遗产；(6)遗嘱未处分的遗产。

### （二）法定继承人的范围和顺序

法定继承人是指按照法律规定有权继承被继承人遗产的人。我国继承法以婚姻关系、血缘关系和抚养关系为依据，在近亲属范围内确定法定继承人的范围和顺序。

法定继承人包括：配偶、子女（包括婚生子女、非婚生子女、养子女和有抚养关系的继子女）、父母（包括生父母、养父母和有抚养关系的继父母）、兄弟姐妹（包括同父母的兄弟姐妹、同父异母或同母异父的兄弟姐妹、养兄弟姐妹、有扶养关系的继兄弟姐妹）、祖父母和外祖父母，对公婆或岳父母尽了主要赡养义务的丧偶儿媳或丧偶女婿也有权继承公婆或岳父母的遗产。

并非所有的法定继承人都可以同时继承遗产，而是要按照法律规定的先后顺序，依次继承。我国《继承法》把法定继承人分为两个顺序：配偶、子女、父母为第一顺序继承人。同时，丧偶的儿媳对公婆或者丧偶的女婿对岳父母尽了主要赡养义务的，也是第一顺序继承人。兄弟姐妹、祖父母、外祖父母为第二顺序继承人。继承开始后，由第一顺序继承人继承遗产，第二顺序继承人不能继承。只有在没有第一顺序继承人、第一顺序继承人全部放弃或全部丧失继承权的情况下，才由第二顺序继承人继承。同一顺序的继承人继承遗产时，没有先后之分。

### （三）代位继承和转继承

代位继承是法定继承的一种特殊形式，是指被继承人的子女先于被继承人死亡的，该死亡子女的继承份额由其晚辈直系血亲代替继承。先于被继承人死亡的子女是被代位人，被代位人的晚辈直系血亲是代位继承人，代位继承人依法享有代位继承权，代位继承人无论人数多少，一般只能继承他（或他们）的父亲或母亲有权继承的份额。

转继承是指继承人在继承开始后遗产分割前死亡，其所应继承的遗产份额转由其继承人进行继承，又称再继承。转继承只适用于继承人在继承开始以后，遗产分割以前死亡，且其继承权没有丧失或未放弃的情况。

## 三、遗嘱继承

### （一）遗嘱继承的概念

遗嘱继承又称指定继承，是指按照被继承人生前所立合法有效的遗嘱来确定继承人并进行遗产转移的一种继承方式或继承制度。我国《继承法》规定："公民可以立遗嘱将个人财产指定由法定继承人的一人或者数人继承。"生前立有遗嘱的被继承人称为遗嘱人或立遗嘱人，遗嘱中指定的继承人称为遗嘱继承人。

遗嘱继承的效力优于法定继承。被继承人生前立有合法有效的遗嘱时，应当首先按照遗嘱进行继承。

### （二）遗嘱

遗嘱是指公民生前按照法律的规定，对自己的财产和相关事务作出预先处分并于死亡后发生效力的民事行为。

#### 1. 遗嘱的有效条件

遗嘱必须符合下列条件才能具有法律效力：

(1)遗嘱人立遗嘱时，必须具有完全民事行为能力。无行为能力人或者限制行为能力人所立的遗嘱无效。立遗嘱后丧失行为能力，不影响遗嘱的效力；(2)遗嘱必须是遗嘱人真实意思的表示。因受胁迫、欺骗所立的遗嘱无效，伪造遗嘱无效；遗嘱被篡改的，篡改的内容无效。(3)遗嘱的内容和形式必须合法。

#### 2. 遗嘱的法定形式

我国遗嘱的法定形式分为五种：(1)公证遗嘱。即经过国家公证机关认可办理了公证手续的遗嘱。(2)自书遗嘱。即由遗嘱人亲笔书写的遗嘱。(3)代书遗嘱，即由遗嘱人口授内容由他人代笔书写的遗嘱。(4)录音遗嘱，即以录音方式制作的遗嘱人的口授语音遗嘱。(5)口头遗嘱，即由遗嘱人口头表述的没有物质载体记录的遗嘱。

3. 遗嘱的变更和撤销

遗嘱人有权对自己所立遗嘱予以变更或撤销。新的遗嘱可以变更或撤销原遗嘱,如遗嘱人先后立有数份内容相抵触的遗嘱,应以最后的遗嘱为准。自书、代书、录音、口头遗嘱都不得撤销、变更公证遗嘱。遗嘱人撤销遗嘱后未立新遗嘱的,其遗产按法定继承方式处理。

**(三)遗赠和遗赠扶养协议**

《继承法》规定:"公民可以立遗嘱将个人财产赠给国家、集体或者法定继承人以外的人。"遗赠是公民以遗嘱方式将自己遗产的一部分或全部赠与国家、集体组织或法定继承人以外的人的民事行为。受遗赠人应在知道受遗赠后的两个月内作出接受的表示,到期不表示的,视为放弃接受遗赠。

《继承法》规定:"公民可以与扶养人签订遗赠扶养协议。"所谓遗赠扶养协议,是指公民(遗赠人或受扶养人)与扶养人(法定继承人以外的个人或集体组织)之间订立的关于扶养人承担遗赠人生养死葬的义务,同时享有接受遗赠人遗产的权利的协议。

## 四、遗产的处理

**(一)继承的开始**

继承从被继承人死亡时开始。被继承人的死亡包括自然死亡和宣告死亡。

继承开始后,按照法定继承办理;有遗嘱的按照遗嘱继承或者遗赠办理;有遗赠扶养协议的按照扶养协议办理。

继承开始后,继承人放弃继承的,应当在遗产处理前作出放弃遗产的表示,没有表示的,视为接受继承。

继承人有下列行为之一的,丧失继承权:故意杀害被继承人的;为争夺遗产而杀害其他继承人的;遗弃被继承人的或者虐待被继承人情节严重的;伪造、篡改或者销毁遗嘱,情节严重的。

（二）遗产的范围

遗产是公民死亡时遗留的个人合法财产。遗产包括：公民的合法收入；公民的房屋、储蓄和生活用品；公民的林木、牲畜和家禽；公民的文物、图书资料；法律允许公民所有的生产资料；公民的著作权、专利权中的财产权利；公民的其他合法财产，如有价证券、以财产为履行标的物的债权，等等。

遗产分割前应首先确定遗产的范围。当遗产与他人财产混合在一起时，应把遗产与他人财产区分开来，划清遗产与他人财产、与共有财产的界限。

继承遗产应当清偿被继承人依法应当缴纳的税款和债务，缴纳税款和清偿债务应以被继承人的遗产实际价值为限。继承人放弃继承的，对被继承人依法应当缴纳的税款和债务可以不负偿还责任。

（三）遗产的分割

有多人共同继承遗产时，任何一个继承人都有权随时要求分割遗产，其他继承人不得拒绝。分割遗产时应当保留未出生胎儿的继承份额。共同继承人应当本着互谅互让、和睦团结的精神，协商处理继承问题。遗产分割的时间、办法和份额，由继承人协商确定。协商不成的，可以由人民调解委员会调解或者向人民法院提起诉讼。分配遗产时，对生活有特殊困难的缺乏劳动能力的继承人，应当予以照顾。对被继承人尽主要扶养义务的或者与被继承人共同生活的继承人可以多分。有扶养能力和扶养条件而对被继承人不尽扶养义务的继承人，应当不分或者少分。分割遗产应当有利于生产和生活需要，不损害遗产的效用。不宜分割的遗产，可以采取折价补偿或者共同所有等方法处理。

对继承人以外的依靠被继承人扶养的缺乏劳动能力又没有生活来源的人，或者继承人以外的对被继承人扶养较多的人，可以分给他们适当的遗产。

无人继承又无人受遗赠的遗产，归国家所有；死者生前是集体所有制组织成员的，归所在集体所有制组织所有。

## 案例选读

### 胎儿继承份额的保留

财产继承，应当为胎儿保留的遗产份额，没有保留的应从继承人所继承的遗产中扣回。胎儿继承份额的保留，是指在分割遗产时，如果有胎儿的，且该胎儿出生后属被继承人的法定继承人，应当为胎儿保留继承份额的制度。由于胎儿未出生，不具有民事权利主体资格，理论上不具有继承权。然而，为保护母亲和胎儿利益，法律特别规定在分割遗产时应对胎儿加以特殊保护。我国《继承法》第28条明确规定："遗产分割时，应当保留胎儿的继承份额。"最高人民法院《关于贯彻执行〈中华人民共和国继承法〉若干问题的意见》第45条规定，"为胎儿保留的遗产份额，如胎儿出生后死亡的，由其继承人继承；如胎儿出生时就是死体的，由被继承人的继承人继承。"也就是说：如果胎儿出生时是活体，则保留份额为该婴儿所有，可由其母亲代为保管。如果是多胞胎的，则应按胎儿的数量保留继承份额。如果胎儿出生后不久即死亡，则该保留份额为该婴儿所有，并由该死婴的法定继承人按法定继承分割死婴遗产。如果胎儿脱离母体时为死胎，则该保留的份额属被继承人的遗产，由除死婴之外的继承人再继承分割。



## 案例及其评析

### 转继承

李某外祖母病故后，其母亲在料理丧事期间，因食物中毒，经抢救无效死亡。外祖母留下瓦房五间，本应由李母和其舅舅共同继承，由于李母死亡，瓦房五间应由李某舅舅和李母的法定继承人继承。李母的法定继承人有李某的父亲、姐姐和李某本人，三人共同继承李母应得份额，这在法律上叫做"转继承"。

### 遗嘱继承

**案情：**周某是著名科学家，早年丧妻，有一子一女，均已结婚。周某因与儿子、儿媳关系不和，曾给儿子5万元，让他们自己购房住，周某生活由女儿照顾。在女儿一家出国期间，周某心脏病突发，其儿子、儿媳却装作不知道，多亏邻居王某照顾。周某在病危期间，请来了两名医生作证，亲笔立下遗嘱和遗赠：将其30万元存款赠给某慈善机构；2万元赠给邻居王某，留给女儿6万元。周某去世后，其儿子认为自己是法定继承人，至少应与妹妹平分父亲遗产，遂提起诉讼。

**评析：**遗嘱继承的效力优于法定继承，被继承人周某生前所立遗嘱合法有效，应当按照遗嘱进行继承、办理遗赠。

### 公证遗嘱

**案情：**某公司经理生有甲、乙二子。甲无工作，在家务农；乙在大学任教，经济较好。考虑到这一状况，该经理立下遗嘱，“我死后，房产归甲继承。”并到公证处办理了公证。后甲也在其父帮助下开办了公司，生意越做越红火，收入颇丰。根据这一情况，该经理又亲笔写下遗嘱，“我死后，房产归乙继承。”不久该经理去世，甲、乙两兄弟因房产继承发生了争执，二人各持一份遗嘱，争执不下。

**评析：**根据继承法规定，其他形式的遗嘱不得撤销、变更公证遗嘱。本案应以公证遗嘱为准，房产由甲继承。



### 遗产的确定、遗嘱的效力

**案情：**姜某的父亲生前与姜某的继母购有一套两居室住房。姜老先生去世后，继母认为房屋由其夫妻两人出资购买，且房产证现已变更到了其名下，因此房屋应当归其所有。姜某以父亲生前所立的表示在其去世后该住房二分之一归女儿所有的遗嘱为依据向法院起诉。

**评析：**该房产应认定为姜某父亲与姜某继母的夫妻共同财产，姜老先生的遗产只是其中的一半。如果姜老先生的遗嘱有效，则姜某可得到该房产的一半。如果该遗嘱无效，那么姜老先生的遗产应按法定继承。如果法定继承人只有是姜某和继母两个人，姜某可继承该房产的四分之一，另四分之三归其继母所有。继母将房产变更到自己名下的行为，侵害了姜某的继承权。

## 相关概念

婚姻关系　家庭关系　婚姻自由　一夫一妻　结婚条件　离婚程序　法定继承　遗嘱继承　代位继承　遗赠　遗产

## 思考题

1. 婚姻法有哪些基本原则?
2. 简述结婚的必备条件和禁止条件。
3. 如何正确理解离婚自由的含义?
4. 父母子女间有哪些权利和义务?
5. 简述法定继承人的范围和顺序。
6. 遗嘱有效应具备哪些条件?

## 案例分析



1. 杨某与游某于1997年12月自由恋爱，1998年5月登记结婚，婚后未生育小孩。2001年4月游某实施变性手术，并于2001年7月在公安机关将姓名变更登记为白和，同时办理了性别、身份证变更登记。杨某于2002年2月1日向法院起诉，以白和已变更性别为由，要求与被告白和离婚。法院受理此案后存在不同意见：一种意见认为，白和仍为男性(理由是白和的染色体仍为XY，且没有子宫和卵巢，本质上仍为男性)，案件按一般婚姻纠纷案件处理。另一种意见认为，白和为女性，处理方式有以下三种：按一般婚姻纠纷案件处理，只是在法律文书中叙述白和性别为女性，并加注说明原男性性别；用宣告双方婚姻无效的方式处理；法院驳回起诉，婚姻关系自然解除。

问：你同意何种观点？

2. 李某与前妻生有甲、乙两个孩子。后他与张女士再婚，又生有A、B、C三个孩子。甲从小由张女士抚养。李某和甲在一次事故中同时死亡，不久张女士也因病逝世。张女士生前一直居住在B家，由其赡养。张女士与前夫所生子女D、E经常去看望她，并为她支付了部分医药费。张女士去世后，A、C起诉B，要求继承张女士的遗产。丙是甲的儿子，丙认为，张女士的遗产中有自己母亲甲的份额，所以，加入到诉讼中，要求代位继承遗产。乙明确表示放弃继承权。张女士在死后没有留下遗嘱。

问：1. 哪些人享有对张女士遗产的继承权？

2. 丙是否享有代位继承权？

# 第六章
# 劳动法

**在本章中，你将——**

- ◆ 理解劳动法的概念、调整对象、适用范围等基本原理
- ◆ 掌握劳动合同的订立、形式、内容、效力以及变更、解除和终止的条件和程序
- ◆ 知晓工作时间、休息休假、工资、劳动保护等劳动基准的主要内容
- ◆ 了解我国劳动争议的处理机制

## 第一节　劳动法概述

### 一、劳动法的概念

劳动法是调整劳动关系和与劳动关系密切联系的其他社会关系的法律规范的总称。劳动法产生于19世纪初，经不断发展和完善，已成为当今世界各国法律体系中一个具有重要地位的独立的法律部门。

我国的劳动法制建设经历了曲折的发展过程。在计划经济时代，我国的劳动立法工作不受重视，劳动领域社会关系的调整，主要依据行政政策、行政手段。随着我国逐步迈进市场经济时代，劳动法制建设也得以逐步加

强，劳动法律体系得到不断完善。1994 年 7 月 5 日我国颁布了《中华人民共和国劳动法》，并于 1995 年 1 月 1 日起施行。这是一部调整劳动关系的综合性法律，承担着保障劳动者的基本权利、维护稳定和谐的劳动关系、促进市场经济的发展历史使命，在我国劳动立法进程中起着里程碑作用。2007 年，广受社会关注的三部劳动法律《中华人民共和国劳动合同法》、《中华人民共和国就业促进法》、《中华人民共和国劳动争议调解仲裁法》相继出台，把我国劳动法制建设推进到一个新阶段，不仅充实了劳动法律体系，完善了劳动法律制度，而且对在市场经济体制下构建和发展和谐稳定的劳动关系发挥着巨大作用。

## 二、 劳动法的调整对象

我国劳动法的调整对象包括两大类社会关系：一是劳动关系；二是与劳动关系有密切联系的某些关系。

首先，劳动关系是劳动法最主要的最基本的调整对象。广义的劳动关系一般是指人们在从事劳动过程中发生的各种社会关系。劳动法所调整的劳动关系是狭义的劳动关系，是劳动力所有者与劳动力使用者之间为实现劳动过程而产生的劳动力与生产资料相结合的社会关系。在我国，劳动关系可以具体表述为：用人单位招用劳动者为其成员，劳动者在用人单位的管理下提供有报酬的劳动而产生的权利义务关系。



劳动关系具有以下特征：

第一，劳动关系的主体具有特定性，一方是劳动力的所有者，即劳动者；另一方是劳动力的使用者，我国称之为用人单位。劳动者把自己劳动力的使用权让渡给用人单位，把劳动力与用人单位提供的生产资料相结合进行劳动，从而形成劳动关系。

我国劳动法对用人单位和劳动者的范围作了限制：中国境内的各类企业、个体经济组织、民办非企业单位等组织是用人单位，一律适用劳动法；国家机关、事业单位、社会团体与劳动者形成劳动关系时，才成为用人单位，也才适用劳动法；公务员和比照实行公务员制度的事业组织和社会团体的工作人员、农村劳动者（乡镇企业职工和进城务工、经商的农民除外）、现役军人和家庭保姆等，不属于劳动法上的劳动者主体。

第二，劳动关系是当事人在实现劳动的过程中发生的，其内容与劳动直接联系。实现劳动既是劳动关系存在的基础，也是建立劳动关系的目的，双方当事人的权利义务都围绕劳动这一核心内容设立和展开，与劳动过程密不可分。

第三，劳动关系兼有财产关系和人身关系双重属性。劳动者通过让渡劳动力、为用人单位提供劳动来换取生活资料，其中的财产属性显而易见。而劳动者的劳动力与劳动者的人身不可须臾分离，劳动者向用人单位让渡劳动力的过程中，自身也必然要接受用人单位的指挥和管理，其中的人身属性必然存在。

第四，劳动关系兼有形式上的平等性和实际上的隶属性。从形式看，劳动者与用人单位的法律地位平等，双方通过平等协商、双向选择来确立劳动关系；然而由于劳动力市场供需关系的严重失衡，由于双方经济地位和力量对比的悬殊，强资本弱劳工导致用人单位与劳动者实际地位的不平等。再者，劳动关系一经确立，劳动者便成为用人单位的成员，就应当按照用人单位的要求提供劳动，双方形成管理与被管理、指挥与服从的关系。

其次，劳动法也调整与劳动关系密切联系的其他社会关系。包括：劳动行政关系、劳动服务关系、社会保险关系、劳动争议处理关系，等等。这些社会关系有的是确立劳动关系的必要基础，有的是伴随劳动关系的运行为协调劳动关系而存在，有的则是劳动关系导致的结果，它们与劳动关系密切联系，因而都是劳动法的调整对象。

## 三、劳动法的特征

### （一）在法律性质上兼容公法与私法的属性

劳动关系最初是由私法按照平等保护原则、适用雇佣合同来调整的，国家一般不干预劳动领域的雇佣自由和劳动关系。但是随着垄断资本主义的发展，作为雇主的企业力量越趋强大，孤立而且弱小的劳工无力与之抗衡，双方地位越趋悬殊，劳工权益通常得不到保护。国家开始以国家公权力介入私法领域，用强制性规定限制强资本保护弱劳工，以社会公平理念调整劳动关系，这就开启了私法公法化的先河。在公私法日益交融的大背景下，劳动法逐步脱离原有的民法范畴，与公法规范相结合，形成为独立的劳动法体系。

### （二）在价值取向上倾斜保护劳动者

用人单位和劳动者之间力量不均衡、地位不平等的特点，决定了劳动法从其诞生起就具有倾斜保护劳动者的价值取向。劳动法在设定双方当事人权利义务的规定中偏重于规定劳动者的权利和用人单位的义务。以强行性的保护性规范确定劳动基本标准，保护劳动者的基本利益。对用人单位解除劳动合同进行严格限制，以防止用人单位滥用解雇权。劳动法只准提高不准降低的最低标准。因此劳动法被称为劳动者保护法。



### （三）在规范模式上强制性规范与任意性规范相结合

为保护劳动者权益，劳动法的规定大多属于强制性规范，以强制性规范为主，尤其在劳动基本标准方面。但是劳动法在倾斜保护劳动者的同时，也兼顾对用人单位的保护。所以劳动法把劳动关系设定为合同关系，要求当事人在平等、自愿、协商一致的基础上约定权利义务，实现利益协调。

### （四）在立法内容上是实体法和程序法的配套

劳动法不仅规定了用人单位和劳动者双方的劳动权利和义务，而且规定了劳动关系运行过程中的许多程序性问题。既有实体法的内容，也有程序法的内容。劳动法对订立集体合同的程序、解除劳动合同的程序、申请工伤认定的程序、劳动争议的处理程序等都有规定。

## 案例选读

**劳动关系与劳务关系的区别**

**案情**：原告王某2001年6月21日，经人介绍到被告北京市昌平区某林业工作站工作，负责绿化和消防工作，月均工资为2 500元。自2008年8月起，被告负责人多次找原告谈话，要求与原告签订承包协议书，由原告承包被告处的绿化和消防工作。原告先后咨询了劳动局工作人员和律师，搞清楚了原告与被告是事实劳动关系，如果转为承包关系，原告的劳动权益将得不到保障，因此原告拒绝与被告签订承包合同。2008年10月，被告通知原告解除双方的劳动关系。原告要求法院判决被告支付未签订劳动合同双倍工资差额、加班工资、未缴纳社会保险赔偿金、违法解除劳动关系经济补偿金等合计14.6万元。被告称：被告与原告系造林工程合同的当事人，双方之间是民法意义上的合同关系，而非劳动关系，原告的诉讼请求不具备事实依据，故请求法院予以驳回。

法院认为，原告未能提供出有效证据证明双方之间存在劳动关系，被告又否认双方存在劳动关系，且被告提供的支出凭单中明确载明支付给原告的款项系造林施工款、工程款，原告也认可支出凭单的签字，故无法认定双方之间存在事实劳动关系，因此，对原告的诉讼请求不予支持。



# 第二节 劳动合同和集体合同

## 一、劳动合同的概念

劳动合同又称劳动协议，指劳动者和用人单位确立劳动关系、明确双方劳动权利和劳动义务的协议。

劳动合同是规范、协调劳动关系最基本的法律形式，是劳动者实现和维护劳动权利的重要保障，也是用人单位进行劳动管理的有效手段。从1996年起，我国开始全面推行劳动合同制度，此前由国家行政统一计划统一分配的固定工制度被打破，劳动关系由计划经济体制下的行政隶属关系转变为市场经济体制下的契约关系。劳动用工由用人单位面向社会公开招收、择优录用，劳动者自主择业、能进能出，传统的计划用工制度转变为了劳动合同制度。2007年6月29日，由第十届全国人大常委会第二十八次会议通过的《劳动合同法》是我国规范劳动合同制度最重要的法律依据。

## 二、 劳动合同的形式

订立书面劳动合同是用人单位与劳动者建立劳动关系的法定形式。依照《劳动法》和《劳动合同法》的规定，用人单位自用工之日起即与劳动者建立劳动关系；建立劳动关系应当订立劳动合同，劳动合同应当以书面形式订立；已建立劳动关系，未同时订立书面劳动合同的，应当自用工之日起一个月内订立书面劳动合同。用人单位自用工之日起超过一个月不满一年未与劳动者订立书面劳动合同的，应当向劳动者每月支付两倍的工资，并与劳动者补订书面劳动合同；用人单位自用工之日起满一年不与劳动者订立书面劳动合同的，视为用人单位与劳动者已订立无固定期限劳动合同。由此可见，劳动法是把订立书面合同设定为用人单位的应尽义务来加以规定的。

用人单位招用劳动者未订立书面合同，但用工已经开始，双方实际履行了劳动的权利和义务的，形成事实劳动关系。虽然事实劳动关系欠缺法定形式，但劳动法并不一概否定其效力。为保护劳动者的合法权益，通常会依法确认双方当事人劳动权利义务关系的存在，同时责令纠正错误、及时补签书面劳动合同。

## 三、 劳动合同的种类

按劳动合同期限的不同，劳动合同分为固定期限劳动合同、无固定期限劳动合同和以完成一定工作任务为期限的劳动合同。固定期限劳动合同，是指用人单位与劳动者约定了合同终止时间的劳动合同。双方当事人可以根据生产、工作的需要确定劳动合同的期限。无固定期限劳动合同，是指用人单位与劳动者约定无确定终止时间的劳动合同。除非双方当事人协商，或者依据法定的条件和程序，否则无固定期限劳动合同不因为时间的推移而终止。以完成一定工作任务为期限的劳动合同，是指用人单位与劳动者约定以某项工作的完成为合同终止期限的劳动合同。它一般适用于建筑业、临时性、季节性的工作或由于其工作性质可以采取此种合同期限的工作岗位。

选择何种劳动合同，由用人单位与劳动者在协商一致的基础上决定。但是《劳动合同法》规定："有下列情形之一，劳动者提出或者同意续订、订立劳动合同的，除劳动者提出订立固定期限劳动合同外，应当订立无固定期限劳动合同：(一)劳动者在该用人单位连续工作满十年的；(二)用人单位初次实行劳动合同制度或者国有企业改制重新订立劳动合同时，劳动者在该用人单位连续工作满十年且距法定退休年龄不足十年的；(三)连续订立二次固定期限劳动合同，且劳动者没有本法第三十九条和第四十条第一项、第二项规定的情形，续订劳动合同的。用人单位自用工之日起满一年不与劳动者订立书面劳动合同的，视为用人单位与劳动者已订立无固定期限劳动合同。"用人单位违反法律规定不与劳动者订立无固定期限劳动合同的，自应当订立无固定期限劳动合同之日起向劳动者每月支付两倍的工资。



## 四、 劳动合同的订立和效力

订立劳动合同的过程，是用人单位与劳动者进行平等协商，依法以合同条款形式确定相互间劳动权利和义务的过程，双方应当遵循合法、公平、平等自愿、协商一致、诚实信用的原则。劳动合同经用人单位与劳动者协商一致，并经双方在文本上签字或者盖章即可生效。劳动合同文本由用人单位和劳动者各执一份。

依法订立的劳动合同对用人单位和劳动者双方都有约束力。但是如果存在以下情形的，将导致劳动合同无效或者部分无效：以欺诈、胁迫的手段或者乘人之危，使对方在违背真实意思的情况下订立或者变更劳动合同的；或者用人单位在劳动合同中免除自己的法定责任、排除劳动者权利的；双方约定的内容违反法律、行政法规强制性规定的；订立劳动合同的当事人不具备劳动法规定的主体资格条件的。

## 五、 劳动合同的内容

劳动合同的内容，即劳动合同条款，它是用人单位和劳动者依据法律、通过平等协商约定的关于双方劳动权利和劳动义务的具体条款。劳动合同条款分为必备条款和补充条款两部分。

必备条款是法律规定的劳动合同必须具备的条款。《劳动合同法》规定："劳动合同应当具备以下条款：（一）用人单位的名称、住所和法定代表人或者主要负责人；（二）劳动者的姓名、住址和居民身份证或者其他有效身份证件号码；（三）劳动合同期限；（四）工作内容和工作地点；（五）工作时间和休息休假；（六）劳动报酬；（七）社会保险；（八）劳动保护、劳动条件和职业危害防护；（九）法律、法规规定应当纳入劳动合同的其他事项。"



补充条款是由用人单位和劳动者协商约定的条款，缺少补充条款不影响劳动合同的成立。补充条款涉及的事项可以包括试用期、培训与服务期、保守秘密与竞业限制、补充保险和福利待遇、第二职业条款等。

### （一）试用期

试用期指用人单位和劳动者为了相互了解和进一步选择，在劳动合同中约定的一定期限的考察期。试用期包含在劳动合同期限内。劳动合同仅约定试用期的，试用期不成立，该期限为劳动合同期限。试用期最长不得超过六个月。同一用人单位与同一劳动者只能约定一次试用期。以完成一定工作任务为期限的劳动合同或者劳动合同期限不满三个月的，不得约定试用期。劳动者在试用期的工资不得低于本单位相同岗位最低档工资或者劳动合同约定工资的百分之八十，并不得低于用人单位所在地的最低工资标准。

### （二）服务期

服务期指的是在劳动合同签订之时或劳动合同履行过程中，因用人单位对劳动者提供专项培训费用、进行专业技术培训或者提供特殊待遇，经双方协商约定的劳动者必须为用人单位提供劳动的期限。劳动者违反服务期约定的，应当按照约定向用人单位支付违约金，但违约金的数额不得超过用人单位提供的培训费用。用人单位要求劳动者支付的违约金不得超过服务期尚未履行部分所应分摊的培训费用。

### （三）保密和竞业限制

用人单位为保护本单位的商业秘密，可以与接触、了解或掌握商业秘密的劳动者协商签订保密协议或保密条款，明确保密的对象、内容、范围、期限、措施等。

对负有保密义务的劳动者，用人单位可以在劳动合同或者保密协议中与劳动者约定竞业限制条款。竞业限制是指已经解除或终止劳动关系的劳动者，在一定期限内不得到生产同类产品或经营同类业务且具有竞争关系的其他单位任职，也不得自己开业生产或者经营与原单位有竞争关系的同类产品或同类业务。竞业限制的人员限于用人单位的高级管理人员、高级技术人员和其他负有保密义务的人员，竞业限制的期限不得超过二年。在竞业限制期限内用人单位应按月给予劳动者经济补偿。劳动者违反竞业限制约定的，应当按照约定向用人单位支付违约金。

## 六、劳动合同的履行和变更

依法订立的劳动合同具有法律约束力，不论是用人单位还是劳动者，都应当全面履行劳动合同中约定的各自的义务。《劳动合同法》明确规定："用人单位应当按照劳动合同约定和国家规定，向劳动者及时足额支付劳动报酬。""用人单位应当严格执行劳动定额标准，不得强迫或者变相强迫劳动者加班。用人单位安排加班的，应当按照国家有关规定向劳动者支付加班费。""劳动者拒绝用人单位管理人员违章指挥、强令冒险作业的，不视为违反劳动合同。劳动者对危害生命安全和身体健康的劳动条件，有权对用人单位提出批评、检举和控告。"

依法订立的劳动合同具有法律约束力，无论是用人单位和还是劳动者，任何一方都不得擅自变更依法订立的劳动合同。但是，劳动合同订立时的客观条件和情况如果发生较大变化，会导致劳动合同的部分内容无法履行，所以法律允许用人单位和劳动者可以通过协商对劳动合同约定的内容进行修改或增减，这就是劳动合同的变更。

用人单位变更名称、法定代表人、主要负责人或者投资人等事项，不影响劳动合同的履行。用人单位发生合并或者分立等情况，原劳动合同继续有效，劳动合同由承继其权利和义务的用人单位继续履行。变更劳动合同，应当采用书面形式。变更后的劳动合同文本由用人单位和劳动者各执一份。



## 七、劳动合同的解除和终止

### （一）劳动合同的解除

劳动合同的解除是指劳动合同有效期间，由双方当事人合意或因一方当事人单方要求提前终止劳动合同法律效力的行为。劳动合同的解除方式分为法定解除和协议解除、双方解除和单方解除。

1. 双方当事人协商解除劳动合同

这是指用人单位和劳动者通过协商达成协议解除劳动合同的一种方式，也称双方解除或协议解除。《劳动法》规定："经劳动合同当事人协商一致，劳动合同可以解除。"《劳动合同法》也规定："用人单位与劳动者协商一致，可以解除劳动合同。"在符合双方自愿、平等协商、不损害对方利益、不违反法律规定的条件下，双方当事人可以以书面形式解除劳动合同。用人单位向劳动者提出解除劳动合同并与劳动者协商一致解除劳动合同的，用人单位应当向劳动者支付经济补偿。

2. 用人单位单方解除劳动合同

这是指用人单位依据法律规定行使解雇权，单方解除劳动合同的方式。有三种情形：

第一，过失性解除。也称即时解除，指用人单位因为劳动者自身存在一定过错，随时通知劳动者解除劳动合同。这种解除方式，用人单位无需提前告知劳动者，无需征求劳动者同意，也无需向劳动者支付经济补偿。

《劳动合同法》规定："劳动者有下列情形之一的，用人单位可以即时解除劳动合同：(一)在试用期间被证明不符合录用条件的；(二)严重违反用人单位的规章制度的；(三)严重失职，营私舞弊，给用人单位造成重大损害的；(四)劳动者同时与其他用人单位建立劳动关系，对完成本单位的工作任务造成严重影响，或者经用人单位提出，拒不改正的；(五)以欺诈、胁迫的手段或者乘人之危，使用人单位在违背真实意思的情况下订立或者变更劳动合同，导致劳动合同无效的；(六)被依法追究刑事责任的。"



第二，非过失性解除。也称预告解除，指用人单位不是因为劳动者的过错，而是基于客观情况的变化致使劳动合同无法履行从而解除劳动合同。用人单位采用这种方式解除劳动合同的，应当依法向劳动者支付经济补偿。

《劳动合同法》规定："有下列情形之一的，用人单位提前三十日以书面形式通知劳动者本人或者额外支付劳动者一个月工资后，可以解除劳动合同:(一)劳动者患病或者非因工负伤,医疗期满后不能从事原工作,也不能从事由用人单位另行安排的工作的;(二)劳动者不能胜任工作,经过培训或者调整工作岗位,仍不能胜任工作的;(三)劳动合同订立时所依据的客观情况发生重大变化,致使劳动合同无法履行,经用人单位与劳动者协商,未能就变更劳动合同内容达成协议的。”

第三,经济性裁员。经济性裁员是用人单位在生产经营状况发生严重困难时,通过辞退部分员工来减负增效、改善经营状况的一种手段,也是用人单位单方解除劳动合同的一种方式。用人单位进行经济性裁员,原因在于用人单位自身的经营不善,并不是因为劳动者存在过错或责任,因此用人单位应当严格遵守经济性裁员的法定条件和法定程序,并且应当依法对劳动者支付经济补偿。

依据《劳动合同法》规定,用人单位进行经济性裁员的情形包括:(一)依照企业破产法规定进行重整的;(二)生产经营发生严重困难的;(三)企业转产、重大技术革新或者经营方式调整,经变更劳动合同后,仍需裁减人员的;(四)其他因劳动合同订立时所依据的客观经济情况发生重大变化,致使劳动合同无法履行的。

裁员应当按照法定程序进行,需要裁减人员二十人以上或者裁减不足二十人但占企业职工总数百分之十以上的,用人单位应提前三十日向工会或者全体职工说明情况,听取工会或者职工的意见,裁减人员方案向劳动行政部门报告后,方可裁员。



裁减人员时,应当优先留用下列人员:(一)与本单位订立较长期限的固定期限劳动合同的;(二)与本单位订立无固定期限劳动合同的;(三)家庭无其他就业人员,有需要扶养的老人或者未成年人的。用人单位依照破产法规定进行重整而裁减人员的,如果在六个月内重新招用人员的,应当通知被裁减的人员,并在同等条件下优先招用被裁减的人员。

第四,用人单位单方解除劳动合同的限制。为了保障劳动者的职业安全,防止用人单位的不公正解雇,我国劳动法对用人单位单方解除劳动合同的权利作了限制。根据《劳动合同法》规定，劳动者有下列情形之一的，用人单位不得以非过失性解除或经济性裁员的方式解除劳动合同：（一）从事接触职业病危害作业的劳动者未进行离岗前职业健康检查，或者疑似职业病病人在诊断或者医学观察期间的；（二）在本单位患职业病或者因工负伤并被确认丧失或者部分丧失劳动能力的；（三）患病或者非因工负伤，在规定的医疗期内的；（四）女职工在孕期、产期、哺乳期的；（五）在本单位连续工作满十五年，且距法定退休年龄不足五年的；（六）法律、行政法规规定的其他情形。

另外，用人单位单方解除劳动合同，应当事先将理由通知工会。用人单位违反法律、行政法规规定或者劳动合同约定的，工会有权要求用人单位纠正。用人单位应当研究工会的意见，并将处理结果书面通知工会。

3. *劳动者单方解除劳动合同*

为保障劳动者的择业自由权，促进人才合理流动，我国劳动法也赋予劳动者单方解除劳动合同的辞职权。劳动者单方解除劳动合同分三种情况：预告解除、即时解除、无告知解除。

第一，预告解除。劳动者预告解除劳动合同，是指劳动者依据法律规定以法定方式提前告知用人单位解除劳动合同。

我国劳动法规定，劳动者提前三十日以书面形式通知用人单位，可以解除劳动合同。劳动者在试用期内提前三日通知用人单位，可以解除劳动合同。劳动者这种辞职权的实现，不需附加理由或者条件，无须征得用人单位的同意。劳动者依法解除劳动合同，用人单位不得扣押劳动者档案或者其他物品，应向劳动者出具解除劳动合同的书面证明，否则由劳动行政部门责令改正，给劳动者造成损害的，应当承担赔偿责任。

与此同时，劳动法规定劳动者违反法律规定的条件解除劳动合同，或者违反劳动合同中约定的保密义务或者竞业限制，给用人单位造成损失的，应当承担依法赔偿责任。

第二，即时解除。劳动者即时解除劳动合同，是指在出现法定事由的情况下，劳动者无须提前预告可以随时通知用人单位解除劳动合同。劳动者的这种辞职权，只有在用人单位存在过错的情况下才能行使。《劳动合同法》规定：“（一）未按照劳动合同约定提供劳动保护或者劳动条件的；（二）未及时足额支付劳动报酬的；（三）未依法为劳动者缴纳社会保险费的；（四）用人单位的规章制度违反法律、法规的规定，损害劳动者权益的；（五）以欺诈、胁迫的手段或者乘人之危，使劳动者在违背真实意思的情况下订立或者变更劳动合同，导致劳动合同无效的；（六）法律、行政法规规定劳动者可以解除劳动合同的其他情形。”

正因为用人单位存在过错，其违法、违约行为侵害了劳动者的合法权益，所以尽管由劳动者单方解除劳动合同，用人单位仍然应当依法向劳动者支付经济补偿，并承担造成劳动者经济损失的赔偿责任。

第三，无告知解除。劳动者无告知解除劳动合同，是指用人单位存在严重过错或严重违法行为的情形下，劳动者无需告知用人单位，立即解除劳动合同。《劳动合同法》规定：“用人单位以暴力、威胁或者非法限制人身自由的手段强迫劳动者劳动的，或者用人单位违章指挥、强令冒险作业危及劳动者人身安全的，劳动者可以立即解除劳动合同，不需事先告知用人单位。”

不仅如此，《劳动合同法》还明确规定：用人单位有下列情形之一的，应依法给予行政处罚；构成犯罪的，依法追究刑事责任；给劳动者造成损害的，应当承担赔偿责任：（一）以暴力、威胁或者非法限制人身自由的手段强迫劳动者劳动的；（二）违章指挥或者强令冒险作业危及劳动者人身安全的；（三）侮辱、体罚、殴打、非法搜查或者拘禁劳动者的；（四）劳动条件恶劣、环境污染严重，给劳动者身心健康造成严重损害的。



**（二）劳动合同的终止**

劳动合同的终止是指劳动合同的法律效力终止，双方当事人的劳动权利义务关系归于消灭。《劳动合同法》规定：“在下列情况下，劳动合同终止：（一）劳动合同期满的；（二）劳动者开始依法享受基本养老保险待遇的；（三）劳动者死亡，或者被人民法院宣告死亡或者宣告失踪的；（四）用人单位被依法宣告破产的;(五)用人单位被吊销营业执照、责令关闭、撤销或者用人单位决定提前解散的;(六)法律、行政法规规定的其他情形。”

终止劳动合同,用人单位应当为劳动者出具终止劳动合同的证明,并在十五日内为劳动者办理档案和社会保险关系转移手续。如果因为劳动合同期满、用人单位被依法宣告破产、用人单位被吊销营业执照、责令关闭、撤销或者用人单位决定提前解散而导致劳动合同终止的,用人单位应当向劳动者支付经济补偿。

## 八、集体合同

### (一)集体合同的概念

集体合同制度,是当今世界各国普遍采用的协调劳动关系的一项重要法律制度。《劳动法》、《劳动合同法》、《集体合同规定》等法律法规从法律层面规定了这一制度。

集体合同是指用人单位与本单位职工根据法律、法规、规章的规定,就劳动报酬、工作时间、休息休假、劳动安全卫生、职业培训、保险福利等事项,通过集体协商签订的书面协议。

### (二)集体合同的订立

集体合同是一种特殊的劳动合同,它由用人单位与本单位工会或职工代表采取集体协商的方式订立。职工一方的协商代表由本单位工会选派;尚未建立工会的用人单位,由上级工会指导劳动者推举的代表担任。用人单位一方的协商代表,由用人单位法定代表人指派。双方进行集体协商,应当遵循下列原则:遵守法律、法规、规章及国家有关规定;相互尊重,平等协商;诚实守信,公平合作;兼顾双方合法权益;不得采取过激行为。

集体合同草案应当提交职工代表大会或者全体职工讨论通过。集体合同订立后,应当报送劳动行政部门审核,劳动行政部门自收到集体合同文本之日起十五日内未提出异议的,集体合同即行生效。

集体合同期限一般为1至3年，期满或双方约定的终止条件出现，即行终止。集体合同期满前3个月内，任何一方均可向对方提出重新签订或续订的要求。

（三）集体合同的效力

依法订立的集体合同对用人单位和本单位的全体劳动者具有法律约束力。行业性、区域性集体合同对当地本行业、本区域的用人单位和劳动者具有约束力。

集体合同中劳动报酬和劳动条件等标准不得低于当地人民政府规定的最低标准；用人单位与劳动者订立的劳动合同中劳动报酬和劳动条件等标准不得低于集体合同规定的标准。

## 资料选读

**《劳动合同法》的立法历程**

2007年6月29日，在十届全国人大常委会第二十八次会议上，历经4次审议的《劳动合同法》终于以“145票赞成，0票反对，1人未按表决器”获得通过。《劳动合同法》在新中国立法史上绝对可以书上一笔的，是其创造了法律草案公开征集意见的纪录：2006年3月20日，全国人大常委会办公厅将《劳动合同法（草案）》向社会公众征求意见。其后短短一个月的时间里，通过各种渠道竟然共收到191 849件立法意见。对此，舆论普遍称之为“推进立法民主化的又一个标志性事件”。

劳动合同是规范劳动关系最基本的法律形式；在法律上完善劳动合同制度，是夯实劳动关系之基的必然要求。

基于此，早在《劳动法》施行后的1996年，《劳动合同法》就被列入国务院立法日程。但到了1998年，《劳动合同法》的起草工作却被暂时搁置。据了解，其原因主要是当时中央提出到20世纪末建立起社会主义市场经济体制，但诸如就业、社会保险等配套法律尚未启动立法，单独制定《劳动合同法》存在衔接问题，其所产生的实际效应估计未必理想。因此，直到 2004 年底，《劳动合同法》的起草工作才重新启动。

值得注意的是，《劳动合同法》起草工作一启动，便成为社会各界高度关注的焦点。特别是《劳动合同法(草案)》于 2005 年 12 月 24 日首次提交审议以来，在随后一年半时间里的 4 次审议中，每一次都能引发社会分歧较大的热议。

"这不仅因为这部法律与每个劳动者切身利益息息相关，更反映出劳动合同制度亟须在法律上进一步规范和完善的现实需要。"

据有关专家介绍，尽管我国从 20 世纪 80 年代中期就开始进行劳动合同制度改革试点，1995 年 1 月 1 日施行的《劳动法》正式确立了劳动合同制度，1996 年开始在企业实行全员劳动合同制度，但受制于多方面因素，劳动合同制度实施情况并不理想。特别是劳动合同签订率不高、质量低下等问题突出，直接影响了劳动者权益的维护和劳动关系的和谐发展。因此，专门就劳动合同制度进行立法已经不能再拖延了。①

## 劳动者辞职的法律责任

高飞(化名)曾是空军的一名战斗机飞行员，退伍后于 1993 年 6 月到南方航空公司河南分公司中原航空公司从事飞行工作，并与中原航空公司签订了无固定期限的劳动合同。合同约定，如果被告高飞未满服务年限离开公司，必须支付公司相关培训费用、违约金及其他损失。2006 年 3 月 31 日，高飞突然向中原航空公司提交辞职申请，公司表示不同意其辞职。然而，高飞在提出辞职申请 30 天后的 2006 年 5 月 1 日，不再为中原航空公司提供正常的劳动。该公司告到法院，要求高飞赔偿人民币 800 万元。



法院认为，高飞要求解除合同，在没有与中原航空公司协商一致的情况下离职已构成违约，判令高飞赔偿原告中原航空公司违约金、培训费共计 2 035 997.87 元。

一审之后，中原航空公司认为飞行员具有特殊性，属于高技能人才，必须进

① 参见王娇萍:《〈劳动合同法〉立法的背后》，载《工人日报》2007 年 7 月 10 日。

行专门的、持续性的训练和培训，其职业自然也就具有难以替代的特点。在当前飞行员辞职愈演愈烈的情况下，法律理应让这些随意辞职的飞行员承担相应的责任，否则，对飞行安全也将带来巨大危害。高飞则认为，自己是部队培养出来的成熟飞行员，在离开空军到中原航空公司时，已经是一名合格的机长，而非中原航空公司培养出来的，要求巨额赔偿及违约金没有法律依据。经二审和再审，仍维持原审判决。①

## 案例及其评析

### 试用期与服务期的重合

**案情**：Jack是2002年的应届毕业生，与富山公司签订了从2002年8月1日至2006年7月31日为期四年的劳动合同，其中前六个月为试用期。富山公司考虑到刚毕业的学生没有实践经验，于2002年9月份出资送Jack去参加就职培训，因此双方又签订了五年的服务期协议，起始时间与劳动合同的起始时间相同。协议约定如果Jack在服务期内解除合同，应按约支付违约金1万元。2002年11月，富山公司在讨论年终奖问题时，认为新员工为单位创造的效益不明显，当年不发给年终奖，第二年减半发放，从第三年起全额享受。Jack认为公司的规定不合理，遂书面向富山公司提出解除劳动合同，11月12日起未到公司上班。12月13日，富山公司书面通知他公司已经同意他辞职，人事部依法为他办理退工手续，但他应按约定交纳违约金1万元，被Jack拒绝。12月30日富山公司向劳动争议仲裁委员会申诉，要求Jack支付违约金1万元。Jack则认为，他还在试用期内，解除合同无需支付违约金。

**评析**：根据《劳动法》规定，Jack与富山公司双方关于试用期约定、服务期协议均合法、有效。Jack的试用期为六个月，但同时服务期五年中也包括这六个月，他的试用期和前六个月的服务期重合。因为劳动者在试用期内享有即时辞



① 参见《飞行员跳槽遭800万索赔　法院判赔203万》，中国法院网2007年7月4日。

职权，用人单位无权以合同、协议等形式加以限制，所以当这两者重合时，应优先适用试用期的规定。根据《劳动部办公厅关于试用期内解除劳动合同处理依据问题的复函》的规定，用人单位出资对员工进行各类技术培训，员工提出与单位解除劳动关系的，如果在试用期内，则用人单位不得要求员工支付该项培训费用。所以Jack无需支付违约金。

## 第三节 劳动基准

劳动基准是指国家通过法律和行政法规规定的保护劳动者基本劳动权益的最低劳动条件和标准。广义的“劳动条件”包括工资、工作时间、休息休假、劳动安全卫生、女职工和未成年工的特殊保护等内容。而狭义“劳动条件”主要指用人单位对劳动者从事劳动提供的必要的生产、工作条件和劳动安全卫生保护措施，包括工作场所、生产设备、劳动安全卫生设施、劳动防护用品等。

通过制定法律规定劳动基准，是国家为平衡用人单位和劳动者双方的利益而进行的对劳动关系的一种干预，表现为对用人单位权利的限制和对劳动者权利的保障。劳动基准具有强制性特点，是对劳动合同中意思自治原则的一种限制。集体合同、劳动合同中当事人约定的劳动条件，可以优于但不能劣于法定的劳动基准，未达到劳动基准的约定，均无法律效力。

### 一、工作时间

#### （一）工作时间的概念

工作时间是指劳动合同中约定的劳动者履行劳动义务、从事工作所消耗的时间限度。国家为保护劳动者的身心健康和休息权，以立法形式对工作时间作出明确的限制性规定，这就是工时立法。工时立法是劳动立法的重要内容，法定工作时间是一项重要的劳动基本标准。

工作时间是衡量劳动者工作量的重要依据，也是计时工资的计发依据。工作时间的范畴，既包括劳动者实际从事生产、工作的时间，也包括为完成工作所必需的工作前的准备时间和结束时的收尾时间、连续性工作的间歇时间、机器设备的停工检修时间、劳动者依法参加社会活动的时间、女职工依法哺乳婴儿的时间等。

新中国成立以后长期实行每天 8 小时、每周 48 小时的工作制，从 1995 年起把工作时间缩短为每天 8 小时、每周 40 小时，而这正是我国现行的法定工时标准。按照工时标准的要求，劳动合同中由用人单位和劳动者约定的劳动时间，不得超过劳动法对工作时间的限制；用人单位不得擅自延长劳动者的实际工作时间。

**（二）工时制度**

工时制度可以分为标准工时制、缩短工时制、延长工时制、不定时工时制和综合计算工时制。

标准工时制是指由国家统一规定的对劳动者普遍适用的按正常作息时间安排的工时制度。它是计算其他种类工时制度的标准和依据。我国的标准工时制是按照法定工作时间安排的工时制度，即劳动者每日工作时间不超过 8 小时，平均每周工作时间不超过 40 小时。同时，用人单位应当保证劳动者每周至少休息一日。



法律允许用人单位根据生产特点、工作需要采取其他非标准的工时制度，在程序上应经过劳动行政部门批准。

缩短工时制是指工作时间少于法定工作时间的工时制，主要适用于：(1)从事夜班劳动的劳动者；(2)从事矿山井下、高山、有毒有害、特别繁重或过度紧张等作业的劳动者；(3)哺乳婴儿的女职工。

不定时工时制是指在法定的特殊情况下实行的没有固定工作时间限制的工时制。综合计算工时制是指根据用人单位生产和工作的特点，分别采取以周、月、季、年为周期，集中安排并综合计算劳动者工作时间的工时制。它通常要求劳动者连续工作两个工作日以上，无离岗休息的时间。用人单位实行不定时工时制或综合计算工时制，除了应当履行法定审批手续外，还应当在保障职工身体健康并充分听取职工意见的基础上，采用集中工作、集中休息、轮流调休等适当方式，确保职工的休息、休假权利和生产、工作任务的完成。

延长工时制即劳动者的工作时间超过法定工作时间限制的工时制，简称加班、加点。《劳动法》规定：用人单位由于生产经营的需要延长工作时间的，须与工会和劳动者协商，一般每天不得超过 1 小时；因特殊原因需要延长工作时间的，在保障劳动者身体健康的条件下每日不得超过 3 小时，每月合计不得超过 36 小时。但是特殊情况下的延长工作时间无需与工会和劳动者协商，也不受一般情况下延长工作时间的时数限制。

用人单位安排劳动者延长工作时间的，应当按照下列标准支付高于劳动者正常工作时间工资的工资报酬：(一)安排劳动者延长工作时间的，支付不低于工资的百分之一百五十的工资报酬；(二)休息日安排劳动者工作又不能安排补休的，支付不低于工资的百分之二百的工资报酬；(三)法定休假日安排劳动者工作的，支付不低于工资的百分之三百的工资报酬。

## 二、休息休假



《劳动法》规定："中华人民共和国劳动者有休息的权利。国家发展劳动者休息和休养的设施，规定职工的工作时间和休假制度。"休息休假与工作时间相对而言，是指劳动者依据法律规定，在正常工作时间以外可以自行支配、免于劳动的休息时间和法定节假日。

依据我国劳动法的规定，劳动者的休息时间有以下种类：一个工作日内的间歇时间，一般不少于半个小时；两个工作日之间的休息时间：一个工作日结束后至下一个工作日开始前的休息时间，一般不少 16 个小时；公休假日：也称周休日，一般是每周两天。劳动者的休假包括：公休日、法定节日

（有元旦、春节、清明节、国际劳动节、端午节、中秋节、国庆节等）；探亲假；年休假；婚丧假、产假等。

## 三、工资

### （一）工资的概念和构成形式

工资是指用人单位依据法律规定和劳动合同约定，以货币形式直接支付给劳动者的劳动报酬。对劳动者而言，工资是劳动者为用人单位提供劳动而应当获得的报酬，是劳动者及其家庭最基本的生活来源。对用人单位而言，工资是用人单位使用劳动力应当付出的对价，是生产经营成本的重要组成部分。

我国劳动法规定的工资形式分为基本形式和辅助形式两大类，其中计时工资、计件工资是基本工资形式；奖金、津贴、补贴、加班工资、特殊情况下支付的工资等是辅助工资形式。

劳动者的以下收入不属于工资范围：社会保险福利费用，如用人单位支付给劳动者个人的丧葬抚恤救济费、生活困难补助费、计划生育补贴等；劳动保护方面的费用，如工作服、解毒剂、清凉饮料费用等；按规定未列入工资总额的各种劳动报酬及其他劳动收入，如根据国家规定发放的创造发明奖、国家星火奖、自然科学奖、科学技术进步奖等，以及稿费、讲课费、翻译费等。



### （二）最低工资保障

最低工资是指劳动者在法定工作时间内按劳动合同约定的工作时间提供了正常劳动的前提下，用人单位依法应予支付的最低劳动报酬。所谓正常劳动，指劳动者按劳动合同约定，在法定工作时间内从事的劳动。劳动者依法享受带薪年休假、探亲假、婚丧假、产假等国家规定的假期期间，以及在法定工作时间内依法参加社会活动的时间，视为提供了正常劳动。只要劳动者提供了正常劳动，就有权获得不低于最低工资标准的工资报酬。

最低工资标准具有法定性，由国家以立法的形式直接确定。我国《劳动法》规定:“国家实行最低工资保障制度。”但是我国目前不实行全国统一的最低工资标准,“最低工资的具体标准由省、自治区、直辖市人民政府规定,报国务院备案。”最低工资标准应当适时调整,每两年至少调整一次。

最低工资标准具有强制性,在劳动者提供了正常劳动情况下,向劳动者支付不低于最低工资标准的工资报酬,是用人单位的法定义务。若劳动合同、集体合同中约定的劳动者工资低于当地最低工资标准,则约定无效,该条款不能发生法律效力。《劳动法》还规定:“用人单位支付劳动者的工资不得低于当地最低工资标准。”

我国的最低工资中不包括以下内容:(1)延长工作时间工资;(2)中班、夜班、高温、低温、井下、有毒有害等特殊工作环境、条件下的津贴;(3)法律、法规和国家规定的劳动者福利待遇等。

### (三) 工资支付保障

劳动者向用人单位提供劳动后,有权按照劳动合同约定的工资数额、工资支付时间和工资支付方式,获得全部应得工资;对用人单位非法克扣或故意拖欠工资的行为,劳动者有权向有关部门提出处理申请,获得法律保护。

用人单位支付劳动者工资时,应当遵循货币支付规则、直接支付规则、定期支付规则、全额支付规则和停工支付规则。不得以实物或者有价证券替代工资,不得无故克扣工资,不得无故拖欠工资。

用人单位未按照劳动合同的约定或者国家规定及时足额支付劳动者劳动报酬、或者低于当地最低工资标准支付劳动者工资、或者安排劳动者加班却不支付加班费的,由劳动行政部门责令限期支付;劳动报酬低于当地最低工资标准的,应当支付其差额部分;逾期不支付的,责令用人单位按应付金额百分之五十以上百分之一百以下的标准向劳动者加付赔偿金。

## 四、劳动保护

劳动保护又称劳动安全卫生,是指为保护劳动者在劳动过程中的安全和健康而建立的保障制度和采取的保护措施。保障劳动者在劳动过程中的安全和健康，劳动安全卫生是不可缺少的重要制度，我国颁布了《安全生产法》、《职业病防治法》等一系列法律法规，制定了各行各业不同级别的劳动安全卫生标准，明确规定了各级政府的劳动保护职责、用人单位的劳动保护义务、劳动者的劳动保护权利和义务，建立了较为完善的劳动安全卫生保障体系。

劳动安全卫生保障体系主要由三部分构成：一是劳动安全技术规程，主要包括工厂安全技术规程、建筑安装技术规程、矿山安全技术规程三个部分；二是劳动卫生规程，包括工业的生产卫生、医疗预防、健康检查等技术性措施和组织管理的规定；三是劳动安全卫生管理制度，包括安全卫生责任制度、安全卫生技术措施计划制度、安全卫生教育制度、安全卫生审批验收检查制度、安全卫生设施"三同时"制度、伤亡事故及职业病的报告和处理制度等。

### 五、 女职工和未成年工的特殊保护

女职工、未成年工是特殊劳动者群体，对他们的特殊劳动保护是劳动保护的重要内容。我国劳动法对女职工特殊保护的内容，归纳起来有以下几点：(1)禁止安排女职工从事禁忌的劳动；(2)对处于孕期、产期、哺乳期的女职工给予特殊保护，如对怀孕 7 个月以上及哺乳未满 1 周岁婴儿的女职工，不得安排延长工作时间和夜班劳动；(3)女职工生育享受不少于 90 天的产假。对未成年职工劳动保护的内容归纳起来有以下几点：(1)禁止安排未成年职工从事禁忌的体力劳动；(2)对未成年工应定期进行健康检查；(3)未成年工上岗前，用人单位应对其进行有关的职业安全卫生教育和培训；(4)用人单位招收使用未成年工应当向县级以上劳动行政部门办理登记。

## 案例选读

**劳动者的工资权**

**案情**：黄先生与上海一家规划设计公司签订了为期两年的劳动合同，约定月基本工资 1 200 元、岗位效益补贴 7 800 元、管理奖金 1 000 元。在工作期间，他敬业负责，受到公司肯定。但是在 2006 年 8 月，总经理突然表示对他工作不满，当月就扣除了他的管理奖金。他向总经理提出了质疑，要求公司补发管理奖金。可总经理却态度强硬，表示如果不能接受就不要上班了。理由是黄先生工作态度差，项目没有做好，给公司造成了损失，公司才扣发了他当月的管理奖。但公司没能提供黄先生工作表现差、考核不合格的有效证据，因此法院判决公司应补偿黄先生 1 000 元的管理奖金。①

# 第四节 劳动争议处理

## 一、劳动争议的概念

劳动争议是指劳动关系双方当事人之间因劳动权利和义务发生的争执、纠纷。劳动争议的主体是特定的，只能是用人单位和劳动者，即劳动争议只发生在用人单位与劳动者之间。劳动争议的内容，是用人单位和劳动者双方的劳动权利义务。双方在劳动合同的履行、变更、解除和终止等各个环节，都有可能因为对劳动权利和义务持不同主张而发生争议，争议范围涉

① 参见董燕静：《以表现差为由被擅扣奖金 沪一员工状告公司胜诉》，新华网上海 2007 年 6 月 7 日。

及工资、工时、劳动保护、社会保险、福利待遇、职业培训、民主管理、奖励惩罚、劳动关系的存续或解除终止等各个方面。提出不同主张、表示反对、予以拒绝、进行抗议等，都是存在劳动争议的具体表现形式。

2007 年 12 月 29 日通过的《中华人民共和国劳动争议调解仲裁法》，是我国专门规定劳动争议处理制度的国家级立法，也是我国目前规范劳动争议处理程序的重要法律。《劳动争议调解仲裁法》规定："中华人民共和国境内的用人单位与劳动者发生的下列劳动争议，适用本法：(一)因确认劳动关系发生的争议；(二)因订立、履行、变更、解除和终止劳动合同发生的争议；(三)因除名、辞退和辞职、离职发生的争议；(四)因工作时间、休息休假、社会保险、福利、培训以及劳动保护发生的争议；(五)因劳动报酬、工伤医疗费、经济补偿或者赔偿金等发生的争议；(六)法律、法规规定的其他劳动争议。"

## 二、 劳动争议的处理原则

《劳动争议调解仲裁法》规定："解决劳动争议，应当根据事实，遵循合法、公正、及时、着重调解的原则，依法保护当事人的合法权益。"劳动争议处理机构在处理劳动争议时应遵循以下原则：



第一，依法处理原则。劳动争议处理机构处理争议应当根据客观事实，依据劳动法律法规的规定和劳动合同、集体合同的约定，严格按照法定程序，解决纷争。

第二，公正处理原则。劳动争议处理机构应当公正对待双方当事人，不畏强权，保护弱者，平等维护双方当事人的合法权益。

第三，着重调解、及时处理原则。调解是处理劳动争议的基本的和有效的手段，应当贯穿于劳动争议处理的全过程，劳动争议处理机构应当充分听取双方当事人对事实和理由的陈述，耐心疏导，帮助其达成协议。但是也要尊重当事人的意愿，不能久调不决，也不能强制调解。自劳动争议调解组织收到调解申请之日起十五日内未达成调解协议的，当事人可以依法申请仲裁。

## 三、 劳动争议的处理机构

根据《劳动法》、《劳动争议调解仲裁法》和《民事诉讼法》的规定，我国的劳动争议处理机构应该包括：劳动争议调解组织、劳动争议仲裁委员会和人民法院。

（1）劳动争议调解组织，包括企业劳动争议调解委员会、依法设立的基层人民调解组织、在乡镇、街道设立的具有劳动争议调解职能的组织。企业劳动争议调解委员会是依法在企业内部设立的群众性自治组织，由职工代表和企业代表组成。其主要职责是负责处理本单位发生的劳动争议，帮助当事人达成协议，解决纠纷。

（2）劳动争议仲裁委员会，是国家授权、依法独立处理劳动争议的专门机构，由劳动行政部门代表、工会代表和企业方面代表组成。其职责是负责聘任、解聘专职或者兼职仲裁员；受理管辖范围内的劳动争议案件；讨论重大或者疑难的劳动争议案件；对仲裁活动进行监督。

（3）人民法院是处理劳动争议的司法机关，依法审理不服仲裁裁决的劳动争议案件、劳动争议仲裁委员会应当受理而未受理的劳动争议案件，以及申请强制执行已经生效的劳动争议裁决书的案件。



## 四、 劳动争议的处理方法和程序

《劳动法》规定："劳动争议发生后，当事人可以向本单位劳动争议调解委员会申请调解；调解不成，当事人一方要求仲裁的，可以向劳动争议仲裁委员会申请仲裁。当事人一方也可以直接向劳动争议仲裁委员会申请仲裁。对仲裁裁决不服的，可以向人民法院提起诉讼。"《劳动争议调解仲裁法》也规定:“发生劳动争议,劳动者可以与用人单位协商,也可以请工会或者第三方共同与用人单位协商,达成和解协议。”“发生劳动争议,当事人不愿协商、协商不成或者达成和解协议后不履行的,可以向调解组织申请调解;不愿调解、调解不成或者达成调解协议后不履行的,可以向劳动争议仲裁委员会申请仲裁;对仲裁裁决不服的,除本法另有规定的外,可以向人民法院提起诉讼。”根据这些规定,我国劳动争议处理的程序为:协商先行、或调或裁、先裁后审的单轨制。具体处理方法为:和解、调解、仲裁和诉讼四种。

**(一)和解**

劳动争议发生以后,争议双方当事人在法律允许的范围内,通过自愿协商达成合意,和平解决纠纷,这就是和解。和解可以在劳动争议处理的任何阶段上进行,完全由争议双方当事人自愿决定,不受任何法定程序的约束。

**(二)调解**

这里的调解专指劳动争议调解组织采用民主协商、说服教育的方法,促使争议当事人互让互谅自愿达成协议,消除劳动纷争。这种方法及时、方便,有利于双方和平化解纠纷,防止矛盾激化,是劳动争议处理制度中的“第一道防线”。

调解委员会的调解并非劳动争议处理程序中的法定必经程序,自愿、协商、民主原则贯穿于调解的全过程。当事人不愿接受调解,或者经调解未达成协议的,当事人可以采取申请仲裁方法解决问题。



**(三)仲裁**

劳动争议仲裁专指劳动争议仲裁委员会对管辖范围内的劳动争议,在查明事实、明确是非、分清责任的基础上依法居中裁决的活动。仲裁是劳动争议处理机制中的法定程序,也是劳动争议诉讼的前置程序。

劳动争议发生后,如果当事人不愿选择调解的,当事人可以直接申请劳动争议仲裁;如果经劳动争议调解组织的调解未达成协议,或者达成协议后当事人又反悔的,当事人一方或双方均有权向劳动争议仲裁委员会申请仲裁。仲裁申请应以书面形式提出。

劳动争议的仲裁申请，应当在劳动争议发生之日起一年内，即从当事人知道或者应当知道其权利被侵害之日起一年内，由争议一方当事人以书面形式向有管辖权的劳动争议仲裁委员会提出。劳动关系存续期间因拖欠劳动报酬发生争议的，劳动者申请仲裁不受本条第一款规定的仲裁时效期间的限制；但是，劳动关系终止的，应当自劳动关系终止之日起一年内提出。

仲裁程序包括案件受理、开庭审理、裁决三个步骤。

劳动争议仲裁委员会裁决劳动争议案件实行仲裁庭制。当事人申请劳动争议仲裁后，可以自行和解。达成和解协议的，可以撤回仲裁申请。仲裁庭在作出裁决前，应当先行调解。调解达成协议的，仲裁庭应当制作调解书。调解书经双方当事人签收后，发生法律效力。调解不成或者调解书送达前，一方当事人反悔的，仲裁庭应当及时作出裁决。

仲裁庭裁决劳动争议案件，应当自劳动争议仲裁委员会受理仲裁申请之日起四十五日内结束。逾期未作出仲裁裁决的，当事人可以就该劳动争议事项向人民法院提起诉讼。

当事人对仲裁裁决不服的，可以自收到裁决书之日起十五日内向人民法院提起诉讼；逾期不起诉的，裁决书即发生法律效力。

但是根据《劳动争议调解仲裁法》的规定：下列劳动争议，除另有规定的外，仲裁裁决为终局裁决，裁决书自作出之日起发生法律效力：(1)追索劳动报酬、工伤医疗费、经济补偿或者赔偿金，不超过当地月最低工资标准十二个月金额的争议；(2)因执行国家的劳动标准在工作时间、休息休假、社会保险等方面发生的争议。

**（四）诉讼**

劳动争议诉讼是指人民法院按照民事诉讼程序，依法审理劳动争议案件解决劳动纷争的司法活动。诉讼是劳动争议处理过程中的最后阶段，通过司法程序对劳动争议进行最终的处理。

根据法律规定，未启动仲裁程序的劳动争议一般不能直接进入诉讼程序，只有在下列情况下劳动争议当事人才可以向人民法院提起劳动争议诉讼，行使劳动争议处理的诉讼权：(1)劳动争议已经由劳动争议仲裁委员进行仲裁并作出了裁决，当事人不服裁决的，可以在自收到裁决书之日起十五日以内，依法向人民法院提起诉讼。(2)劳动争议当事人申请仲裁，劳动争议仲裁委员会作出不予受理的书面决定或者通知，当事人不服的可依法向人民法院提起诉讼。

人民法院审理劳动争议案件，实体法适用劳动法，程序法适用民事诉讼法，应当根据《民事诉讼法》规定的普通程序审理劳动争议案件。具体程序包括起诉、立案、受理、调查、审理、结案和执行几个步骤。整个审理过程中，人民法院应严格遵循司法审判的一般原则，诸如以事实为根据以法律为准绳原则、司法独立原则、着重调解原则、回避原则、两审终审原则等，合法、及时、公正地审理劳动争议案件，把好劳动争议处理的最后一道关。

## 案例选读

### 劳动争议申请仲裁时效为一年

**案情**：2007年4月10日，李先生被北京市一家房地产公司聘用，担任经理助理职务。但从当年5月份起，公司就开始拖欠员工工资。2007年12月24日，李先生从公司离职。然而至今，公司仍拖欠着其几个月(2007年8月到12月24日)的工资。李先生称，自己曾多次与公司总经理协商，但均未果。无奈之下，2008年3月，李先生向劳动争议仲裁委员会提起了申诉，但是，3月25日，李先生却接到了《不予受理通知书》，理由是他的申诉超过了60天的时效。无奈，他又将公司告上了法庭，要求公司支付拖欠的工资、各种补贴，并给付经济补偿金总计68 000余元。

**审理结果**：法院经审理认为，用人单位应当以货币形式按月支付劳动者工资，不得克扣或者无故拖欠劳动者的工资。该房地产公司应当补发拖欠员工的工资。关于是否超过申诉时效的问题，法院认为，2008年5月1日实施的《劳动争议调解仲裁法》规定了劳动争议申请仲裁的时效期间为一年，故原告主张的诉讼请求并未超过该法规定的申诉时效。据法官介绍，尽管《劳动争议调解仲裁法》规定的时效是针对仲裁而言的，但是出于保护劳动者权益的考虑，本着立法精神，法院对这起诉讼案件也适用了新的规定。因被告未及时发放工资，故应当支付拖欠工资25%的经济补偿金。最终，法院判决该房地产公司支付李先生工资、加班费、经济补偿金等总计45 000余元。

## 相关概念

劳动关系　劳动者　用人单位　劳动合同　集体合同　劳动合同的效力　解除条件和程序　经济补偿　工作时间　最低工资标准　工资支付　劳动保护　劳动争议

## 思考题

1. 劳动关系有哪些特征?
2. 劳动法的调整对象是什么?
3. 解除劳动合同有哪些方式?
4. 如何理解最低工资标准?
5. 劳动争议的处理有哪些方法?

## 案例分析

1. 2000年11月7日，刘某雇用两名外地人为她家收割晚稻。当天下午3时许，刘某与两名雇工一起拉一辆装有稻谷和打稻机的板车回家，拉到一桥下坡时，因在前面拉车的雇工没有控制好车头，刘某和另一名雇工在后面也没能拖住车尾，致使板车滑坡失控，快速撞向桥头老人亭里，板车前脚撞中了在亭内摆摊的林某腹部，致林某当即休克，被送往医院抢救。伤情诊断为："腹部闭合性挫伤，阴肌破裂、脾破裂、腹壁挫裂伤、腹膜呈血肿、结肠脾曲挫裂并粪瘘，外伤性血气胸。"事故发生后，两名雇工即逃离，且身份和下落均不明。林某住院治疗至12月27日出院，共花去医疗费5 747.03元。刘某为给林某看病付了575元，其余款项不再支付。为此，林某向区人民法院提起诉讼，要求刘某及其雇工赔付自己的医疗费和有关损失。

问：本案争议属劳动法律关系还是雇用合同关系？

2. 从1997年9月18日至10月9日，甲在某连锁公司超市任理货员工作，超市规定学习培训期无任何报酬。10月10日被解雇后，超市只发给甲401.05元工资，甲感到劳动报酬不公而拒领。遂向市劳动争议仲裁委员会提出仲裁申请，请求裁定超市应按600元/月的标准，支付其正常工作工资、加点加班工资、法定节假日工资合计1 162.88元，同时支付健康证费用55.70元。

问：某连锁公司超市规定学习培训期无任何报酬是否合法合理？

# 第七章
# 刑　　法

**在本章中，你将——**

- 理解犯罪与犯罪构成的概念
- 知晓犯罪故意、过失以及意外事件之间的区别
- 掌握正当防卫构成条件
- 掌握犯罪既遂、犯罪预备、犯罪未遂和犯罪中止的构成要件
- 掌握共同犯罪的构成条件
- 了解刑法关于刑罚与量刑的主要规定

## 第一节　刑法概述

### 一、刑法的概念

刑法是规定犯罪、刑事责任和刑罚的法律规范的总和。《中华人民共和国刑法》是1979年7月1日通过，1997年3月14日修订，共452条。刑法分为总则、分则和附则三部分。总则主要规定刑法的任务、基本原则和适用范围；犯罪；刑罚及其具体运用等。分则将各种犯罪分为十大类。刑法具有两大明显的法律特征：(1)调整社会关系范围的广泛性；(2)强制制裁手段

的严厉性。

## 二、刑法的任务

《刑法》第2条明确规定了我国刑法的任务:即通过用刑罚同一切犯罪行为作斗争,以(1)保卫国家安全,保卫人民民主专政的政权和社会主义制度;(2)保护社会主义经济基础,即保护国有财产和劳动群众集体所有的财产,保护公民私人所有的财产;(3)保护公民的人身权利、民主权利和其他权利;(4)维护社会秩序、经济秩序,保障社会主义建设事业的顺利进行。

## 三、刑法的基本原则

刑法基本原则体现我国刑事法制基本精神,贯穿于全部刑法规范、体现刑事立法基本精神、指导刑事立法、刑事司法的基本准则。我国《刑法》明确规定了刑法三大基本原则。

1. 罪刑法定原则。即:"法律明文规定为犯罪行为的,依照法律定罪处刑;法律没有明文规定为犯罪行为的,不得定罪处刑。"其基本要求是:罪刑法定化,罪刑明确化,不得采用类推定罪处罚。



2. 适用刑法人人平等原则。即:"对任何人犯罪,在适用法律上一律平等,不允许任何人有超越法律的特权。"这是公民在法律面前一律平等的宪法原则在刑法中的体现。其基本要求是:任何人犯罪都应当受到刑法追究;对任何人犯罪,都应当适用相同刑罚标准;对任何罪犯,都应当平等执行刑罚;无论其地位多高,功劳多大,都没有超越法律适用刑法的特权;任何人受到犯罪侵害,都应当受到刑法平等保护。

3. 罪刑相当原则。即:"刑罚的轻重,应当与犯罪分子所犯罪行和承担的刑事责任相适应。"其基本要求是:重罪重罚,轻罪轻罚,罪刑相当,罚当其罪。刑事立法和司法应以罪刑相当为依据,使犯罪分子所犯的罪行和承担的刑事责任，与刑罚轻重相一致，杜绝畸轻畸重的现象。

## 四、刑法的效力范围

刑法效力的范围，是指刑法在什么地方、在什么时间内对什么人适用有效。它包括刑法在空间上的效力和在时间上的效力。

**（一）刑法的空间效力**

刑法空间效力，是指刑法在什么地方、对什么人适用有效。根据我国刑法规定，刑法空间效力的原则有：

1. 属地管辖权。凡在中国领域内的犯罪的，除法律有特别规定之外，都适用刑法。所谓中国领域包括：我国的陆地、领水、领空。在我国船舶和航空器内犯罪的，也适用刑法。所谓法律有特别规定，主要是指享有外交特权和豁免权的外国人的刑事责任，通过外交途径解决等不适用刑法典的情形。犯罪的行为或者结果有一项发生在中华人民共和国领域内的（港澳台地区原则上除外），就可以适用我国刑法。

2. 属人管辖权。中国公民在中国领域之外犯刑法规定之罪的，适用我国刑法。但是按中国刑法规定最高刑为 3 年以下有期徒刑的，可以不予追究。国家工作人员和军人在国外犯罪的，均适用我国刑法。

3. 保护管辖权。外国人在中国境外对中国国家和公民犯罪的，依我国刑法规定的法定最低刑为 3 年以上有期徒刑的，可以适用我国刑法。但是按照犯罪地的法律不受处罚的除外。

4. 普遍管辖权。对于我国缔结或者参加的国际条约所规定的罪行，我国在所承担条约义务的范围内行使刑事管辖权的，适用我国刑法。

我国实行属地管辖为基础，属人、保护和普遍管辖为补充的原则。此外，在我国境外犯罪，依照我国刑法应当负刑事责任的，虽然经过外国审判，仍然可以依照我国刑法追究刑事责任；但是在外国已经受过刑事处罚的，可以免除或者减轻刑事处罚。

### （二）刑法的时间效力

刑法的时间效力，指刑法生效、失效的时间以及有无溯及既往的效力。刑法生效，包括公布之日起生效和公布之后经过一段时间生效。刑法失效，分为宣布失效和自然失效。修订后刑法在溯及力问题上实行“从旧兼从轻”原则。即刑法原则上没有溯及力，但对于刑法实施以前发生而在刑法实施后尚未判决的行为，如果新法不认为犯罪或者新法规定处刑较轻的，适用新法。

## 案例及其评析

### 刑法的空间效力

**案例1**：李某，北京某大学研究生。在外国学习期间，李某在一天夜里尾随一个走出商场的外国人，在无人的情况下，手持尖刀，刺伤该外国某公民，并将其随身携带的2 000多美元现金及刚买的大衣劫走。李某回国后，被我公安机关抓获。

**评析**：此案体现了属人管辖原则。李某在国外用暴力手段，非法抢劫外国人的钱财已构成了抢劫罪。李虽然犯罪在他国，因为他是中华人民共和国公民，中国刑法属人管辖的效力范围适用于李某。



**案例2**：韩国人赵某于1995年5月14日晚以谈话为名，将刚到大韩酒楼上班的16岁女服务员李某叫到自己的办公室，对李进行猥亵，李某为摆脱赵某的无理纠缠，借机走出办公室。被告人赵某尾随其后，强行将李拽进二楼另一空房内，强行扒下李的衣服。李竭力反抗，赵对李殴打，强行将李某的衣服、裤子扒光，使用暴力手段将李奸淫。之后往李某裤子口袋塞入人民币950元。

**评析**：此案体现了属地管辖原则。赵某无视中国法律，在中国领域内，以暴力手段强奸少女，其行为已构成强奸罪。赵某不享有外交特权和豁免权，因而对赵某无例外地适用我国刑法。

## 资料选读

### 罪刑法定原则

2008年12月9日上午8时20分左右，负责深圳机场候机楼B楼出发大厅清洁卫生工作的某清洁公司员工梁丽，在机场候机大厅打扫卫生时，看到19号登机柜台垃圾桶附近有两个女乘客带着一个小孩在嗑瓜子，她们中间有一辆行李车，车上放着一个类似方便面箱的小纸箱。过了五六分钟，两位旅客急急忙忙跑进安检门。梁丽再次来到19号柜台垃圾箱旁，看到那个小纸箱还在行李车上，以为是她们丢弃的，左右看看也没有人，就顺手把小纸箱放到清洁车里，继续工作。9时左右，梁丽走到大厅北侧距案发现场约79米远的16号卫生间处，告诉同事曹某，她捡到一个纸皮箱，里面可能是电瓶，先放在残疾人洗手间内，如果有人认领就还给人家。

上午9时40分左右，梁丽和其他清洁工聚集在3楼吃早餐时，梁丽说她捡到一个纸箱，比较重，可能是电瓶。清洁工马某提出去看一下，如是电瓶就送给他用于电鱼。之后马某和曹某到残疾人洗手间，打开纸箱后发现里面是一包包的黄金首饰。两人取出两包首饰一人分一半后离去。快下班时曹某看到梁丽，告诉她捡到的纸箱内装的可能是黄金首饰。梁丽不信，到残疾人洗手间从纸箱拿出首饰查看，并拿一件首饰让同事韩英拿到大厅内的黄金首饰店询问。韩英回来告诉梁丽，这首饰和首饰店里所卖的黄金首饰相同。梁丽以为韩英跟自己开玩笑，觉得这么贵重的东西不可能没人要，可能是假首饰。中午下班后梁丽就把小纸箱带回自己家中。

下午4时，梁丽同事曹某在她出租屋楼下喊，说你捡的东西，人家失主报警了。梁丽告诉曹某，说明天上班交上去不就行了。傍晚约6时左右，两个穿便衣的警察来到梁丽家，问她是否捡到一个纸箱。梁丽确认他们是警察后，从床下拿出那个纸箱交给他们。警察把梁丽一家人带到派出所。

经了解，当天上午9时许，机场派出所接到了一位叫王腾业的男子报案，说自己是东莞市厚街镇永泰东路金龙珠宝公司员工，早上8时许在19号柜台前办理行李托运手续时，机场工作人员告诉他黄金首饰等贵重东西不能托运，于是他马上到距离19号柜台22米远的10号柜台找值班主任咨询，却把装有14公斤黄金首饰的纸箱放在行李车上，而该行李车就停放在19号柜台旁边的垃圾桶处。10分钟后，当王腾业返回原处，发现纸箱不见了，便急忙向警方报警。经鉴定，在梁丽处找回的首饰均为足金首饰，总重13 599.1克，价值人民币2 893 922元；在曹某、马某处找回的黄金首饰价值分别为106 104元和66 048元。

作为清洁工，即使捡到东西也应及时交公，尤其后来发现与真的一样的黄金首饰时更不能擅自带回家中。因此，从金龙珠宝公司员工报案到深圳市公安局立案侦查，说明了梁某行为的社会危害性是客观存在的。但是，犯罪还必须具有刑事违法性，即必须符合某一具体犯罪的全部构成要件。深圳市公安局侦查终结后，以涉嫌盗窃罪把梁丽案移送深圳市人民检察院审查起诉。深圳市人民检察院办案人员认为以盗窃罪起诉不妥，即不认为符合盗窃罪全部的构成要件，而且由深圳市人民检察院起诉的案件通常是可能判处无期徒刑或死刑的案件，遂移交深圳市宝安区人民检察院审查起诉。

由于梁丽是在误以为是他人遗忘或遗弃的财物的情况下占有他人的财物，更具侵占罪的构成要件特征，根据罪刑法定原则，检察院最终还是没有以盗窃罪提起公诉。此外，侵占罪属自诉案件，只能由被害人提起自诉。



## 第二节　犯　罪

### 一、犯罪的概念和特征

#### （一）犯罪概念

刑法第13条规定了实质与形式相统一的犯罪概念，即“一切危害国家主权、领土完整和安全，分裂国家，颠覆人民民主专政的政权和推翻社会主义制度，破坏社会秩序和经济秩序，侵犯国有财产或者劳动群众集体所有的财产，侵犯公民私人所有的财产，侵犯公民的人身权利、民主权利和其他权利，以及其他危害社会的行为，依照法律应当受刑罚处罚的，都是犯罪，但是情节显著轻微危害不大的，不认为是犯罪。”

（二）犯罪特征

犯罪具有以下三个紧密联系、不可分割的基本特征：

1. 社会危害性。这是犯罪的本质特征。社会危害性是指犯罪行为侵犯了刑法所保护的社会主义社会关系。但是并非任何具有社会危害性的行为都是犯罪，如果情节显著轻微，危害不大的，不认为是犯罪；只有严重危害社会的行为，才能构成犯罪。

2. 刑事违法性。这是犯罪社会危害性的法定化。犯罪不仅具有社会危害性，还必须触犯刑法；如果某一行为没有违反刑法规定，即不具有刑事违法性，就不构成犯罪。刑事违法性体现了罪刑法定原则，也是区分犯罪与一般违法行为主要界限。

3. 应受惩罚性。这是犯罪社会危害性和刑事违法性的必然逻辑要求。任何违法犯罪行为，都应当承担相应的法律后果。犯罪是最严重的违法行为，必然应当予以最严厉的惩罚，以表明国家对犯罪强烈的否定评价。



## 二、犯罪构成

犯罪构成，是确定某一行为构成犯罪所必须具备的主观和客观要件的总和。任何一种犯罪的成立，都必须具备犯罪客体、犯罪客观方面、犯罪主体和犯罪主观方面四大要件，缺少任何一个方面要件都不构成犯罪。

犯罪构成与犯罪概念不同。犯罪概念回答的是犯罪本质和基本特征问题；而犯罪构成解决的是犯罪标准问题。

（一）犯罪客体

犯罪客体，是指刑法所保护的、为犯罪行为所侵害的社会关系。犯罪行为侵害的社会关系性质不同，其所构成的犯罪性质也就不同。

犯罪客体与犯罪对象存在明显区别。犯罪对象是犯罪行为直接作用的人或物，它不决定犯罪性质，且只是某些犯罪的必要构成要件。

犯罪客体分为一般客体、同类客体和直接客体。一般客体，是指一切犯罪所共同侵犯的社会关系的整体；同类客体，是指某一类犯罪所共同侵犯的某一方面社会关系；直接客体，是指某一具体犯罪所直接侵犯的特定社会关系。直接客体又可分为简单客体与复杂客体，前者是指某一犯罪直接侵犯了一种社会关系；后者是指某一具体犯罪所直接侵犯了两种或两种以上社会关系。

（二）犯罪客观方面

犯罪客观方面，是指刑法规定的、说明侵害刑法所保护的社会关系的客观外部表现。包括危害行为、危害结果及其因果关系，以及犯罪的时间、地点和手段。

危害行为，是指由行为人意识、意志支配下所实施的危害社会的外部动作。危害行为分为作为与不作为。作为，是指行为人以积极的行为实施刑法所禁止的危害社会行为。不作为，是指行为人在能够履行自己应尽义务的情况下而不履行该义务的行为。构成不作为需具备三个条件：行为人负有实施特定积极行为的法律义务（主要有法定义务，职务、业务上义务和由先行行为所产生的义务等）；且具有履行该项义务的可能性；但行为人没有履行该特定义务。



危害结果，是危害行为给刑法所保护的社会关系所造成的具体侵害事实。危害结果可分为物质性与非物质性的危害结果；直接的与间接的危害结果等。危害结果的发生通常是过失犯罪和犯罪既遂的必要条件，但有的犯罪并不要求发生危害结果作为成立犯罪的条件。此外，有的犯罪以发生不同轻重危害结果作为适用轻重不同法定刑的依据。

因果关系，是指危害行为与危害结果之间存在的引起与被引起的关系。行为人仅对其危害行为所造成的危害结果承担刑事责任。查明因果关系应综合分析因果关系的客观性、相对性、条件性、时间序列性和复杂性等。

犯罪的时间、地点与手段一般不影响定罪，但往往影响到犯罪行为社会危害性的大小。对于个别犯罪，如非法狩猎罪等，犯罪的时间、地点则是成立该罪的必要条件。

**（三）犯罪主体**

犯罪主体，是指实施了危害社会行为，依法应当承担刑事责任的自然人和单位。

作为自然人犯罪主体应当具备的条件是：(1)必须达到一定年龄。已满16周岁的人，对一切犯罪负刑事责任。已满14周岁不满16周岁的人，犯故意杀人、故意伤害致人重伤或者死亡、强奸、抢劫、贩卖毒品、放火、爆炸、投毒罪的，应当负刑事责任；不满14周岁的人，一律不负刑事责任，但可以责令其家长或监护人加以管教，必要时也可由政府收容教养。已满14周岁不满18周岁的人犯罪，应当从轻或者减轻处罚。(2)必须具有刑事责任能力。即行为人对其所从事行为的性质能够辨别，并且能够加以控制的能力。精神病人在不能辨认或者不能控制自己行为时造成危害结果的，不负刑事责任。间歇性精神病人在精神正常的时候犯罪，应当负刑事责任。尚未完全丧失辨认或者控制自己行为能力的精神病人犯罪的，应当负刑事责任，但是可以从轻或者减轻处罚。醉酒的人犯罪，应当负刑事责任。又聋又哑的人或者盲人犯罪，可以从轻、减轻或者免除处罚。

自然人犯罪主体分为一般主体和特殊主体。具备上述自然人犯罪主体两个条件的，均为一般主体。特殊主体不仅具备上述两个条件，还必须具有某种特定职务或身份。如贪污罪的主体必须是国家工作人员。

单位犯罪主体，是指实施了法律规定的犯罪行为的公司、企业、事业单位、机关、团体。单位犯罪必须是在单位的意志支配下由单位人员实施的危害社会行为，且刑法明文规定为单位犯罪的，才能按照单位犯罪论处；如果单位集体实施了某一危害行为，但刑法对此没有单位犯罪主体的规定，则只能按自然人共同犯罪论处。单位犯罪的，通常实行两罚制，即对单位判处罚金，并对其直接负责的主管人员和其他直接责任人员判处刑罚；但刑法另有规定的除外。

**（四）犯罪主观方面**

犯罪主观方面，是指犯罪主体对其危害行为及其危害结果所持的心理态度。包括犯罪故意、过失、犯罪的目的和动机。

犯罪故意，是指明知自己的行为会发生危害社会的结果，并且希望或者放任这种结果发生的心理态度。犯罪故意分为直接故意与间接故意。直接故意，是指明知自己的行为会发生危害社会的结果，并且希望这种结果发生的心理态度。间接故意，是指明知自己的行为可能发生危害社会的结果，并且放任这种结果发生的心理态度。两者都明知自己的行为会发生危害社会的结果，但在认识因素方面，直接故意表现为明知危害结果必然或可能发生，而间接故意则只能明知危害结果可能发生；在意志因素方面，直接故意是希望危害结果的发生，而间接故意则对危害结果发生持放任态度。

犯罪过失，是指应当预见自己的行为可能发生危害社会的结果，因为疏忽大意而没有预见，或者已经预见而轻信能够避免，以致发生这种结果的心理态度。过失分为疏忽大意的过失与过于自信的过失。疏忽大意的过失，是指应当预见自己的行为可能发生危害社会的结果，因为疏忽大意而没有预见，以致发生这种结果的心理态度。过于自信的过失，是指已经预见自己的行为可能发生危害社会的结果，但轻信能够避免，以致发生这种结果的心理态度。

任何犯罪的成立都必须具有故意或过失的心理态度。我国刑法规定，行为在客观上虽然造成了损害结果，但不是出于故意或者过失，而是由于不能抗拒或者没有预见的原因所引起的，不是犯罪。

犯罪目的，是指行为人实施犯罪所希望达到危害结果的心理态度。犯罪目的一般只存在于直接故意犯罪过程中。犯罪动机，是指刺激行为人实施犯罪的内心起因。它反映了行为人主观恶性程度。

## 三、正当防卫和紧急避险

### （一）正当防卫

正当防卫，是指为了使国家、公共利益、本人或者他人的人身、财产和其他权利免受正在进行的不法侵害，而对侵害人采取制止不法侵害的防卫行为。它是法律赋予公民制止违法犯罪的权利。因正当防卫对不法侵害人造成损害的，不负刑事责任。

正当防卫必须具备以下条件：(1)主观条件。必须是为了保护国家、公共利益、本人或者他人的人身、财产和其他权利免受不法侵害。(2)起因条件。必须存在实际的不法侵害行为。(1)时间条件。不法侵害必须正在进行，即不法侵害已经开始且尚未结束。(4)对象条件。必须只能针对不法侵害者本人。(5)限度条件。不能明显超过必要限度，造成重大损害。

正当防卫明显超过必要限度，造成重大损害的，属于防卫过当。防卫过当应当负刑事责任，但是应当减轻或者免除处罚。

刑法第20条规定，对正在进行行凶、杀人、抢劫、强奸、绑架以及其他严重危及人身安全的暴力犯罪，采取防卫行为，造成不法侵害人伤亡的，不属于防卫过当，不负刑事责任。即对严重危及人身安全的暴力犯罪实施正当防卫的，不存在防卫过当问题，不论造成什么后果，都属正当防卫。

### （二）紧急避险

紧急避险，是指为了使国家、公共利益、本人或者他人的人身、财产和其他权利免受正在发生的危险，不得已损害另一较小合法权益而保全较大权益的行为。紧急避险不负刑事责任。

紧急避险必须符合以下条件：(1)必须是为了使国家、公共利益、本人或者他人人身、财产和其他权利免受危险的目的；(2)合法权益必须遭受正在发生的现实危险，危险可以来自自然力量、动物侵袭或人为因素等；(3)避险的对象只能是第三人的合法权益；(4)必须出于不得已而损害另一较小的合法权益；(5)紧急避险不能超过必要限度，造成不应有的损害。紧急避险行为超过必要限度造成不应有的损害的，应当负刑事责任，但是应当减轻或者免除处罚。

## 四、犯罪既遂、预备、未遂与中止

故意犯罪过程中可以表现出犯罪既遂、犯罪预备、犯罪未遂、犯罪中止等犯罪形态。

### （一）犯罪既遂

犯罪既遂，是指行为人所故意实施的行为已经具备了某一犯罪构成的全部要件。犯罪既遂是故意犯罪的完成形态。其类型有：结果犯、行为犯、危险犯和举动犯。

### （二）犯罪预备

犯罪预备，是指行为人在着手实施犯罪前，为了犯罪，准备工具、制造条件的行为。犯罪预备必须具备以下条件：(1)行为人主观上具有实行犯罪的目的。(2)客观上实施了犯罪预备行为。包括准备工具、制造条件的行为。(3)行为人尚未着手实行犯罪。(4)行为人未能着手实行犯罪是由于其意志以外的原因。



犯罪预备与犯意表示有着本质区别。犯意表示属思想范畴，而犯罪预备不仅有思想，而且有预备行为。对于预备犯，可以比照既遂犯从轻、减轻处罚或者免除处罚。

### （三）犯罪未遂

犯罪未遂，是指已经着手实行犯罪，由于犯罪分子意志以外的原因而未得逞。犯罪未遂必须具备以下条件：(1)行为人已经着手实行犯罪。即行为人已经开始实施某种犯罪构成客观要件的行为，通常表现为追求某种犯罪结果发生的行为。(2)犯罪没有得逞。(3)犯罪未得逞是由于犯罪人意志以外的原因。即犯罪没有得逞不是出于犯罪人的意愿，而是遇到其意志以外障碍，致使犯罪未达既遂状态。

犯罪未遂可以分为实行终了的未遂与未实行终了的未遂。对于未遂犯，可以比照既遂犯从轻或者减轻处罚。

**（四）犯罪中止**

犯罪中止，是指在犯罪过程中，自动放弃犯罪或者自动有效地防止犯罪结果的发生。犯罪中止有两种情况：一是在犯罪还没有实行终了过程中，自动放弃犯罪；二是在犯罪实行终了情况下，自动有效地防止犯罪结果的发生。犯罪中止必须具备以下条件：(1)必须是在犯罪过程中。即在犯罪行为开始实施之后、犯罪结果发生之前中止犯罪。(2)必须是自动放弃犯罪的决意。即行为人认识到客观上可以继续实施犯罪或者可能达到犯罪既遂，而自愿放弃犯罪或不追求犯罪结果。(3)必须实施了放弃犯罪或者有效地防止犯罪结果发生的行为。所谓有效地防止犯罪结果发生，是指行为人在实施犯罪之后，自动采取措施，避免了犯罪结果发生。如果行为人实施了中止行为，但仍然发生犯罪结果的，则不是犯罪中止。

对于中止犯，没有造成损害的，应当免除处罚。造成损害的，应当减轻处罚。

## 五、共同犯罪

共同犯罪，是指二人以上共同故意犯罪。共同犯罪必须具备以下条件：(1)必须有两个或两个以上具有刑事责任能力的主体，包括自然人与单位。若仅有一人具有刑事责任能力，其余共同行为人不具有刑事责任能力，则不能构成共同犯罪。(2)主观上存在共同犯罪故意。即各共同犯罪人都意识到自己不是单独犯罪，都明知共同犯罪行为的性质、危害社会的结果，并且希望或者放任这种结果的发生；(3)客观上存在共同犯罪行为。即各共同犯罪人实施危害行为都指向同一目标，彼此联系，相互配合，成为有机的犯罪活动整体。

共同犯罪分为一般共同犯罪与犯罪集团。一般共同犯罪，即为二人以上共同故意犯罪。犯罪集团，是指三人以上有组织地实施的共同犯罪。其特征有：主体人数的特定性（三人以上）；骨干成员的稳定性；犯罪活动的组织性和固定性；犯罪目的的明确性；犯罪行为的严重性。黑社会性质的组织是一种特殊的犯罪集团。

根据在共同犯罪中地位和作用的不同，可将共同犯罪人分为主犯、从犯、胁从犯和教唆犯。主犯，是组织、领导犯罪集团进行犯罪活动或者在共同犯罪中起主要作用的犯罪分子。从犯，是在共同犯罪中起次要或者辅助作用的犯罪分子。对于从犯，应当比照主犯从轻、减轻或者免除处罚。胁从犯，是被胁迫参加共同犯罪的人。对于胁从犯，应当按照他的犯罪情节减轻处罚或者免除处罚。教唆犯，是故意教唆他人犯罪的人。对于教唆犯，应当按照他在共同犯罪中所起的作用处罚。即起主要作用的，按主犯处罚；起次要作用的，按从犯处罚。教唆不满18周岁的人犯罪的，应当从重处罚。如果被教唆的人没有犯被教唆的罪，对于教唆犯可以从轻或者减轻处罚。

## 案例及其评析

### 犯罪的特征



**案情：**被告人王某、张某、李某均系某村农民，因该村农民负担过重，数次代表村民到县、乡上访。该乡乡政府不仅不认真处理村民的合理要求，反而由副乡长成某带县公安局治安巡逻队几名队员，到该村传讯几名带头上访的人员。结果被告人王某、张某、李某等组织村民，将成某扣押，并限制其人身自由达3个小时。王某、张某、李某三人的行为是否构成非法拘禁罪？

**评析：**三人对成某虽有非法拘禁行为，但起因是其正当上访遭压制情况下，不让成某将上访代表带走而引起的，且没有对成某实施捆绑、殴打、侮辱等行为，剥夺人身自由的时间仅3小时。因此，三人的行为情节显著轻微，危害不大，不应以犯罪论处。

## 犯罪客体

**案情：** 被告人田某，25岁，农民。田某在两个月内分别在两个县内作案多起，盗窃正在使用的电线杆和电线，使当地的电话通信中断两天。此外，田某还盗窃了本县仓库内的电话线两捆。

**评析：** 此案中，田某盗窃的犯罪对象存在共同之处，都是电话线。但两者侵犯的客体不同，前者主要侵犯的是公用电信设施公共安全，构成破坏公用电信设施罪；后者盗窃仓库内的电话线，侵犯财产所有权，构成盗窃罪。

## 犯罪客观方面

**案情：** 被告人薛某酒后因家庭琐事打骂其妻聂某，聂某不堪忍受跑离家中，薛某又追至周家打骂其妻。后回到家中，薛某仍打骂其妻。聂某无法忍受，于是在自家院内服“敌敌畏”农药自杀。后被人发现告知在家中的薛某，薛某说：“我不管。”当他人将聂某送往医院时，薛某仍躺在床上无动于衷。聂某因救治延误死亡。

**评析：** 聂某服毒自杀的行为，是薛某打骂其妻先行行为引起的，作为丈夫的薛某更应当救助聂某。薛某有义务救助且能够救助而不救助的不作为行为，构成(间接)故意杀人罪。

## 因果关系

**案情：** 张某将所骑摩托车停放在一百货大楼门前的便道上。59岁的板车工人于某为该百货大楼拉货，将板车拉到百货大楼门前时，见摩托车占了他常用的地方，即将摩托车挪开。张见后不允，张、于二人因此发生争吵。争吵中，于碰倒了摩托车，张立即用力向于的胸部左侧打了一拳，于即仰面倒在路上，当即翻白眼、小便失禁。在周围众人的协助下，张某送于某到了医院，于某经抢救无效死亡。经法医作尸体解剖查明：(1)死者于某患有高度血管粥样硬化，形成夹层动脉瘤，因瘤子破裂，引起大出血，心血管堵塞死亡。(2)死者胸部左侧有皮下出血，符合被拳击伤的情况。这拳击可使夹层动脉瘤破裂。

**评析**：张某的行为与于某的死亡之间有刑法上的因果关系。因果关系的有无，只能根据事物之间的客观联系进行判断，而不以行为人主观上是否认识到为转移。于某虽然患有高度血管粥样硬化，并形成夹层动脉瘤的疾病，但却能照常生活、工作；正是由于张的拳击才致于血管内的瘤子破裂，引起大出血，最终导致于心血管堵塞死亡。可见，张未曾认识到自己一拳会致于死亡，但其这一行为在当时的特定条件下符合规律地引起了于某死亡这一结果的发生。

### 故意犯罪

**案情**：耿金平为牟取非法利益，伙同他人自2007年10月开始购买含三聚氰胺的"蛋白粉"共计560公斤。2007年10月至2008年8月，被告人耿金平等在明知"蛋白粉"为非食品原料，人不能食用的情况下，将约434公斤"蛋白粉"添加到其收购的900余吨原奶中，销售到石家庄三鹿集团股份有限公司等处，销售金额280余万元。

**评析**：耿金平明知"蛋白粉"不能食用，仍添加到900余吨原奶中，属故意犯罪。

### 过失犯罪

**案情**：被告人陈某一天将一包注入灭鼠药的麦片放在租住宿舍的桌子上忘了拿走。后同住的三位同校学生将此包有毒麦片冲泡食用，导致一人中毒死亡，两人重度中毒。



**评析**：陈某存在对有毒麦片管理不当，构成因疏忽大意犯罪。

### 正当防卫

某县一技校电脑班学生王某因怀疑被告人马某偷了他的鞋，上前质问马某，两人因此在宿舍里发生口角，王某拿木棍打了马某两下，并到马某的床上，抓住马某的头发，要拽他下来，马某摸出床铺下的匕首说："你再打我，跟你拼命！"王说："你拿刀，我就怕你了？"王某又用拳头照马某的头上打了两下，马某遂用匕首向王某胸腹部猛刺两下。将王某刺倒在床上,经抢救无效死亡。

**评析**：马某的行为明显超过必要的限度,造成不应有的严重后果,属防卫过当。

## 犯罪预备

**案情**：江西农民赵某、李某在福州打工,2003 年春节前因回家无钱而萌生抢劫念头。一日晚上 11 点左右,两人携带事先买好的匕首、绳索等作案工具搭乘孙某的出租车,谎称有紧急业务去某市。赵某在车上用方言对李某说:"等一会连车一起搞了,开回家去。"李某说:"好主意。"孙某虽然听不懂两人的谈话,但觉得两人不像是跑业务的,遂产生怀疑。车行至福建市郊检查站时,适逢公安部门在此设点检查春运车辆。孙某即将出租车迅速靠近检查点求援,经盘查两人交代了上述事实。

**评析**：两被告的行为属犯罪预备,尚未着手实施任何以暴力、胁迫或者其他方法的抢劫行为。

## 犯罪未遂

**案情**：被告人谈某 17 岁。一日与母亲争吵,致使其母当场昏厥。谈某请人照看母亲,自己骑摩托车外出借钱未成,在路过一储蓄所时,见里面人少,遂产生抢劫之念。于是回家拿上菜刀骑摩托车折回储蓄所。等无人时先向该所职员借钱,后拿刀向职员威胁拿钱。该职员一边拒绝,一边打电话报警。谈某因惧怕逃离现场。

**评析**：谈某行为构成抢劫未遂,即职员拒绝、报警行为使其抢劫未能得逞。

## 犯罪中止

**案情**：四川农民邓某等三人在某小区打工,发现方女士家比较富裕,遂密谋对其抢劫。在准备作案工具后,一天上午以检查水电为名进入方女士家。不料方女士不在家,但其丈夫在家,邓某等三人感到害怕,不敢实施抢劫。于是装模作样检查一下水电表之后，说声“没问题”，便迅速离去。

**评析**：邓某三人的行为构成犯罪中止，属犯罪预备阶段的犯罪中止，因为三人在可能实施抢劫的情况下，放弃进一步实施抢劫的意图。

**共同犯罪**

**案情**：被告人董某得知北京石景山附近有一古墓后，便告知张某古墓方位和盗掘方法。张某纠集了刘某、侯某预谋盗墓，并准备了作案工具。后来三人使用铁锹、铁镐、绳子、编织袋等工具开始盗墓。李某、袁某、姜某等人在董某的唆使下也来此处，发现张某等人在盗墓。经张某和李某共谋之后，两伙人一起盗掘古墓。董某还为张某做过盗墓方面的指导。后经群众举报被抓。

**评析**：此案中纠集他人，组织盗墓的张某是主犯，董某尽管没有直接实施盗墓，但却是犯意提出和盗墓出谋划策者，故也是主犯。其余的人员为从犯。共同构成盗窃古墓葬罪。

## 第三节 刑 罚



### 一、刑罚的概念和种类

刑罚，是指国家审判机关依法对犯罪分子实行惩罚的一种最严厉强制措施。其特征：(1)适用的对象只能是犯罪分子；(2)是最严厉的强制方法；(3)适用主体只能是人民法院。刑罚目的在于预防犯罪，包括一般预防和特殊预防。

我国刑法规定了五种主刑与三种附加刑。

（一）主刑

主刑，是指只能独立适用的主要刑罚方法。包括管制、拘役、有期徒刑、无期徒刑与死刑五种刑罚方法。

管制，是对罪犯不予关押，但限制其一定自由，由公安机关执行和群众监督改造的刑罚方法。限制自由的内容有：(1)遵守法律、行政法规，服从监督；(2)未经执行机关批准，不得行使言论、出版、集会、结社、游行、示威自由的权利；(3)按照执行机关规定报告自己的活动情况；(4)遵守执行机关关于会客的规定；(5)离开所居住的市、县或者迁居，应当报经执行机关批准。管制的期限为3个月以上2年以下，数罪并罚时管制最高不能超过3年。

拘役，是短期剥夺犯罪人自由，就近实行劳动改造的刑罚方法。拘役的期限为1个月以上6个月以下，数罪并罚时不超过1年。在执行期间，受刑人每月可以回家一天至两天。参加劳动的，可以酌量发给报酬。

有期徒刑，是剥夺犯罪人一定期限的自由，实行强迫劳动改造的刑罚方法。有期徒刑是我国刑罚中适用最广的方法，适用于罪行较为严重的犯罪人。有期徒刑的期限为6个月以上15年以下，数罪并罚时不超过20年。

无期徒刑，是剥夺犯罪人终身自由，实行强迫劳动改造的刑罚方法。无期徒刑是剥夺自由刑中最严厉的刑罚方法，适用于罪行严重的犯罪人。

死刑，是剥夺犯罪人生命的刑罚方法。我国刑法严格限制死刑的适用，表现为：(1)死刑只适用于罪行极其严重的犯罪分子。(2)对犯罪的时候不满18周岁的人和审判的时候怀孕的妇女，不适用死刑。(3)规定了死刑缓期执行的制度，即对于应当判处死刑的犯罪分子，如果不是必须立即执行的，可以判处死刑同时宣告缓期2年执行。(4)刑法规定了严格的适用程序。死刑除依法由最高人民法院判决的以外，均应报请最高人民法院核准。此外，对于判处死刑缓期执行的犯罪分子，在死刑缓期执行期间，如果没有故意犯罪，2年期满以后，减为无期徒刑；如果确有重大立功表现，2年期满以后，减为15年以上20年以下有期徒刑；如果故意犯罪，查证属实的，由最高人民法院核准，执行死刑。

### （二）附加刑

附加刑，是指补充主刑适用的刑罚方法，它既可以附加主刑适用，也可以独立适用。包括罚金、剥夺政治权利、没收财产三种。

罚金，是强迫犯罪分子向国家缴纳一定数额金钱的刑罚方法。主要适用贪财图利的犯罪分子。罚金数额，应根据犯罪情节决定，同时也考虑犯罪分子的经济状况。罚金在判决指定的期限内一次或者分期缴纳。期满不缴纳的，强制缴纳。如果由于遭遇不能抗拒的灾祸，缴纳确实有困难的，可以酌情减少或者免除。

剥夺政治权利，是指剥夺犯罪分子参加管理国家事务和政治活动的权利的刑罚方法。具体包括：(1)剥夺犯罪分子的选举权与被选举权；(2)剥夺犯罪分子的言论、出版、集会、结社、游行、示威自由的权利；(3)剥夺犯罪分子担任国家机关职务的权利；(4)剥夺犯罪分子担任国有公司、企业、事业单位和人民团体领导职务的权利。对于危害国家安全的犯罪分子应当附加剥夺政治权利；对于被判处死刑、无期徒刑的犯罪分子，应当剥夺政治权利终身；对于故意杀人、强奸、放火、爆炸、投毒、抢劫等严重破坏社会秩序的犯罪分子，可以附加剥夺政治权利。剥夺政治权利的期限一般为 1 年以上 5 年以下；判处管制附加剥夺政治权利的期限与管制的期限相等，同时执行；在死缓减为有期徒刑或者无期徒刑减为有期徒刑时，应当把附加剥夺政治权利的期限改为 3 年以上 10 年以下。附加剥夺政治权利的刑期，从徒刑、拘役执行完毕之日起或者从假释之日起计算，其效力适用于主刑执行期间。

没收财产，是将犯罪分子个人所有的一部或者全部财产无偿地强制收归国有的刑罚方法。在判处没收财产的时候，不得没收属于犯罪分子家属所有或者应有的财产。如果没收全部财产的，应当对犯罪分子个人及其扶养的家属保留必需的生活费用。没收财产以前犯罪分子所负的正当债务，需要以没收的财产偿还的，经债权人请求，应当偿还。

## 二、刑罚的具体运用

### （一）量刑

量刑，是指人民法院依法对犯罪分子裁量刑罚的活动。量刑有两大原则：一是以犯罪事实为根据，即对于犯罪分子决定刑罚的时候，应当以犯罪的事实、犯罪的性质、情节和对于社会的危害程度为根据。二是以刑事法律为准绳，应当依照刑法总则和分则的有关规定判处。

量刑情节，是人民法院在对犯罪分子决定刑罚及其轻重时需要考虑的各种情形。量刑情节有法定情节和酌定情节两类。刑法规定的从重、从轻处罚情节的，应当在法定刑以内判处刑罚。犯罪分子具有刑法规定的减轻处罚情节的，应当在法定刑以下判处刑罚。

### （二）累犯、自首和立功

累犯，是指在刑罚执行完毕或者赦免以后的一定时间内又犯一定之罪的犯罪分子。累犯分为一般累犯和特别累犯。一般累犯，是指被判处有期徒刑以上刑罚的犯罪分子，在刑罚执行完毕或者赦免以后，五年之内再次故意犯应当判处有期徒刑以上刑罚之罪的犯罪分子。特别累犯，是指危害国家安全的犯罪分子在刑罚执行完毕或者赦免以后，在任何时候再犯危害国家安全罪的犯罪分子。对于累犯，应当从重处罚。



自首，是指犯罪以后自动投案，如实供述自己的罪行的行为。被采取强制措施的犯罪嫌疑人、被告人和正在服刑的罪犯，如实供述司法机关还未掌握的本人其他罪行的，以自首论。对于自首的犯罪分子，可以从轻或者减轻处罚。其中，犯罪较轻的，可以免除处罚。

立功，是指犯罪分子有揭发他人犯罪行为，查证属实，或者提供重要线索，从而得以侦破其他案件的行为。立功分为一般立功和重大立功。犯罪分子有一般立功表现的，可以从轻或者减轻处罚。有重大立功表现的，可以减轻或者免除处罚。犯罪后自首又有重大立功表现的，应当减轻或者免除处罚。

（三）数罪并罚

数罪并罚，是指对一人所犯数罪分别定罪量刑，并根据法定原则，决定应当执行刑罚的制度。我国的数罪并罚采取的是以限制加重原则为主，以吸收原则和并科原则为补充的折衷原则。刑法关于数罪并罚的具体规定有：(1)判决宣告以前一人犯数罪的，除判处死刑和无期徒刑的以外，应当在总刑期以下、数刑中最高刑期以上，酌情决定执行的刑期，但是管制最高不能超过3年，拘役最高不能超过1年，有期徒刑最高不能超过20年。如果数罪中有判处附加刑的，附加刑仍须执行。(2)判决宣告以后，刑罚执行完毕以前，发现被判刑的犯罪分子在判决宣告以前还有其他罪没有判决的，应当对新发现的罪作出判决，把前后两个判决所判处的刑罚，依照上述规定，决定执行的刑罚。已经执行的刑期，应当计算在新判决决定的刑期以内。(3)判决宣告以后，刑罚执行完毕以前，被判刑的犯罪分子又犯罪的，应当对新犯的罪作出判决，把前罪没有执行的刑罚和后罪所判处的刑罚，依照上述规定，决定执行的刑罚。

（四）缓刑

缓刑，是指对于被判处拘役、3年以下有期徒刑的犯罪分子，根据犯罪分子的犯罪情节和悔罪表现，认为暂缓执行刑罚确实不致再危害社会的，给予一定的考验期，有条件地不执行原判刑罚的制度。累犯不适用缓刑。被宣告缓刑的犯罪分子，在缓刑考验期限内犯新罪或者发现判决宣告以前还有其他罪没有判决的，应当撤销缓刑，对新犯的罪或者新发现的罪作出判决，把前罪和后罪所判处的刑罚，实行数罪并罚，决定执行的刑罚。被宣告缓刑的犯罪分子，在缓刑考验期内，违反法律、行政法规或者国务院公安部门有关缓刑的监督管理规定，情节严重的，应当撤销缓刑，执行原判刑罚。



（五）减刑

减刑，是指对于被判处管制、拘役、有期徒刑、无期徒刑的犯罪分子，在刑罚执行期间，如果认真遵守监规，接受教育改造，确有悔改表现，或者有立功表现的，适当减轻原判刑罚的制度。犯罪分子在刑罚执行期间，认真遵守监规，接受教育改造，确有悔改表现，或者有立功表现的，可以减刑。有重大立功表现的，应当减刑。减刑以后实际执行的刑期，判处管制、拘役、有期徒刑的，不能少于原判刑期的二分之一；判处无期徒刑的，不得少于10年。

### （六）假释

假释，是指对于被判处有期徒刑、无期徒刑的犯罪分子，在执行一定刑罚之后，确有悔改表现，不致再危害社会，附条件地予以提前释放的制度。适用假释必须具备以下条件：(1)必须是被判处有期徒刑或者无期徒刑的犯罪人，但累犯以及因杀人、爆炸、抢劫、强奸等暴力性犯罪被判处10年以上有期徒刑、无期徒刑的犯罪分子，不得假释；(2)必须是已经执行一部分刑罚的犯罪分子，被判处有期徒刑的犯罪分子，执行原判刑期二分之一以上，被判处无期徒刑的犯罪分子，实际执行10年以上，才可能假释；(3)假释只适用于在刑罚执行期间，认真遵守监规，接受教育改造，确有悔改表现，提前释放后不致再危害社会的犯罪分子。有期徒刑的假释考验期限，为没有执行完毕的刑期。无期徒刑的假释考验期限为10年。假释考验期限，从假释之日起计算。被假释的犯罪分子，在假释考验期内，由公安机关监督执行，如果没有撤销假释的情形，假释考验期满，就认为原判刑罚已经执行完毕。如在假释考验期限内又犯新罪或者发现漏罪，应当撤销假释，实行数罪并罚。

### （七）时效

时效，又称追诉时效，是指对犯罪人追究刑事责任的有效期限。超过追诉期限，司法机关就不能追究犯罪分子刑事责任。刑法规定，犯罪经过下列期限不再追诉：(1)法定最高刑为不满5年有期徒刑的，经过5年；(2)法定最高刑为不满10年有期徒刑的，经过10年；(3)法定最高刑为10年以上有期徒刑的，经过15年；(4)法定最高刑为无期徒刑、死刑的，经过20年。如果20年以后认为必须追诉的，必须报请最高人民检察院核准。追诉期限从犯罪之日起计算。犯罪行为有连续或者继续状态的，从犯罪行为终了之日起计算。

在追诉期限以内又犯罪的，前罪追诉的期限从犯后罪之日起计算，即追诉时效中断。在人民检察院、公安机关、国家安全机关立案侦查或者在人民法院受理案件以后，逃避侦查或者审判的；或者被害人在追诉期限内提出控告，人民法院、人民检察院、公安机关应当立案而不予立案的，不受追诉期限的限制，即追诉时效延长。

## 资料选读

### 死刑的存废之争

死刑的存废之争由来已久。主张保留死刑者认为：(1)死刑具有有效预防犯罪的作用。对于可能犯罪的人，死刑最具威慑力；对于罪犯本人，死刑能够彻底剥夺犯罪人的再犯能力，因而从根本上制止其再犯罪。(2)具有伦理正义的必然要求。死刑并不违背社会契约，死刑犯罪大恶极，“死有余辜”，“不杀不足以平民愤”，完全是罪犯自由选择的结果和应有的报应。(3)死刑具有刑罚经济性。死刑与无期徒刑相比，可以节约国库开支，而且可以免除无期徒刑终身监禁之苦。(4)符合国情民意。尤其在中国，有着几千年封建社会历史的积淀，社会经济文化发展不平衡决定了中国目前不能废除死刑。

主张废除死刑者认为：(1)死刑并不具有较大的威慑功能。在废除死刑的大多数欧洲国家中，犯罪率并没有因此而上升。如1999年立陶宛废除死刑，犯罪率不增反降。而在保留死刑的中国，20多年来适用死刑人数呈增加趋势，重大刑事犯罪同样有增无减。美国亦然。(2)死刑并不具有伦理正义的必然要求。死刑无视人权，最不人道；死刑违背社会契约，是野蛮时代的刑罚；死刑案件一旦出现误判就无法纠正。此外，死刑客观上主要针对社会低端人群适用，富人往往不容易被判处死刑。(3)死刑不具有刑罚经济性。死刑客观上浪费了宝贵的人力资源，并不经济。好死不如赖活，渴望生存、逃避死亡是人的本能与天性。此外，不适用死刑可以保留相当有用的证据和信息。(4)并不一定符合民意。目前全世界已有100多个国家在法律上或事实上废除了死刑。我国的香港、澳门均已废除死刑。而发达国家中仅剩美国(有30多个州保留死刑)、日本(事实上很少执行)两个国家保留死刑。

20世纪以来,世界范围废除死刑运动如火如荼。1966年联合国通过的《公民权利和政治权利公约》第6条规定,不得任意剥夺人的生命,并强调,在未废除死刑的国家,只能对犯有"最严重罪行"的人判处死刑。又在1989年通过了《联合国废除死刑公约》(第二选择议定书),要求每一缔约国应采取一切措施在管辖范围内废除死刑。

废除死刑的理论根据在于对人权理论和人的生命价值的重新认识。就死刑存废论的价值论基础而言,废除论强调死刑是远古野蛮时代血腥复仇的遗留产物,将刑罚人道作为考察死刑的基点,揭示了死刑不人道这一废除死刑的最合理而最有力的根据。保留论重心则在死刑的公正性与效益性,强化死刑特有的功能,从刑罚的公正和效益价值的实现必要性中寻找死刑的必要性,以求揭示保留死刑的现实依据。

## 案例分析

### 自首

杨某、陈某等人为国外一名毒贩运送毒品,事先将毒品藏匿于体内。当天,在另一个人的带领下来到机场。在机场安检时,机场工作人员发现两人可疑,就对两人进行盘问。两人立即将自己帮助他人运送毒品的事实告诉机场公安民警。后从两人体内分别查获共900多克海洛因。由于两人交代罪行是在发现形迹可疑阶段,司法机关尚未发现他们罪行,因而认为两人主动交代自己罪行的行为,应认定为自首。



### 一罪数罪

甲酒后骑自行车回家,途经一偏僻路段时,见乙(女)单身一人行走,便起歹念。采用暴力手段,劫取乙身上的2 500余元及纯金项链、手链各一条。之后又将乙拖拽至路边，强令乙脱掉衣裤并在草地上欲实施奸淫，由于乙极力反抗及不远处公路上有公安警车巡查，甲才威胁并捆绑乙后，逃离现场，强奸未能得逞。甲为了两个目的，先后实施了两个行为，符合抢劫罪、强奸罪(未遂)的构成要件。应对其实行数罪并罚。

## 相关概念

犯罪构成　犯罪客体　犯罪对象　过失犯罪　犯罪未遂　共同犯罪　数罪并罚　一般累犯　缓刑　假释　立功　自首

## 思考题

1. 刑法的基本原则有哪些?
2. 间接故意与过于自信有何区别?
3. 正当防卫与紧急避险有何区别?
4. 我国对死刑限制适用的规定主要有哪些?
5. 犯罪中止必须具备哪些条件?
6. 刑罚的特征有哪些?



## 案例分析

1. 钟某酒后同妻子一起去看放焰火，途中，钟某推开本村李某家院门欲买酒喝。当时李某一家人正在吃饭，便说“没酒卖”，并用手推着钟某往外走。这时李某一不小心摔了一跤，二人发生口角。李某的妻弟谭某出来劝二人，用手推开二人。由于钟某脚穿拖鞋，又喝了酒，在谭某用力推时，钟某身体后仰未站稳，仰面倒在地上导致头部受伤。此后，钟某的妻子将钟某拉回村医疗站，钟某当时感到头晕、胀痛。次日晨，钟某伤势恶化，送县医院抢救无效死亡。法医鉴定结论：死者钟某被他人推倒造成左侧枕部颅骨骨折，右侧颅内出血，颅脑损伤死亡。

问：谭某的行为是否构成犯罪？为什么？

2. 被害人王兆款平素对其妻张某、女儿王某经常打骂虐待。一天深夜，王兆款对女儿王某强奸两次。王某被强奸后服毒自杀，经抢救后脱险。某年2月一天的深夜，王兆款钻进女儿王某的被窝试图强奸王某，王某不从。王兆款害怕其妻张某发现，便回到自己的被窝。早晨4时许，王兆款又钻进女儿王某的被窝试图强奸，王某奋力反抗，大声喊叫。张某惊醒后，气愤地打了王兆款一记耳光。接着张某按住王兆款，女儿王某取来两根麻绳将王兆款的手脚捆住，之后又用绳子将王兆款勒死。早晨6时之后，母女俩人向当地派出所投案自首。此时王某还不满16岁。

问：被告人王某的行为是否构成正当防卫，为什么？假定王某犯罪成立的话，母女两人的行为是否属共同犯罪？有无可以从轻或者减轻的法定情节？

3. 被告人王某在开车途中，突然发现李某从小道上骑自行车快速横穿马路。王某见状一边煞车，一边向左猛打方向盘，但仍避闪不及，车的右轮将李某左腿轧断。事故当时天色已晚，又地处偏僻，于是，王某将昏迷不醒的李某拖至路旁小树林，自己开车一走了事。李某第二天早晨被人发现时已死亡。法医鉴定：右腿粉碎性骨折，因抢救不及时，导致失血性死亡。

问：你认为王某的行为是否构成犯罪？主观方面存在故意、过失还是纯属意外事件？

4. 李某(女，15岁)与同学窦某是好朋友。一日下午，两人及关某、张某到李某家看杂志。李某小声对窦说；“我家有枪。”窦问：“枪在哪儿？”李某就从大床下将其父亲左轮手枪拿出来，跪在床上转过身子面朝东南扣了两下。站在大床边沿的窦某对李某说：“让我看看。”李某说：“你先别动。”接着李某又扣了一下扳机，枪响了。窦头部中弹，向后倒在地上，当即死亡。李某见自己将窦打死，跑到商店买了10包老鼠药，准备自杀，被一职工发现送公安局。

问：李某是否应当承担刑事责任？为什么？

# 第八章
# 诉 讼 法

**在本章中，你将——**

◆ 理解诉讼法概念、基本原则以及诉讼证据和举证责任等诉讼法的基本知识

◆ 知晓三大诉讼法的概念、基本任务和特有原则

◆ 知晓三大诉讼法的各诉讼当事人及其诉讼权利义务

◆ 掌握三大诉讼法的管辖规定和基本诉讼程序

◆ 简单运用三大诉讼法的基本原理和知识



## 第一节 诉讼法概述

诉讼，是人民法院（刑事诉讼还包括其他国家专门机关）在当事人和其他诉讼参加人的参加下，按照一定法定程序和方式审理并裁判具体案件的活动。根据诉讼性质不同，诉讼可以分为民事诉讼、行政诉讼和刑事诉讼。诉讼法，是规范和调整各诉讼主体诉讼活动、规定各诉讼主体诉讼权利和诉讼义务的法律规范的总和。根据诉讼法所调整的社会关系不同，诉讼法可以分为民事诉讼法、行政诉讼法和刑事诉讼法。

## 一、 诉讼法共同的基本原则

诉讼法基本原则，是指贯穿整个诉讼活动，且在诉讼中起普遍指导作用的基本准则。三大诉讼法均有其各自的基本原则，它们共同的基本原则有：

(1) 人民法院独立行使审判权原则。即国家审判权由人民法院独立、统一行使，任何其他机关、团体、个人都不得干预。

(2) 以事实为根据，以法律为准绳原则。即司法机关在办理案件时，应忠于案件的客观事实，重证据，在查明案件事实的基础上，根据法律规定作出各种裁判，不得主观臆断，不得枉法裁判。

(3) 当事人在适用法律上一律平等原则。即要求司法机关在诉讼活动中，对一切公民，不分民族、种族、性别、职业、家庭出身、宗教信仰、教育程度、财产状况、社会地位等，在适用法律时一律平等，不允许任何人享有任何特权，也不允许对任何人实行任何歧视。

(4) 合议原则。即人民法院审理案件，一般由审判员或审判员和陪审员三人以上的单数组成合议庭，依法对案件进行审判。

(5) 回避原则。即与案件和案件当事人有利害关系或其他关系的案件审判人员以及公安人员、检察人员、书记员、鉴定人、翻译人员等，不得参与该案的诉讼活动。

(6) 公开审理原则。即人民法院在审理案件时，除法律规定应当或可以不公开外，应当向社会和媒体公开，允许公民旁听。

(7) 陪审制原则。即符合法定条件的公民作为人民法院陪审员参与法院审理案件的制度。

(8) 使用本民族语言文字进行诉讼原则。即各民族公民都有使用本民族语言文字进行诉讼的权利。

(9) 两审终审原则。即案件最多经过两级法院审理即告终结、不得再上诉的制度。

（10）检察监督原则。即人民检察院对人民法院的审判活动是否合法实行法律监督，对违反法律的判决、裁定提出抗诉。

## 二、诉讼证据与举证责任

诉讼证据，是指在诉讼中能够证明案件真实情况的一切事实。其基本特征有：(1)客观性。即证据必须是客观存在的事实。(2)关联性。即证据必须与作为待证对象的案件事实有着内在的、必然的联系。(3)合法性。即证据必须符合法定的形式，并按照法定程序收集、提供和运用。

三大诉讼法对证据的分类基本相同，证据的种类可分为：

（1）物证。即能证明案件事实情况的一切物品和痕迹。

（2）书证。即以文字、符号、图画等所表达的思想内容证明案件事实情况的书面材料和其他物质材料。

（3）证人证言。即证人就其所了解的案件事实情况向司法机关所作的陈述。

（4）视听资料。即以录音、录像、电子计算机或者其他高科技设备所储存的信息证明案件事实情况的资料。

（5）当事人陈述。即当事人就有关案件事实情况向人民法院所作的叙述。在刑事诉讼中是指被害人陈述和犯罪嫌疑人、被告人的供述。

（6）鉴定结论。即受司法机关指派或聘请的鉴定人对案件中专门性问题鉴定后所作的书面结论。

（7）勘验笔录。即受司法机关指派的有关人员对有关案件现场、物品勘察、检验所作的记录。

举证责任，是指在诉讼中应当由谁承担证明案件事实的责任。法律对不同的诉讼规定了不同的举证责任。在民事诉讼中，通常实行“谁主张，谁举证”。但对于一些侵权诉讼，由被告负举证责任。如高度危险作业致人损害的侵权诉讼，由加害人就受害人故意造成损害的事实承担举证责任。又如因环境污染引起的损害赔偿的诉讼，由加害人就法律规定的免责事由以及行为与结果之间不存在因果关系承担举证责任。在行政诉讼中，实行举证责任倒置，由被告负举证责任，被告应当提供作出具体行政行为的证据和所依据的规范性文件。在刑事诉讼中，自诉案件主要由自诉人负责举证；公诉案件则由公诉机关负责举证。

## 三、期间和送达

### （一）期间

期间，是指人民法院（刑事诉讼还包括其他国家专门机关）、当事人和其他诉讼参与人进行或完成某种诉讼行为应当遵守的时间。包括法定期间和指定期间。法定期间不包括路途上的时间。上诉状或者其他文件在期满前已经交邮的，不算过期。

期间以时、日、月计算。期间开始的时和日不算在期间以内。期间届满的最后一日是节假日的，以节假日后的第一日为期间届满的日期。

### （二）送达

送达，是指人民法院依照法定程序和方式，将传票、通知书和其他诉讼文件送交当事人和其他诉讼参与人的行为。刑事诉讼送达包括人民法院、检察机关和公安机关的送达及它们之间的诉讼文件送达。诉讼文件送达应当交给收件人本人；如果本人不在，可以交给他的成年家属或者所在单位的负责人员代收（即直接送达）。

收件人本人或者代收人拒绝接收或者拒绝签名、盖章的时候，送达人可以邀请基层组织、邻居或者其他见证人到场，说明情况，把文件留在其住处，在送达证上记明拒绝的事由、送达的日期，由送达人签名，即认为已经送达（即留置送达）。此外，送达还有委托送达、邮寄送达和移交送达等方式。

## 案例选读

### 适用法律一律平等原则

褚时健1979年出任云南玉溪卷烟厂厂长后，带领企业从一个中型企业发展成为亚洲第一、世界知名的大型现代化跨地区、跨行业、跨国烟草集团，每年创利税近200亿元，他也因此被誉为“烟草大王”。1994年褚时健被评为全国“十大改革风云人物”。1995年褚时健等三人利用职务之便，共同私分公款355.106 1万多美元，折合人民币2 870万元。此外，褚时健还犯有巨额财产来源不明罪。1999年云南省高级人民法院判处褚时健无期徒刑，剥夺政治权利终身，并处没收财产人民币20万元。此案判决体现了当事人在适用法律上一律平等原则，无论褚时健功劳再大，也不能享有超越法律的特权。

### 诉讼证据的合法性

甲妻怀疑丈夫甲有外遇，于是请其朋友乙跟踪甲。一次乙告诉甲妻，甲正在一女子家。于是甲妻立即赶到该女子家，与乙一起破门而入，发现甲与一女子正躺在床上。几天后，甲妻以甲与他人通奸为由向法院起诉，诉请判决与甲离婚，并分得大部分共同财产。但是，法院认为甲妻所提供甲通奸的证据本身存在违法，未予采纳。



### 诉讼证据的种类

一日上午，甲到某银行营业大厅填写取款单1 000元，并将钱取走。银行职员下午盘点时发现短款9 000元，通过监控系统发现该职员从抽屉中取出新版百元现钞一沓，数钱次数为33次。当找到甲要求其退款遭到拒绝后，银行遂诉至法院。经技术鉴定，原、被告当时收付现金经过属实。基于一沓为10 000元，1 000元无需点钞33次，可以推断银行职员支付的是10 000元。因银行拍摄资料来源合法，尽管甲提出异议但没有足以反驳的相反证据，法院仍可确认银行监控录像的证明力。

## 案例及其评析

**举证责任**

**案情**：一日晚，钱女士与另外三名同事来到某酒店聚餐，钱女士喝了半瓶啤酒后去了卫生间。不久，三人听到"咚"的一声，发现钱女士已倒在卫生间地上，不省人事。酒店立即将其送至医院，但一星期后钱不治身亡。钱母以酒店内没有任何的防范措施或者警示标记，诉至法院要求酒店承担赔偿责任。店方认为，在事发后已及时将钱女士送至医院，该事故发生是因为钱女士有高血压等病史，且喝了半瓶酒。法院认为，原告负有举证责任，但原告所提供的证据并不能证明钱女士是因被告酒楼地砖滑而跌伤致死的，故判决驳回原告的诉讼请求。

**评析**：如果原告能够证明是因地滑而摔倒，并且因摔倒而死亡，则被告有义务证明地滑并非是导致钱女士死亡的原因（如其突发中风、走路过急等），或者证明被告已尽到了注意义务（如被告已经采取了防范措施，做了警示标志等），证明其无过错。反之，被告可能败诉。



# 第二节　民事诉讼法

## 一、民事诉讼法概念、基本任务和特有原则

### （一）民事诉讼法的概念

民事诉讼法，是规范人民法院与民事诉讼参与人的诉讼活动、规定各诉讼主体诉讼权利和诉讼义务的法律规范总和。

## （二）民事诉讼法的基本任务

我国民事诉讼法的基本任务是保护当事人行使诉讼权利，保证人民法院查明事实、分清是非、正确审理案件，及时审理民事案件、确认民事权利义务关系，制裁民事违法行为，保护当事人的合法权益，教育公民自觉地遵守法律，维护社会秩序、经济秩序，保障社会主义建设事业的顺利进行。

## （三）民事诉讼法的特有原则

民事诉讼法特有的原则有以下几项：

（1）同等原则和对等原则。即外国人、无国籍人、外国企业和组织在人民法院起诉、应诉，同中国公民、法人和其他组织有同等的诉讼权利和义务。外国法院对中国公民、法人和其他组织的民事诉讼权利加以限制的，中国法院对该国公民、法人和其他组织的民事诉讼权利实行对等原则。

（2）当事人诉讼权利平等原则。即民事诉讼当事人在诉讼中平等地享有诉讼权利，人民法院审理民事案件，应当保障和便利当事人行使诉讼权利，对当事人在适用法律上一律平等。

（3）自愿合法调解原则。即人民法院在审理民事案件时，对凡能调解的案件，应当遵循自愿和合法原则进行调解，在查明事实、分清是非的基础上，引导当事人达成和解协议，解决纷争。调解不成的，应当及时判决。



（4）辩论原则。即在民事诉讼过程中，当事人在人民法院主持下，有权就案件争议的事实和适用法律等问题，各自陈述自己的主张和观点，并相互反驳、论证。

（5）处分原则。即民事诉讼当事人在法律规定的范围内，有权处分自己依法享有的民事权利和诉讼权利。

（6）支持起诉原则。即国家机关、社会团体、企事业单位对损害国家、集体或者个人民事权益的行为，可以支持受害的单位和个人向人民法院起诉。

## 案例选读

**调解原则**

丈夫李某经常殴打妻子张某，张某不堪忍受，遂向法院提起离婚之诉。李某在答辩时称：因为张某对其母亲不孝才动手打她。经过法院的调解，李某承认了殴打张某的错误，同意遇事冷静，以后不再动手打人。张某表示今后尽可能处理好婆媳关系，并同意放弃离婚之诉。

此案虽也涉及辩论原则和处分原则，但主要体现了调解原则。法院在审理离婚案件时，一方面应当进行调解；另一方面要在双方自愿的基础上进行调解。当然，调解不成，则应及时判决。

**处分原则**

甲男与乙女为夫妻。因甲有外遇，乙向法院提起离婚之诉，甲同意离婚，并同意将夫妻共同财产（主要是一套50 万元商品房）全部判归乙所有，并由乙负责抚养儿子。经法院调查发现甲从事经营过程中欠了丙20 万元，一直没有归还。

根据处分原则，甲有权处分其实体权利，放弃其夫妻存续期间的共同财产。但是，这种处分不得侵犯国家、集体和第三人权益。在此案中，甲只有在偿还丙的欠款之后，才能行使处分权。



## 二、管辖

民事诉讼的管辖，是指在人民法院主管的范围内，确定各级法院之间和同级法院之间受理第一审民事案件的分工和权限。管辖分为级别管辖、地域管辖和裁定管辖。

### （一）级别管辖

级别管辖，是指在人民法院系统内划分上下级人民法院之间受理第一审民事案件的分工和权限。根据案件的性质、繁简程度和案件影响大小等，民事诉讼法规定各级人民法院受理第一审民事案件权限范围如下：

(1) 最高人民法院管辖：在全国有重大影响的案件；认为应当由本院审理的案件。

(2) 高级人民法院管辖：在本辖区内有重大影响的案件。

(3) 中级人民法院管辖：重大涉外案件；在本辖区内有重大影响的案件；最高人民法院确定由中级人民法院管辖的案件。

(4) 基层人民法院管辖：除上级法院管辖的第一审民事案件以外的所有第一审民事案件。

**(二) 地域管辖**

地域管辖，是指同级法院之间在各自辖区内受理第一审民事案件的分工和权限划分的管辖。地域管辖包括一般地域管辖、特殊地域管辖、共同管辖、选择管辖、协议管辖和专属管辖。

1. 一般地域管辖

一般地域管辖是按照当事人的住所与其所在的法院的隶属关系确定的管辖，通常实行“原告就被告”原则，即由被告(公民、法人或其他组织)所在地人民法院管辖；公民所在地与经常居住地不一致时，由经常居住地法院管辖。



2. 特殊地域管辖

特殊地域管辖是以诉讼标的所在地、诉讼法律事实所在地为依据确定案件的管辖。如因合同纠纷提起的诉讼，由被告住所地或合同履行地人民法院管辖；因侵权行为提起的诉讼，由侵权行为地或者被告住所地人民法院管辖。

3. 共同管辖和选择管辖

共同管辖，是指两个或两个以上法院对某个案件都有管辖权。选择管辖，是指原告对两个或两个以上人民法院都有管辖权的案件，可以选择其中任何一个人民法院作为该案的管辖法院。共同管辖是选择管辖的前提，选择管辖则表现为当事人对共同管辖法院有选择起诉的权利。原告或诉讼双方向两个或两个以上有管辖权的人民法院起诉，则由最先立案的人民法院管辖。

4. 专属管辖

专属管辖，是指法律规定某些特殊案件专属于特定法院管辖，诉讼当事人不得协议变更。包括：(1)因不动产纠纷提起的诉讼，由不动产所在地人民法院管辖；(2)因港口作业中发生纠纷提起的诉讼，由港口所在地人民法院管辖；(3)因继承遗产纠纷提起的诉讼，由被继承人死亡时住所地或主要遗产所在地人民法院管辖。专属管辖具有强制性、排他性和不可变更性。

5. 协议管辖

协议管辖。是指当事人以书面合同形式约定管辖法院。当事人可以在被告住所地、合同履行地、合同签订地、原告住所地或合同标的物所在地等法院中，协议选定某一特定法院为管辖法院。但协议管辖只适用于合同案件、且不得变更专属管辖和级别管辖。

### （三）裁定管辖

是指法院基于一定的事实和理由，以裁定的方式确定案件的管辖法院。主要有移送管辖、指定管辖和管辖权转移。



## 三、 诉讼参加人

民事诉讼参加人，是指参加民事诉讼的当事人、共同诉讼人、第三人和诉讼代理人。

### （一）当事人

当事人，是指民事权利义务关系发生争议，以自己的名义参加诉讼，并受人民法院裁判拘束的利害关系人。当事人可以是自然人、法人和其他组织。当事人在第一审程序中，称为原告和被告；在第二审程序中，称为上诉人和被上诉人；在执行程序中，称为申请执行人和被执行人。

当事人在诉讼中享有:起诉权、反诉权、和解权、辩论权、委托代理人权、查阅和复制与本案有关材料权、申请回避权、申请调解权、放弃或变更诉讼申请权、上诉权和申请执行权等方面的诉讼权利。同时,当事人必须依法行使诉讼权利;不得滥用诉权;遵守诉讼秩序;履行发生法律效力的判决、裁定和调解书等。

**(二)共同诉讼人**

共同诉讼,是指当事人一方或双方为两人以上,其诉讼标的是共同的或同一种类的,人民法院认为可以合并审理并经当事人同意的诉讼。在共同诉讼中,共同起诉或共同应诉的当事人称为共同诉讼人。

**(三)代表人诉讼**

代表人诉讼,是指在诉讼当事人一方或双方基于法律或事实上的牵连关系而且人数众多的情况下,由众多当事人一方推选代表、且代表的诉讼行为对其所代表的当事人发生法律效力的诉讼。但代表人变更、放弃诉讼请求或者承认对方当事人的诉讼请求,进行和解,必须经被代表的当事人同意。

对于人数不确定的代表人诉讼,人民法院可以发出公告,说明案件情况和诉讼请求,通知权利人在一定期间向人民法院登记。

**(四)第三人**



第三人,是指对他人之间争议的诉讼标的有独立请求权,或虽没有独立请求权,但与案件处理结果存在法律上的利害关系,经本人申请或法院通知参加到已经开始的诉讼中来的诉讼参加人。第三人分为有独立请求权的第三人和无独立请求权的第三人。

**(五)诉讼代理人**

诉讼代理人,是指以被代理人的名义,为被代理人的利益,在代理权限内进行民事诉讼活动的人。诉讼代理人包括法定代理人、指定代理人和委托代理人。

律师、当事人的近亲属、有关的社会团体或者所在单位推荐的人、经人民法院许可的其他公民，都可以被委托为诉讼代理人。委托他人代为诉讼，必须向人民法院提交由委托人签名或者盖章的授权委托书。

## 四、民事诉讼中的强制措施

民事诉讼中的强制措施，是指人民法院为保障审判活动正常进行，对有妨害民事诉讼行为的人所采取的排除其妨害行为的一种强制手段。

### （一）拘传

拘传是指人民法院对于必须到庭的被告，经两次传票传唤，无正当理由拒不到庭的，强制其到庭参加诉讼活动的一种措施。

### （二）对妨害法庭秩序行为的强制措施

诉讼参与人或者其他人有《民事诉讼法》第 101 条规定的违反法庭规则的，人民法院可以根据情节轻重予以：(1)训诫。即人民法院对妨害民事诉讼秩序情节较轻的人，给予口头批评教育方式，责令其立即改正的措施；(2)责令退出法庭。即人民法院对于违反法庭规则的人，强制其离开法庭的措施；(3)罚款。即人民法院对妨害民事诉讼秩序情节较重的人，责令其交纳一定数额金钱的措施；(4)拘留。即人民法院对妨害民事诉讼情节严重的人，采取短期限制其人身自由的措施。拘留的期限为 15 日以下。



### （三）对妨害诉讼行为的强制措施

诉讼参与人或者其他人有《民事诉讼法》第 102 条规定的妨害诉讼证据收集、调查和阻拦、干扰诉讼进行 6 种行为之一的，人民法院可以根据情节轻重予以罚款、拘留；构成犯罪的，依法追究刑事责任。

### （四）对不协助调查、执行行为的强制措施

有义务协助调查、执行的单位有《民事诉讼法》第 103 条规定的拒不履行协助义务 4 种行为之一的，人民法院除责令其履行协助义务外，并可以予以罚款。对该单位主要负责人或者直接责任人员予以罚款；对仍不履行协

助义务的,可以予以拘留。

强制措施中的拘传、罚款、拘留必须经院长批准。对决定不服的,可以向上一级人民法院申请复议一次。复议期间不停止执行。

## 五、民事诉讼程序

民事诉讼程序分为第一审普通程序、简易程序,第二审程序,特别程序,审判监督程序,督促程序,公示催告程序,企业法人破产还债程序和执行程序。

### (一)第一审普通程序

普通程序是人民法院审理第一审民事案件通常适用的程序。一般包括以下几个阶段。

1. 起诉与受理

原告向人民法院提起诉讼应符合以下条件:(1)原告是与本案有直接利害关系的公民、法人和其他组织;(2)有明确的被告;(3)有具体的诉讼请求、事实和理由;(4)属于人民法院受理民事诉讼的范围和受诉人民法院管辖。

人民法院接到当事人的起诉后,经审查认为符合起诉条件的,应当在7日内立案。对不符合起诉条件的,应当在7日内裁定不予受理。原告对裁定不服的,可以提起上诉。

2. 审理前的准备

人民法院应当在立案之日起5日内向被告送达起诉状副本,告知被告在收到起诉书副本之日起15日内提出答辩状。被告提出答辩的,法院应当在收到答辩状之日起5日内将答辩状副本送达原告;被告不提出答辩状的,不影响法院审理。法院受理案件之后,应告知当事人有关的诉讼权利义务和合议庭组成人员。审判人员应认真核审诉讼材料,调查收集必要的证据。必要时,更换或追加当事人。

3. 开庭审理

人民法院确定开庭日期后，应在开庭 3 日前通知当事人和其他诉讼参与人。开庭审理包括：开庭准备、法庭调查、法庭辩论、评议和宣判等阶段，这些阶段具有先后顺序性、目的关联性和程序确定性等特征。普通程序审理的案件，应在立案后 6 个月内审结。

（二）简易程序

简易程序，是指基层人民法院及其派出法庭在审理事实清楚、权利义务关系明确、争议不大的简单的民事案件时所适用的诉讼程序。其意义在于便于当事人诉讼、便于人民法院审理案件，体现了诉讼经济和诉讼效率。

简易程序具有起诉方式简便，受理案件程序简便，传唤或通知当事人、其他诉讼参与人方式简便，实行审判员独任审判，开庭审理程序简便，案件审理期限短等特点。简易程序审理的案件应在立案之日起 3 个月内审结。

（三）第二审程序

第二审程序，是指人民法院审理上诉案件所适用的诉讼程序。当事人不服地方人民法院第一审判决（或裁定）的，有权在判决书（或裁定书）送达之日起 15 日（或 10 日）内向上一级人民法院提起上诉。第二审人民法院对上诉案件，应当组成合议庭，开庭审理。经过阅卷和调查，询问当事人，在事实核对清楚之后，合议庭认为不需要开庭审理的，也可以径行判决、裁定。审理上诉案件，除另有规定外，适用普通程序。二审法院经过审理认为：(1)原判决对事实认定清楚，适用法律正确的，判决驳回上诉，维持原判；(2)原判决适用法律错误的，依法改判；(3)原判决认定事实错误，或者原判决认定事实不清、证据不足，裁定撤销原判决，发回重审，或者查清事实后改判。(4)原判决违反法定程序，可能影响案件正确判决的，裁定撤销原判决，发回原审人民法院重审。二审法院的判决、裁定是终审的判决、裁定。

（四）特别程序

特别程序，是指人民法院审理某些非民事权益争议案件所适用的特殊程序。适用特别程序的案件包括：选民资格案件；宣告公民失踪或者宣告死亡案件；认定公民无民事行为能力或者限制行为能力案件和认定财产无主案件。其特点：实行一审终审；诉讼中没有被告，申请人只是请求人民法院确认某项事实或权利是否存在；原则上实行独任制；审理结案期限较短等。

（五）审判监督程序

审判监督程序，也称再审程序，是指为纠正已经发生法律效力的判决、裁定的错误而依法重新审理所适用的诉讼程序。审判监督程序由本法院院长、上级人民法院或上级人民检察院提起，不受时间限制。法院审理再审案件，应当另行组成合议庭。

当事人可以申请再审，但不停止判决、裁定的执行，且必须在判决、裁定生效后两年内提出。此外，离婚判决不得再审。

（六）督促程序

督促程序，是指人民法院根据债权人的申请，以向债务人发布支付令方式，催促债务人履行给付已到期的一定金钱或有价证券义务的一种程序。若债务人在法定期间内未提出异议且不履行时，债权人可以支付令为根据，请求人民法院强制执行。



（七）公示催告程序

公示催告程序，是指人民法院依票据申请人的申请，以公示方式，催告不明确的利害关系人在法定期间内申报权利，如逾期无人申报，则依申请人的申请依法宣告票据无效的程序。

（八）执行程序

民事执行程序，是指人民法院对已经发生法律效力的民事判决、裁定、刑事判决、裁定中的财产部分或其他法律文书确定给付内容，强制被执行人履行义务所适用的程序。申请执行期间为 2 年。

被执行人员未按执行通知履行义务的，人民法院有权采取：查询、冻结、划拨被执行人的存款；扣留、提取被执行人应当履行义务部分的收入；查封、扣押、冻结、拍卖、变卖被执行人的财产；搜查被执行人的财产；强制被执行人交付法律文书指定的财物或票证；强制被执行人迁出房屋或退出土地；向有关单位发出协助执行通知书，要求办理财产权证照转移手续；强制执行或委托有关单位或其他人履行，费用由被执行人承担；强制被执行人支付迟延履行期间债务利息及迟延履行金；继续执行等措施。

## 案例选读

### 第三人

一日，农民甲发现自家门前有一头耕牛，便牵来喂养。一个月之后，见无人索要此牛，便将牛牵至镇集市并卖给了乙。乙买牛不久，被丙发现，此牛正是其走失多时的耕牛。丙遂向乙索还，乙以从甲处购得为由，拒不返还。于是，原告丙以乙为被告向法院起诉。法院受理之后，通知甲作为无独立请求权的第三人参加诉讼。

### 强制措施

甲公司欠乙公司100万元货款达半年之久，乙公司在催讨无果情况下，请求法院向甲公司发布支付令。但甲公司随后便提出异议。乙公司接着向法院提起诉讼，法院判决甲公司立即履行付款义务。由于甲公司拒不履行，乙公司向法院申请强制执行。法院受理之后，向丙银行发出了协助执行通知书，该行也按法院要求冻结了甲公司的账户。后甲公司找了该行的领导李某，李某指使工作人员对甲公司账户解冻，接着甲公司将该银行存款全部转移。

甲公司败诉之后，转移存款，拒不履行支付货款义务的行为；李某指使工作人员对甲公司账户解冻的行为，都违反了强制措施规定。对甲公司拒不履行、转移银行存款的行为，人民法院可以根据情节轻重予以罚款、拘留。对该单位主要负责人李某可予以罚款；如仍不履行协助义务的，可以予以拘留。

**督促程序**

甲公司因资金周转困难,暂时无力偿还所欠乙公司的货款。乙公司因急于收拢货款,在向甲公司索要无效后,请求法院向甲公司发布支付令。由于甲公司在法定期间内未提出任何其他异议,仅表示暂无资金偿还欠款。因而,乙公司可请求人民法院强制执行。

# 第三节　刑事诉讼法

## 一、刑事诉讼法概念、基本任务和特有原则

### (一)刑事诉讼法的概念

刑事诉讼法,是指规定公安机关、人民检察院、人民法院和诉讼参与人进行刑事诉讼活动所必须遵守的程序制度的法律规范总称。

### (二)刑事诉讼法的基本任务

刑事诉讼法的基本任务:保证准确、及时地查明犯罪事实,正确应用法律,惩罚犯罪分子,保障无辜的人不受法律追究;教育公民自觉遵守法律,积极同犯罪分子作斗争;维护社会主义法制,保护公民的人身权利、财产权利、民主权利和其他权利,保障社会主义建设事业的顺利进行。



### (三)刑事诉讼法的特有原则

刑事诉讼法的特有原则主要有:

1. 侦察权、检察权、审判权由专门机关严格依法行使原则。刑事案件的侦查、拘留、执行逮捕、预审,由公安机关负责。检察、批准逮捕、检察机关直接受理的案件的侦查、提起公诉,由人民检察院负责。审判由人民法院负责。除法律特别规定的以外,其他任何机关、团体和个人都无权行使这些权力。

人民法院、人民检察院和公安机关进行刑事诉讼,必须严格遵守刑事诉

讼法和其他法律的有关规定。

2. 公、检、法分工负责、互相配合、互相制约的原则。公、检、法三机关在进行刑事诉讼时应严格依据法律赋予的职权，各尽其职、各负其责，不允许超越职权或者相互推诿。在分工的基础上，通力合作、互相支持、协调一致，共同完成揭露犯罪、认定犯罪、惩罚犯罪、保障无辜的任务。

3. 犯罪嫌疑人、被告人有权获得辩护原则。在刑事诉讼中被指控的犯罪嫌疑人、被告人在整个诉讼程序中都有权为自己辩护，行使辩护权的方式有自行辩护、委托辩护和指定辩护，目的在于提出各种有利于自身的证据和理由，证明自己无罪、罪轻或者应减轻、免除刑事责任。人民法院有义务保证被告人获得辩护。

4. 未经人民法院依法判决，对任何人都不得确定有罪的原则。即只有人民法院有权确定被告人是否有罪，未经人民法院判决，任何机关、团体和个人都不得确定被告人有罪；人民法院只有遵守法定的诉讼程序，才能做出被告人是否有罪的裁判。

## 二、 刑事诉讼的管辖

刑事诉讼中的管辖，是指司法机关在直接受理刑事案件方面的权限分工。刑事诉讼中的管辖包含两方面：一是职能管辖，即解决人民法院、人民检察院、公安机关之间受理刑事案件的职权范围的分工；二是审判管辖，即解决人民法院系统内部受理第一审刑事案件的权限分工。

### （一）职能管辖

职能管辖，也称立案管辖，是指公安机关、人民检察院、人民法院之间在直接立案受理刑事案件上的权限分工。(1)公安机关立案管辖范围：除非法律另有规定，即法律规定由人民检察院、国家安全机关、军队保卫部门、监狱机关立案管辖的案件，以及人民法院直接受理的自诉案件之外，刑事案件的侦查由公安机关进行。(2)人民检察院立案管辖范围：贪污贿赂犯罪案件；

国家工作人员渎职犯罪案件;国家机关工作人员利用职权实施的侵犯公民人身权利、民主权利的犯罪案件;需要由人民检察院直接受理的国家机关工作人员利用职权实施的其他重大犯罪案件。如李嘉廷在担任云南省省长前后,利用职务之便,先后收受他人钱物达 1 800 万元,其行为触犯受贿罪,因而此案由人民检察院立案侦查。(3)人民法院立案管辖范围:自诉案件。

### (二)审判管辖

审判管辖,是指人民法院之间在审判第一审刑事案件上的权限分工。包括:级别管辖、地域管辖、移送管辖、指定管辖和专门管辖。

#### 1. 级别管辖

级别管辖,是指各级人民法院之间在审判第一审刑事案件上的权限分工。基层人民法院管辖的案件:除刑事诉讼法规定由上级法院管辖之外的所有第一审普通刑事案件。

中级人民法院管辖的第一审刑事案件:危害国家安全案件;可能判处死刑、无期徒刑的普通刑事案件;外国人犯罪的刑事案件。

高级人民法院管辖的第一审刑事案件:在辖区内有重大影响的刑事案件。

最高人民法院管辖的第一审刑事案件:在全国有重大影响的刑事案件。

#### 2. 地域管辖



地域管辖,是指同级人民法院在受理第一审刑事案件上的权限分工。刑事案件由犯罪地人民法院管辖。如果由被告人居住地人民法院审判更为适宜的,可以由被告人居住地人民法院管辖。几个同级人民法院对案件都有权管辖时,由最初受理的人民法院审判,在必要时可移送主要犯罪地的人民法院审判。

如在皖豫鲁冀四省作案 26 起,杀人 67 人,强奸 23 人的杨新海案,多个人民法院对此案都有权管辖。此案由公安部牵头侦查,最后由主要犯罪的河南省漯河市公安局移送市检察院审查起诉,并由漯河市中级人民法院作出一审审判。

3. 移送管辖

移送管辖，是指上级人民法院在必要的时候，可以审判下级人民法院管辖的第一审刑事案件，下级人民法院认为案情重大、复杂，需要由上级人民法院审判的第一审刑事案件，可以请求移送上一级人民法院审判。

4. 指定管辖

指定管辖，是指上级人民法院以裁定方式，指定其辖区内的下级人民法院对第一审案件行使审判权。包括指定下级人民法院审判管辖不明的案件，或将案件移送其他人民法院审判。

如成克杰利用职务之便，伙同李平或单独非法收受财物达 4 000 多万元。基于成克杰原任广西壮族自治区人民政府主席，此案交由广西法院审理不合适，因此，最高人民法院指定北京市中级人民法院为此案管辖法院。

5. 专门管辖

专门管辖，是指专门人民法院之间、专门人民法院与普通人民法院之间在受理审判第一审刑事案件上的权限分工。凡属专门法院管辖的刑事案件，只能由专门法院审理。如军事法院管辖现役军人和军内在编职工的刑事案件。铁路法院管辖危害和破坏铁路运输和生产的刑事案件。

## 三、刑事诉讼参与人



刑事诉讼参与人，是指除侦查、检察和审判人员之外的、依法参加刑事诉讼、享有一定诉讼权利和承担一定诉讼义务的人。包括当事人及其法定代理人、诉讼代理人、辩护人、证人、鉴定人和翻译人员等。

### （一）当事人

当事人，是指与案件事实和诉讼结果有直接利害关系的人。包括：被害人、自诉人、犯罪嫌疑人、被告人、刑事附带民事诉讼的原告人与被告人。

被害人，是指直接遭受犯罪行为侵害的自然人、法人和其他组织。

自诉人，是指在自诉案件中直接向人民法院提起刑事诉讼，要求追究被告人刑事责任的自然人。自诉人通常是被害人，也可以是被害人的法定代理人或近亲属。自诉人须承担举证责任。

犯罪嫌疑人，是指在公诉案件中涉嫌犯罪而被公安机关、人民检察院立案侦查，且尚未交付人民法院审判的人。

被告人，是指因涉及犯罪而被公诉人或自诉人提起刑事诉讼，请求人民法院审判以追究其刑事责任的人。

附带民事诉讼的原告人，是指因被告人的犯罪行为而在财产上遭受损失，并在刑事诉讼过程中提出赔偿要求的人。附带民事诉讼的被告人，是指对犯罪行为所造成的经济损失负有损害赔偿责任并在刑事诉讼过程中被要求赔偿的人。

**（二）其他诉讼参与人**

其他诉讼参与人，是指在刑事诉讼中除当事人之外并根据诉讼需要而参加诉讼的人。包括法定代理人、诉讼代理人、辩护人、证人、鉴定人和翻译人员等。

法定代理人，根据法律规定代替或协助被代理人参加刑事诉讼的人。包括被代理人的父母、监护人和负有保护责任的机关、团体代表。

诉讼代理人，是指公诉案件的被害人及其法定代理人或近亲属、自诉案件的自诉人以及法定代理人委托代为参加诉讼的人和附带民事诉讼的当事人及其法定代理人委托代为参加诉讼的人。



辩护人，是指受犯罪嫌疑人、被告人及其法定代理人的委托，或者经人民法院的指定为犯罪嫌疑人、被告人辩护而参加刑事诉讼的人。辩护人可以是律师；人民团体或犯罪嫌疑人、被告人单位推荐的人；以及犯罪嫌疑人、被告人的监护人、亲友。正在被执行刑罚或依法被剥夺、限制人身自由的人，不能担任辩护人。

证人，是指就自己所了解的案件情况向司法机关作证的人。

鉴定人，是指受司法机关指派或聘请，运用专门知识和技能对案件中专门问题鉴定的人。

翻译人员，是指受司法机关指派或聘请，在诉讼中提供语言、文字翻译的人。

## 四、刑事诉讼中的强制措施

刑事诉讼中的强制措施，是指人民法院、人民检察院和公安机关为了保证刑事诉讼的顺利进行，防止犯罪嫌疑人、被告人或现行犯、重大嫌疑分子逃跑、自杀、隐匿或毁灭罪证、继续犯罪而依法采取的暂时限制其人身自由的各种措施。强制措施有拘传、取保候审、监视居住、拘留和逮捕等五种。

### （一）拘传

拘传，是指人民法院、人民检察院或公安机关对未羁押的犯罪嫌疑人、被告人，经合法传唤无正当理由而拒不到庭的，强制其到案接受询问的一种强制方法。拘传对人身自由限制最长不得超过 12 小时。

### （二）取保候审

取保候审，是指人民法院、人民检察院和公安机关责令犯罪嫌疑人、被告人提供保证人或缴纳保证金，并出具保证书，保证其不逃避或妨碍侦查、起诉和审判，随传随到的一种强制方法。取保候审适用的对象是：(1)可能判处管制、拘役或者独立适用附加刑的；(2)可能判处有期徒刑以上的刑罚，采取取保候审、监视居住不致发生社会危害性的；(3)应当逮捕的犯罪嫌疑人、被告人患有严重疾病，或者是正在怀孕、哺育自己婴儿的妇女等。取保候审的期限最长不得超过 12 个月。

### （三）监视居住

监视居住，是指人民法院、人民检察院和公安机关对犯罪嫌疑人、被告人限定其活动区域或场所，并对其活动加以监视和控制的一种强制方法。监视居住的适用对象与取保候审基本相同。监视居住的期限最长不得超过 6 个月。

### （四）拘留

拘留，是指公安机关在法定的紧急情况下，对现行犯或重大嫌疑分子所采取限制人身自由的一种临时强制方法。适用拘留的情形有：(1)正在预备犯罪、实行犯罪或者在犯罪后即时被发现的；(2)被害人或者在场亲眼看见的人指认他犯罪的；(3)在身边或者住所发现有犯罪证据的；(4)犯罪后企图自杀、逃跑或者在逃的；(5)有毁灭、伪造证据或者串供可能的；(6)不讲真实姓名、住址，身份不明的；(7)有流窜作案、多次作案、结伙作案重大嫌疑的。

### （五）逮捕

逮捕，是指人民法院、人民检察院和公安机关为了防止犯罪嫌疑人、被告人逃避侦查、起诉和审判，以及防止其继续危害社会，依法采用羁押方式剥夺其人身自由的强制方法。逮捕是最严厉的一种强制措施，非经人民检察院批准或决定，或人民法院的决定，并由公安机关执行，任何人不受逮捕。逮捕只能适用于可能判处有期徒刑以上刑罚，且采用取保候审、监视居住方式不足以防止发生社会危害性而有逮捕必要的犯罪嫌疑人、被告人。侦查羁押的期限不得超过 2 个月。

## 五、附带民事诉讼



附带民事诉讼，是指司法机关在追究被告人刑事责任的同时，附带解决由被告人犯罪行为造成被害人物质损害的赔偿而进行的诉讼。

### （一）提起附带民事诉讼的条件

提起附带民事诉讼必须具备 3 个条件：(1)前提条件：被告人的行为构成了犯罪。(2)实质条件：被告人的犯罪行为直接造成了被害人物质损失。(3)时间条件：须在刑事诉讼立案之后、法院判决之前提起。

### （二）提起附带民事诉讼的主体

附带民事诉讼的原告人，包括被害人和公诉人。被害人包括被害人及其亲属。对于国家财产、集体财产遭受损失的，人民检察院在提起公诉时，也可以提起附带民事诉讼。

附带民事诉讼的被告人，包括被告人、对被告人行为负赔偿责任的其他公民（如未成年被告人的法定代理人）、机关团体（如执行职务中犯罪的工作人员所在的单位）等。

（三）附带民事诉讼的提起和受理

附带民事诉讼应当在刑事案件立案之后、第一审判决宣告之前提起。被害人可以直接向人民法院提起；公诉案件的被害人也可以在侦查、起诉阶段向公安机关、人民检察院提出。

附带民事诉讼应当同刑事案件一并审理，只有为了防止刑事案件的审判过分迟延，才可以在刑事案件审判之后，由同一审判组织继续审理附带民事诉讼。

## 六、 刑事诉讼的程序

刑事诉讼程序包括立案、侦查、起诉、审判和执行五个阶段。一般刑事案件要经过上述五个阶段。

（一）立案

立案，是指公安机关、人民检察院和人民法院对所接受的控告、检举和自首材料等进行审查，认为存在需要追究刑事责任的犯罪事实，并决定将案件提交侦查或审理的活动。立案应同时具备两个条件：一是有犯罪事实发生；二是依法需要追究刑事责任。

（二）侦查

侦查，是指公安机关、人民检察院对已立案的案件依法采取的专门调查工作和有关的强制性措施。侦查的目的是收集证据、查获犯罪嫌疑人、查明犯罪事实的有无和犯罪情节的轻重。侦查行为包括：讯问犯罪嫌疑人；询问证人、被害人；勘验、检查；搜查；扣押物证、书证；鉴定；辨认；通缉等。

侦查具有权利主体特定性、内容方式专门性和侦察活动法定性特征。根据侦查所查明的是否应当追究犯罪嫌疑人刑事责任的事实，公安机关侦查终结，应制作起诉意见书或撤销案件；人民检察院侦查终结，应作出提起公诉、不起诉或者撤销案件的决定。

**（三）起诉**

起诉分为公诉和自诉两种。公诉，是指人民检察院代表国家依法向人民法院提起控诉，请求人民法院追究被告人刑事责任的诉讼活动。提起公诉必须具备三个条件：犯罪事实已查清；证据确实、充分；依法应追究刑事责任。对于符合提起公诉条件的案件，检察机关应当做出起诉决定。对于犯罪情节轻微，依照刑法规定不需要判处刑罚或者应当免除处罚等法定情形的，检察机关应当做出不起诉的决定，并释放在押的犯罪嫌疑人，解除对被扣押、冻结财物的扣押和冻结。对于需要补充侦查的案件，可以退回公安机关补充侦查，也可以自行补充侦查。

自诉，是指被害人以及法定代理人或近亲属，直接向人民法院起诉，请求人民法院追究被告人刑事责任的诉讼活动。自诉案件包括：告诉才受理的案件；被害人有证据证明的轻微刑事案件；以及被害人有证据证明被告人侵犯自己人身、财产权利的行为应当依法追究刑事责任，而公安机关或人民检察院不予追究被告人刑事责任的案件；以及被害人对人民检察院不起诉决定不服的案件。

**（四）审判**

审判，是指人民法院在控、辩双方及其他诉讼参与人的参加下，依照法定的权限和程序，对依法提出诉讼的刑事案件进行审理和裁判的诉讼活动。它是刑事诉讼中最基本的核心程序。审判程序包括第一审程序、第二审程序、死刑复核程序、审判监督程序。

第一审程序分为公诉案件和自诉案件两种审理程序。人民法院对提起公诉的刑事案件，经审查后依法决定开庭审判的，首先进行开庭前的准备，然后进入法庭审判阶段，包括开庭、法庭调查、法庭辩论、被告人最后陈述、评议和宣判等五个阶段。第一审程序是所有其他审判程序的基础。

人民法院对自诉的刑事案件审查后，根据犯罪事实清楚和证据是否足够，决定开庭审判、或不宜交付法庭审判、或说服自诉人撤回自诉、或裁定驳回自诉。自诉案件的举证责任由自诉人自行承担，有足够证据是开庭审判的前提条件。对于自诉案件，人民法院可以进行调解。

对于轻微的自诉案件和公诉案件适用简易程序。简易程序由审判员一人独任审判。

第二审程序，是指上一级人民法院根据当事人的上诉或者人民检察院的抗诉，依法对下级人民法院作出的未生效的第一审裁判进行重新审判的诉讼程序。有权提起上诉的有被告人、自诉人及其法定代理人，经被告人同意的辩护人、近亲属，附带民事诉讼的当事人及其法定代理人。提出上诉不受任何限制。但人民检察院提出抗诉，前提必须是本级人民法院第一审的判决、裁定确有错误。

死刑复核程序，是指对判处死刑的案件，作出判决或裁决的法院逐级报送到有死刑核准权法院核准的程序。其特点在于：(1)只能对判处死刑的案件适用；(2)只能在一审或二审判决或裁定以后适用；(3)下级法院依法主动逐级报送程序；(4)死刑判决生效并交付执行的必经程序。

审判监督程序，又称再审程序，是指人民法院、人民检察院对已经发生法律效力的判决、裁定，发现在认定事实或适用法律上确有错误时，依法提出并由人民法院对该案进行重新审判所适用的程序。

**（五）执行**

执行，是指执行机关依法将已经发生法律效力的判决和裁定所确定的内容付诸实施的活动。刑事执行的主体主要有：人民法院、公安机关、监狱。人民法院负责死刑立即执行、罚金刑、没收财产刑、无罪和免除刑罚判决的执行；公安机关负责管制、缓刑、拘役、剥夺政治权利和假释等判决、裁定的执行；监狱负责有期徒刑、无期徒刑、死刑缓期执行的判决的执行。

## 资料选读

### 辩诉交易

辩诉交易(Plea Bargaining),是指在刑事诉讼中,控方为了换取被告有罪答辩,允诺提出有利于被告的指控或处罚建议而达成的一种控辩协议的司法制度。因控辩双方通过协商谈判、讨价还价,故称之为辩诉交易。美国联邦最高法院于1970年首次确认辩诉交易的合法性。1974年修订的《联邦刑事诉讼规则》明确其为一项诉讼制度。在美国现有约90%的案件都是通过辩诉交易的方式结案。其内容包括:(1)指控交易,即控方同意以较轻罪名对被告指控,换取被告有罪答辩。(2)罪数交易,即控方只对被告数罪中一罪指控,换取被告有罪答辩。(3)刑罚交易,即控方提出有利于被告量刑建议,换取被告有罪答辩。从立案后到审判终结前整个诉讼阶段都可以进行诉辩交易。它的产生与发展与美国特定社会环境和司法实践的环境和基础有关。美国刑事诉讼奉行当事人处分原则、法官消极性原则,更重要的是检察官享有广泛裁量权。联邦和各州的检察机关各自独立,自成体系。检察官可以自由地把法律适用于他的辖区并享有独立的裁量权。这为辩诉交易的盛行从制度上提供了便利条件。美国的辩诉交易制度,使绝大部分刑事案件避开了冗长繁杂的审判程序,避免了审前羁押阶段可能造成的不良影响,大大缩短了刑事案件的处理时间,提高了整个司法体系的运营效率,使有限的司法资源得以节省,确保整个司法体系的正常运转。国内辩诉交易第一案由牡丹江铁路运输法院审结。该案被害人王玉杰与被告人孟广虎因车辆争道而发生争吵,后孟广虎及同伙将王玉杰打成重伤。案发后15个月内,因公安机关未能抓到孟广虎同案的其他犯罪嫌疑人,所以无法判断被害人的重伤后果究竟何人所为。为尽快解决此案经公诉机关与辩护人协商,如被告人认罪,并自愿承担民事责任,控方同意建议法院对被告人适用缓刑从轻处罚。最后法院采纳了控辩双方的交易结果,以故意伤害罪判处被告人孟广虎有期徒刑三年缓刑三年。该案采用辩诉交易的积极意义在于:有助于减轻检察机关的举证责任,简化诉讼程序,提高诉讼效率。其消极影响在于:不利于查明案件事实,因而可能放纵罪犯;不利于伸张正义;不利于公平、平等量刑;因交易主体是控辩双方,因而不利于对被害人权利有效保护。公正与效率是人们追求的两个基本诉讼价值目标。但二者存在矛盾和冲突,协调两者关系是一个世界性难题。面对现实状况是增长的刑事案件与有限的司法资源之间矛盾尖锐,各国在应对中所持的诉讼价值目标取向、合理的诉讼程序设计和采取的各种政策措施各不相同,有的依然恪守正义公正理念,有的更倾向于效率,有的则兼顾公正与效率。中国同样存在公正与效率的矛盾,如何有效应对,值得探索、研究。

## 收回死刑复核权

我国1979年通过的《刑法》和《刑事诉讼法》规定:死刑除依法由最高人民法院判决以外,都应当报请最高人民法院核准。1983年,为从重从快打击犯罪分子,全国人大常委会将高级人民法院核准或判处死刑,被告人不上诉的案件,不必经最高人民法院核准死刑的"分权方案"正式写进修改的《人民法院组织法》,并规定"杀人、强奸、抢劫、爆炸以及其他严重危害公共安全和社会治安判处死刑的案件的核准权,最高人民法院在必要的时候,得授权省、自治区、直辖市高级人民法院行使。"据此,最高人民法院在当年9月以通知形式将除反革命案件和贪污等严重经济犯罪案件(包括受贿案件、走私案件、投机倒把案件、贩毒案件、盗运珍贵文物出口案件)外的其他案件的死刑核准权下放给高院。1991年至1997年间,最高人民法院分别授权云南、广东、广西、四川、甘肃五个省区高级人民法院对部分毒品死刑案件(涉外的除外)行使核准权。

最高人民法院院长肖扬在2004年向两会作的工作报告中披露,最高人民法院全年共审结死刑核准案件和刑事再审案件300件中,最高人民法院改判94件,指令下级法院再审24件。可见,"死刑复核权下放",与贯彻国家"少杀、慎杀、严防错杀"的死刑政策要求不符;不利于贯彻2004年新修订《宪法》确立的保障人权原则。收回死刑复核权,已成为整个法律界的共识。为此,2006年,最高人民法院院长肖扬向十届全国人大四次会议作最高人民法院工作报告时指出，继续推进诉讼程序制度改革，完善死刑案件二审程序和核准程序。要求死刑二审案件全部开庭，最高人民法院将适时收回死刑核准权，严格控制死刑适用、统一死刑适用标准、落实宪法保障人权的规定。会议期间，肖扬在十分痛心地提及佘祥林案件时说："佘祥林案件留给了我们沉痛的教训。以人为本，就是要以人的生命权为本；尊重人权，首要的就是尊重人的生命权。"

### 公、检、法分工负责、相互配合、相互制约原则

**案例1** 马加爵因琐事与同学争执后，气愤之下先后杀了四位同学。2004年3月15日，马加爵在三亚市被抓，3月19日，昆明市检察院批准逮捕马加爵，3月28日，昆明公安机关对马加爵案侦查终结，将案件移送昆明市检察院。4月6日，昆明市检察院以故意杀人罪向昆明市中级人民法院提起公诉，4月22日，昆明市中级人民法院依法公开审理马加爵一案，并于4月24日以故意杀人罪判处马加爵死刑，剥夺政治权利终身。此案高效率的侦察、起诉和审理过程，体现了公、检、法分工负责、互相配合、互相制约的原则。

**案例2** 1998年2月15日商丘市柘城县老王集乡赵楼村赵作亮到公安机关报案，称其叔父赵振裳失踪4个多月(实际上是赵振裳用刀砍了赵作海头部之后出走)，怀疑被同村赵作海杀害。同年5月8日赵楼村发现一具高度腐烂的无名尸体，次日公安机关把赵作海作为重大嫌疑人刑事拘留。公安办案人员将刑讯逼供作为最主要的证据来源。据赵作海称：他们"用擀面杖一样的小棍敲我的脑袋，一直敲一直敲，敲得头发晕。他们还在我头上放鞭炮。我被铐在板凳腿上，头晕乎乎的时候，他们就把一个一个的鞭炮放在我头上，点着了，炸我的头。""在公安局关了30天，几乎天天被打"。赵作海被迫作了9次有罪供述。由于赵振裳父母及兄长均已去世以及技术原因等，无头尸多次经DNA鉴定都无法确认身份。当该案移交检察院后，检察院两次以"事实不清，证据不足"退回补充侦查。但警方坚持认为赵作海为凶手，不能放人。同年12月9日，检察机关再次要求公安机关继续侦查。因DNA鉴定问题，之后检察机关一直未受理

此案。

2002年,上级机关重点清理超期羁押案件时,因赵作海被羁押已达3年之久,在有公检法三家领导人参加的专题研究会上,经集体研究认为此案具备起诉条件。尽管检察机关要求公安机关提供DNA的鉴定,但因鉴定没有结果,检察院最后放弃此要求。同年10月22日商丘市检察院以赵作海犯故意杀人罪向该市中级人民法院提起公诉。辩护律师对赵作海作了无罪辩护,赵作海也称自己遭到刑讯逼供,但法院并没采信。12月5日商丘市中院认为:"赵作海因奸情杀害被害人",判决赵作海死刑,缓期两年执行,剥夺政治权利终身。次年2月13日河南省高级人民法院认为:"事实成立,证据充分",竟然核准了上述判决。

2010年4月30日,在外流浪13年之后的"被害的死人"赵振裳因患偏瘫无钱医治回到赵楼村。5月9日河南省高级人民法院宣告赵作海无罪,同时启动责任追究机制。5月13赵作海接受了国家赔偿金和生活补助费65万元人民币。

显然,公安机关、检察院、法院在赵作海案中只有相互配合,缺少监督制约。公安人员刑讯逼供是导致错案的根本原因;公检法集体研究认为此案具备起诉条件是导致错案的关键一环。检察机关未能坚持原则,发挥应有的法律监督职能,导致了防错机制失效;法院未能坚持"以事实为依据"的基本判案原则,最终又演绎出一起佘祥林式的错案。

此案说明了人民法院、人民检察院和公安机关进行刑事诉讼,必须严格遵守刑事诉讼法和其他法律的有关规定,不仅应当互相配合,也必须互相制约。



### 附带民事诉讼

在马加爵案件中,法院在追究其刑事责任的同时,4名被害者家属中有3人提出了附带民事诉讼请求。被害人邵瑞杰家属请求法院以故意杀人罪追究马加爵的刑事责任;判令马加爵支付邵瑞杰的死亡赔偿金、丧葬费、精神损失费等共计356 743元。杨开红家属除要求马加爵赔偿因故意杀人给杨开红家人造成的经济损失共计310 217.3元外,还要求马加爵当庭向杨开红的家人公开赔礼道歉；唐学李家属的诉讼请求索赔 160 343.35 元。龚博家属没有提起刑事附带民事诉讼。总计索赔人民币 82 万多元。法庭认为，刑事附带民事诉讼审理范围是犯罪所造成的物质损失，赔礼道歉不属于这一范围。由于马加爵没有履行赔偿的能力，因此，仅判三位被害人亲属每家获得赔偿额人民币 2 万元。

## 第四节　行政诉讼法

### 一、 行政诉讼法的概念、任务和特有原则

#### （一）行政诉讼法的概念

行政诉讼法，是指规定人民法院在双方当事人和其他诉讼参与人参加下审理行政案件活动过程中所应遵守的各种程序制度的法律规范的总称。其特点：(1)诉讼主体特定性。原告必须是行政管理的相对人，包括公民、法人和其他组织。被告必须是行政管理机关。(2)诉讼范围有限性。即仅限于行政诉讼受理范围内的行政争议。(3)审查对象的特定性。即主要审查具体行政行为的合法性。



#### （二）行政诉讼法的任务

我国行政诉讼法的任务是：保证人民法院正确、及时审理行政案件，保护公民、法人和其他组织的合法权益，维护、监督和保障行政机关依法行使职权。

#### （三）行政诉讼法的特有原则

行政诉讼法特有原则主要有：

1. 对具体行政行为的合法性进行审查原则。人民法院审理行政案件时，应对具体行政行为的合法性进行审查，主要审查行政机关是否超越法定权限、具体行政行为适用法律是否准确、证据是否确实充分、程序是否合

法等。

2. 诉讼期间不停止具体行政行为执行的原则。具体行政行为不因公民、法人或者其他组织提起诉讼而停止执行，这是国家行政管理的连续性的必然要求。但有下列情形之一的，原行政处理决定可暂停执行：被告人认为需要停止执行的；人民法院根据原告申请或者依据职权，认为该行为的执行会给原告造成难以弥补的损失，且停止执行不会损害公共利益时，可以裁定停止执行的；有关法律规定可以暂停执行的，如担保人提供担保或交纳保证金的可暂缓执行。

3. 不适用调解原则。行政机关的具体行政行为是一种执法行为。人民法院审查具体行政行为的正确、合法与否，只能依据事实和法律。合法的具体行政行为就应当维持，违法的具体行政行为则应当撤销，法院只能采用裁判方式，而不能采用调解的方式结案。

## 二、 行政诉讼受案范围

《行政诉讼法》概括地规定：公民、法人和其他组织认为行政机关和行政工作人员的具体行政行为侵犯其合法权益，有权向人民法院提起诉讼。并列举地规定对下列具体行政行为不服有权提起行政诉讼：(1)对行政处罚不服的案件。行政处罚包括：行政拘留，罚款，警告，暂扣或吊销许可证或执照，责令停产停业，没收违法所得、没收非法财物等。(2)对行政强制不服的案件。行政强制包括：超越职权采取强制措施，违反法定程序，不按法定期限和方式妥善保管被扣押的财产，对限制人身自由或者对财产的查封、扣押、冻结等发生对象错误或期限不合法等。(3)侵犯法律规定经营自主权的案件。(4)行政许可案件。即认为符合法定条件申请行政机关颁发许可证和执照，行政机关拒绝颁发或者不予答复的案件。(5)行政机关不履行保护人身权、财产权法定职责的案件。(6)抚恤金案件。即认为行政机关没有依法发给抚恤金的案件。(7)行政机关违法要求履行义务的案件。(8)其他具体行政行为侵犯其他人身权、财产权的案件。此外,人民法院还可受理法律法规规定可提起行政诉讼的其他案件。

但是,人民法院不受理公民、法人或其他组织对下列事项提起的诉讼:(1)国防、外交等国家行为;(2)行政法规、规章或行政机关制定、发布的具有普遍约束力的决定、命令等抽象行政行为;(3)行政机关对行政人员工作的奖惩、任免等决定的内部行政行为;(4)行政机关具有最终裁决权的具体行政行为;(5)对依照刑事诉讼法授权而实施的行政司法行为;(6)调解行为及法律规定的仲裁行为;(7)不具有强制力的行政指导行为;(8)驳回当事人对行政行为提起申诉的重复处理行为等。

## 三、管辖

行政诉讼管辖,是指人民法院受理第一审行政案件的职权分工。根据不同标准,可以分为法定管辖和裁定管辖。法定管辖分为级别管辖和地域管辖;裁定管辖分为移送管辖、指定管辖和管辖权移送。

### (一)级别管辖

级别管辖是指划分上下级法院之间审理第一审案件的分工和权限。

1. 最高人民法院管辖的第一审案件是全国范围内重大、复杂的行政案件。



2. 高级人民法院管辖的第一审案件是本辖区内重大、复杂的行政案件。

3. 中级人民法院管辖的第一审案件包括:(1)确认发明专利权的案件、海关处理的案件;(2)对国务院各部门或省、自治区、直辖市人民政府所作的具体行政行为提起的诉讼案件;(3)国际贸易行政案件;(4)本辖区内重大、复杂的案件。

4. 基层人民法院管辖上述法律有特别规定的案件之外的所有第一审行政案件。

(二) 地域管辖

地域管辖是指划分同级法院之间审理第一审案件的分工和权限。

1. 一般地域管辖

一般地域管辖实行由最初作出具体行政行为的行政机关所在地人民法院管辖。复议机关维持原具体行政行为的案件,仍由作出原具体行为的行政机关所在地人民法院管辖。

2. 特殊地域管辖

特殊地域管辖又分为选择(任意)管辖和专属管辖。

(1) 选择管辖。经过复议的案件,复议机关改变原具体行政行为的,原行政机关所在地的人民法院和复议机关所在地人民法院都有管辖权;对限制人身自由的行政强制措施不服提起诉讼,被告所在地或原告所在地人民法院都有管辖权。具体管辖法院由原告选择而定。

(2) 专属管辖。主要指因不动产提起的行政诉讼,由不动产所在地人民法院管辖。

## 四、行政诉讼参加人

行政诉讼参加人,是指在整个或部分诉讼过程中参加行政诉讼,对行政诉讼程序能够产生较大影响的人,包括原告、被告、共同诉讼人、第三人和行政诉讼代理人。而行政诉讼参与人则范围更广,除行政诉讼参加人之外,还包括证人、鉴定人、翻译人、勘验人等。

(一) 原告

行政诉讼的原告,是指依照行政诉讼法的规定,有权提起行政诉讼、以求维护自己权益的公民、法人和其他组织。原告必须是具体行政行为指向的相对一方的自然人、法人和其他组织;必须认为其合法权益受到具体行政行为侵害;并且必须在法院受案范围内提起诉讼。

有权提起行政诉讼的公民死亡,其近亲属可以提起诉讼。有权提起诉讼的法人或者其他组织终止，承受其权利的法人或其他组织可以提起诉讼。

（二）被告

行政诉讼的被告，是指原告起诉所指向的做出具体行政行为、并由人民法院通知应诉的行政机关。行政诉讼的被告分为：(1)公民、法人和其他组织直接向人民法院起诉的，作出具体行政的行政机关为被告。(2)经过复议的案件，复议机关决定维持原具体行政行为的，作出原具体行政行为的行政机关是被告；复议机关改变了原具体行政机关的行政行为的，复议机关作为被告。(3)由法律法规授权的组织所作的具体行政行为，该组织是被告。(4)由行政机关委托的组织所作的具体行政行为，委托的行政机关是被告。(5)行政机关被撤销的，继续行使其职权的行政机关是被告。此外，两个以上行政机关共同作出同一具体行政行为的，共同作出具体行政行为的行政机关是共同被告。

（三）共同诉讼人

原告或被告为二人以上的行政诉讼当事人为共同诉讼人。共同行政诉讼可分为普通的共同行政诉讼和必要的共同行政诉讼。共同行政诉讼的诉讼标的为同一类，人民法院认为可以合并审理的，为普通的共同行政诉讼。共同行政诉讼中行政诉讼的标的是共同的，为必要的共同行政诉讼。

原告5人以上，推选代表人参加诉讼、且法院判决效力及于全体利益关系人的行政诉讼，称为集团诉讼。诉讼代表人可以由原告推选产生，或者法院以职权指定产生。诉讼代表人总数为1至5人，且都应当是行政诉讼的当事人。

（四）第三人

第三人，是指同行政诉讼争议的具体行政行为有一定的利害关系，参加到已经进行的行政诉讼中的人。同提起诉讼的具体行政行为有利害关系的其他公民、法人或者其他组织，可以作为第三人申请参加诉讼，或者由人民法院通知参加诉讼。

### （五）诉讼代理人

诉讼代理人，是指代为当事人（即原告、被告、共同诉讼人、第三人）进行行政诉讼的人。分为：(1)法定代理人。行政诉讼法规定，没有行政诉讼行为能力的公民，由其法定代理人代为诉讼。(2)指定代理人。法定代理人互相推诿代理责任的，则由人民法院指定其中一人代为诉讼。(3)委托诉讼代理人。有诉讼行为能力的当事人、法定代理人，可以委托1至2人代为诉讼。被委托的代理人可以是律师、当事人的近亲属或所在单位推荐的人、或人民法院允许的其他公民。

## 五、行政诉讼程序

行政诉讼程序与民事诉讼程序基本相似，主要有起诉和受理、第一审程序、第二审程序、审判监督程序（也称再审程序）、执行程序等阶段。

### （一）起诉和受理

行政起诉，是指公民、法人或其他组织对行政机关具体行政行为或复议裁决不服，请求人民法院行使国家审判权，对行政机关的处理决定或复议裁决予以审查和确认，以保护其合法权益的诉讼行为。起诉必须具备以下条件：(1)原告是认为具体行政行为侵犯其合法权益的公民、法人或者其他组织；(2)有明确的被告；(3)有具体的诉讼请求和事实根据；(4)属于人民法院的受案范围和受诉人民法院管辖。

公民、法人或其他组织对行政机关直接向人民法院起诉的，应当在知道作出具体行政行为之日起3个月内提出；行政机关未告知当事人的诉权或起诉期限的，则应当从当事人知道或应当知道具体行政行为内容之日起2年内提出。相对人对复议决定不服的，可以在收到复议决定书之日起15日内起诉，法律另有规定的除外。

### （二）第一审程序

行政诉讼第一审程序是行政诉讼最基础的必经程序。

1. 审理前准备。其中行政诉讼一律实行合议制，不适用独任审判制。

2. 开庭审理。程序包括：(1)开庭准备；(2)开庭审理；(3)法庭调查；(4)法庭辩护；(5)合议庭评议和宣判。

**（三）第二审程序和审判监督程序**

当事人不服第一审判决、裁定的上诉期限分别为15日、10日。除有特别规定外，人民法院审理上诉适用第一审程序的规定。审理方式可以实行书面审理和开庭审理，但对事实不清或存在争议的案件，应当开庭审理。审理对象为原裁判正确性和被诉具体行政行为的合法性，不受上诉范围限制，实行全面审查。

二审法院经过审理认为，原判决对事实认定清楚，适用法律正确的，则判决驳回上诉，维持原判；原判决对事实认定清楚，但适用法律错误的，可依法改判；原判决违反行政诉讼法规定的程序，可能影响案件正确判决的，或者认为原判决认定事实不清、证据不足的，可以裁定撤销原判、发回重审。

审判监督程序是指对已经发生法律效力的判决和裁定，人民法院认为确有错误而依法重新审理所适用的诉讼程序。审判监督程序由本法院院长、上级人民法院或上级人民检察院提起，不受时间限制。当事人可以申请再审，但必须在判决、裁定生效后两年内提出。



**（四）行政诉讼裁判执行程序**

对人民法院已经发生法律效力的判决、裁定，当事人必须履行。公民、法人或者其他组织拒绝履行判决、裁定的，行政机关可以向第一审人民法院申请强制执行，或者由行政机关依法自行强制执行。行政机关拒绝履行判决、裁定的，人民法院可以采取下列强制措施：(1)划拨。对应当归还的罚款或者应当给付的赔偿金，通知银行从该行政机关的账户内划拨；(2)罚款。在规定的期限内不履行的，从期满之日起对该行政机关按日处以50元至100元的罚款；(3)司法建议。向该行政机关的上一级行政机关或监察、人事机关提出司法建议。此外，对于行政机关拒绝不执行判决、裁定，情节严重，构成犯罪的，依法追究主管人员和直接责任人员的刑事责任。

对行政机关具体行政行为，公民、法人或者其他组织在法定期限内不起诉又不履行的，行政机关可以申请人民法院强制执行。

## 案例选读

### 行政诉讼的合法性审查原则

2005 年 4 月，某银行支行与某建筑总公司签订一份建筑工程合同，承包建设该支行办公楼工程。2005 年 7 月，某市环境监理大队向建筑工程工地下达了排污费核定通知书，8 月先后下达了排污费缴纳通知书两次，责令该工地缴纳排污费 11 200 元。该工地项目经理未在指定期限内缴纳上述费款，该市环境保护局遂先后于 2005 年 8 月和 9 月向该工地下达了行政处罚事先告知书和行政处罚决定书，以该工地拒缴排污费为由，依据排污费征收使用管理条例的有关规定，对其处以罚款 15 000 元，并缴纳 2005 年 7 至 10 月排污费 11 200 元的行政处罚。法院审理认为，工地只是建筑总公司设立的临时机构，不具备独立的企业法人资格，所以被告处罚的主体错误。在处罚程序方面，被告对被处罚人处以数额较大的罚款，也没有按照《行政处罚法》的规定告知原告有听证的权利，也没有举行听证，属于程序违法。因此，撤销了该具体行政行为。



### 行政诉讼的被告

贺某于 1999 年 9 月进入上海财经大学夜大学会计学本科学习。2004 年 5 月，贺某未能通过证券投资学课程考试；次月补考仍未及格。一年后贺某经过重修并通过该课程的考试，同年 7 月贺某毕业时仅取得毕业证书。根据该校规定，本科毕业生在校期间有一门课程正常补考不及格者，不授予学士学位。9 月，贺某因此向法院提起行政诉讼，要求该大学颁发学位证书。法院经审理后认为，高校依法享有自主管理权。该校决定不授予贺某学士学位并无不当。据此判决驳回原告贺某的诉讼请求。此案中上海财经大学决定不授予贺某学士学位的行为，可视为由法律法规授权的组织所作的具体行政行为。

**行政诉讼的第二审程序和再审程序**

一天深夜，张某驾车因撞上路边的砂堆而导致车辆严重受损，修车换零件支出1万余元。坐在车内的蔡某头面部多处受伤，住院治伤支出医疗费1 000多元。张某和蔡某以市公路局为被告提起诉讼，要求被告赔偿其医疗费、继续治疗费、误工费、交通费、车辆维修费等计3万余元。一审法院审理后认为，公路局对管理路段疏于管理，未能保障公路的完好、安全和畅通，给他人造成了损害，故判令被告承担主要民事责任，赔偿原告损失计1.52万余元。一审判决后被告提起上诉，二审作出驳回上诉，维持原判的判决。二审判决后该公路局仍不服，提出申诉。法院根据事实，决定再审。法院审理后查明，当时报案记录与事故勘查记录内容存在相互矛盾的情况。公路局一再声称没有堆放砂石等物，而车主张某是在事故发生后近一年时间才提起诉讼，现场真实情况难以复原。因此，法院认为，被申诉方张某、蔡某未能在诉讼中提供交警部门在事故发生后对现场进行勘查的证据，从而导致该起事故原因不明，证据不足。遂撤销原一、二审判决，驳回被申诉人蔡某、张某的诉讼请求。

## 相关概念



举证责任　犯罪嫌疑人　申请取保候审　第三人　审判监督程序　地域管辖　协议管辖

## 思考题

1. 证据有哪些种类?
2. 民事诉讼法有哪些特有原则?
3. 简述刑事诉讼强制措施的概念、目的和种类。

4. 如何从刑事诉讼原则与行政诉讼原则差异中正确理解《刑事诉讼法》与《行政诉讼法》立法目的的区别?

5. 公民作为原告在民事诉讼与行政诉讼中有哪些基本权利和基本义务?

## 案例题

1. 甲向乙借10万元,后甲还了一部分钱,乙写了一张字据:"甲还欠款4万元。"半年之后双方在"还"字问题上争论不下,即乙认为只是"返还了欠款4万",而甲认为"还有4万欠款要还"。最后双方同意各自让步,甲再向乙返还欠款5万。

问:你认为法官是否可以同意双方当事人的调解方案?

2. 甲因故意伤害受到刑事追究。甲在法庭上承认了所指控的故意伤害犯罪行为,并愿意赔偿被害人的损失,但要求法院从宽处理。但甲的律师认为,甲的行为不构成犯罪。

问:你认为甲的律师做法是否正确?法官应当如何处理此案?

**图书在版编目(CIP)数据**

法律基础教程/王士如,赵维加,曹静陶编著.—
上海:上海人民出版社,2010
ISBN 978-7-208-09431-4

Ⅰ.①法… Ⅱ.①王… ②赵… ③曹… Ⅲ.①法律-
中国-高等学校-教材 Ⅳ.①D92

中国版本图书馆 CIP 数据核字(2010)第 132446 号

责任编辑 于力平
封面设计 人马艺术设计工作室·储平

**法律基础教程**
王士如 赵维加 曹静陶 编著
世纪出版集团
上海人民出版社出版
(200001 上海福建中路 193 号 www.ewen.cc)
世纪出版集团发行中心发行
常熟新骅印刷厂印刷
开本 720×1000 1/16 印张 19 插页 4 字数 258,000
2010 年 8 月第 1 版 2017 年 9 月第 5 次印刷
ISBN 978-7-208-09431-4/D·1761
定价 38.00 元